高等职业教育教学改革融合创新型教材·金融类

金融服务外包概论

JINRONG FUWU WAIBAO GAILUN

胡增芳　吴福全　主　编

夏佳佳　钱颜娇　副主编

东北财经大学出版社

Dongbei University of Finance & Economics Press

大连

图书在版编目（CIP）数据

金融服务外包概论 / 胡增芳，吴福全主编. —大连：东北财经大学出版社，2025.8. —（高等职业教育教学改革融合创新型教材·金融类）. —ISBN 978-7-5654-5462-2

Ⅰ. F831.6

中国国家版本馆 CIP 数据核字第 2025WT4816 号

金融服务外包概论

JINRONG FUWU WAIBAO GAILUN

东北财经大学出版社出版

（大连市黑石礁尖山街 217 号　邮政编码　116025）

网　　址：http://www.dufep.cn

读者信箱：dufep@dufe.edu.cn

大连天骄彩色印刷有限公司印刷　东北财经大学出版社发行

幅面尺寸：185mm×260mm	字数：333千字	印张：15.5
2025年8月第1版		2025年8月第1次印刷

责任编辑：李丽娟　韩敌非　徐　群　　责任校对：那　欣

封面设计：原　皓　　　　　　　　　　版式设计：原　皓

书号：ISBN 978-7-5654-5462-2　　定价：49.00元

党的二十大报告提出，"加快构建新发展格局，着力推动高质量发展""加快发展数字经济，促进数字经济和实体经济深度融合，打造具有国际竞争力的数字产业集群"。这些都需要通过服务外包等方式来优化资源配置、提高效率。金融服务业作为国民经济的核心与血脉，正以前所未有的速度向数字化、智能化转型，而金融服务外包作为这一转型过程中的重要推手，正逐步构建起一个更加开放、协同、高效的金融服务生态体系。

从微观金融企业角度来看，随着金融科技的迅猛发展和全球经济一体化的深入，金融企业为了降低成本、提高效率、聚焦核心业务，纷纷将非核心的金融业务如IT支持、客户服务、风险管理等外包给专业的服务提供商。这一趋势不仅促进了金融服务的专业化、精细化发展，还推动了金融与科技、服务业的深度融合，为金融行业的创新与发展注入了新的活力。

同时，随着大数据、云计算、人工智能等前沿技术的广泛应用，金融服务外包行业正逐步实现从"人力密集型"向"技术密集型"的转变。外包服务提供商通过引入先进的信息技术手段，不断提升服务质量和效率，为客户提供更加个性化、智能化的金融服务解决方案。

在此背景下，我们联合了行业领先的金融服务外包企业与高等职业院校，通过校企合作的方式，共同开发、精心编写了这本《金融服务外包概论》教材。这不仅是对行业现状与发展趋势的深刻洞察，更是对国家职业教育精神的积极响应与实践。本教材本着实用主义原则，以金融服务外包行业工作任务为驱动进行内容设计，首先介绍金融服务外包是什么，包括概念、分类、作用及主要形式等；其次介绍金融服务外包做什么，包括信息技术外包（ITO）、业务流程外包（BPO）、知识流程外包（KPO）、业务流程等；最后介绍如何开展金融服务外包业务和需要掌握哪些技能，包括客服技巧、沟通技巧、管理技能、电话营销技能、风险控制及人工智能的应用等。本教材力求将理论与实践紧密结合，旨在打造符合国家优质教材标准的精品之作，为职业院校财经类专业的学生及相关从业人员提供一本既具前瞻性又具有实用性的学习指导用书。

本教材具有以下特点：

1.校企合作，双元开发。本教材由金融服务行业专家与资深教育工作者共同编写，确保了内容的权威性和实用性。本教材引入企业真实案例，使学生能够直观地理解金融服务外包的实际运作，增强学习的针对性和有效性。

2.内容前瞻，科学先进。在编写过程中，我们严格遵循国家职业教育教材编写的相关标准和要求，注重教材的思想性、科学性、先进性和适用性。同时，我们还积极吸纳最新的行业研究成果和技术动态，确保教材内容的前沿性和时效性。

3.适用广泛，灵活多样。本教材既适合高等职业院校经济类、管理类等相关专业的学生作为专业教材使用，也适合作为金融行业从业人员及社会人员的自学参考用书。本教材中设置了案例导入、做中学和项目训练等栏目，旨在培养学生的分析能力、实践能力和创新能力。

4.数字化资源丰富。为了满足数字化学习的需求，本教材配套了丰富的数字化资源，包括电子课件、数字人视频、习题参考答案等，这些资源将有助于学习者更好地理解和掌握金融服务外包的相关知识和技能，为学习者提供全方位、多角度的学习体验，同时有效对接行业竞赛，为就业提供帮助。

本教材由安徽商贸职业技术学院胡增芳、合肥市服务贸易与服务外包行业协会会长吴福全任主编，安徽商贸职业技术学院夏佳佳和安徽迪科数金科技有限公司钱颜娇任副主编，安徽商贸职业技术学院的刘启佳、安徽国际商务职业学院的张婧、安徽邮电职业学院的汪芳、安徽迪科数金科技有限公司的高梅参编。胡增芳和吴福全拟定大纲，统一分配编写分工。具体编写分工如下：胡增芳和夏佳佳共同编写项目一；夏佳佳编写项目二、项目三和项目四；汪芳编写项目五；刘启佳编写项目六、项目八和项目九；张婧编写项目七；高梅编写项目十；钱颜娇负责提供行业企业素材。最后由胡增芳对全书进行总纂、定稿。

本教材作为校企双元合作开发教材，承蒙安徽省数字金融科技协会、合肥市服务贸易与服务外包行业协会、安徽佰泰科技服务外包有限公司、哥伦布（深圳）数据科技有限公司相关领导和专家的大力支持和指导，在此向以上相关人员以及所有参考文献的编著者、模拟软件的开发者表示感谢！

"路漫漫其修远兮，吾将上下而求索。"书中不妥之处在所难免，敬请读者批评指正。

编　者
2025 年 7 月

项目一

服务
外包概述

学习目标

【知识目标】

1. 掌握服务外包的概念及特征；
2. 熟悉服务外包不同种类；
3. 明晰六种服务外包理论基础；
4. 了解我国服务外包行业现状。

【技能目标】

1. 能够依据不同标准对服务外包进行准确分类；
2. 能够依据服务外包基础理论，结合我国当前服务外包行业现状分析相关问题。

【素养目标】

1. 培养学生的学习价值观，即将对待学习的态度和观念融入社会主义核心价值观、优秀传统文化，引导学生形成尊重知识、崇尚科学的良好风尚；
2. 通过介绍我国服务外包现状，展示国家的强大实力和辉煌成就，激发学生的爱国热情和民族自豪感。

项目思维导图

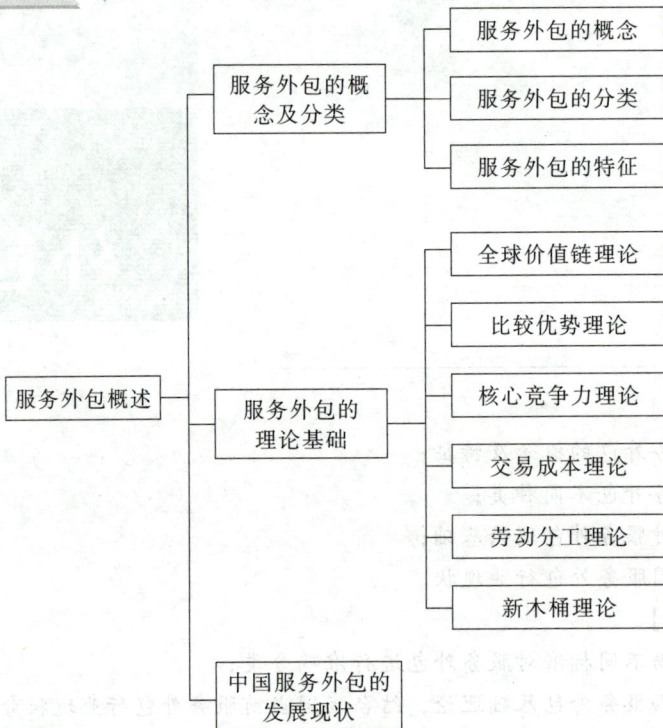

```
                                                    ┌─── 服务外包的概念
                                    服务外包的概 ────┼─── 服务外包的分类
                                    念及分类          └─── 服务外包的特征

                                                    ┌─── 全球价值链理论
                                                    ├─── 比较优势理论
            服务外包概述 ──────── 服务外包的    ────┼─── 核心竞争力理论
                                    理论基础          ├─── 交易成本理论
                                                    ├─── 劳动分工理论
                                                    └─── 新木桶理论

                                    中国服务外包的
                                    发展现状
```

案例导入

中国服务外包构筑起更大"朋友圈"

在世界经济增长面临较大不确定性、全球经贸合作遭遇多重挑战的背景下，中国服务外包依然表现亮眼。

商务部2023年12月发布的数据显示，2023年1—10月，中国企业承接服务外包合同额为18 075亿元，执行额为12 271亿元，同比分别增长17.7%和16.3%。其中，承接离岸服务外包合同额为10 374亿元，执行额为6 950亿元，同比分别增长18.5%和12.7%。

对此，中国服务外包研究中心副研究员郑伟表示，1—10月中国服务外包产业整体保持高速增长态势，承接服务外包业务的合同额和执行额、承接离岸业务的合同额和执行额均同比实现两位数增长，展现出强大的发展活力。

从业务结构看，1—10月中国企业承接离岸信息技术外包（ITO）、业务流程外包（BPO）和知识流程外包（KPO）执行额分别为2 907亿元、1 158亿元和2 885亿元，同比分别增长8.5%、12.9%和17.1%。其中，新能源技术研发服务、管理咨询服务、服务设计服务、交通工具维修维护服务等离岸服务外包业务增速较快，同比分别增长118.2%、65.7%、41.8%和39.0%。

郑伟认为，"随着我国服务外包的发展质量不断提升，具有更高附加值和技术含量的KPO业务离岸执行额已逼近传统ITO业务，且增速在三大领域中处于领跑地位，表明我国服务外包转型升级已取得较好成效"。

高质量的服务，自然会吸引更多的"买家"。商务部的数据显示，从国际市场看，1—10月，中国企业承接美国、中国香港、欧盟离岸服务外包执行额分别为1 422亿元、1 395亿元和918.8亿元，同比分别增长4.4%、13.9%和14.2%，合计占中国离岸服务外包执行额的53.8%。

值得一提的是，1—10月中国企业承接区域全面经济伙伴关系协定（RCEP）成员国离岸服务外包执行额为1 753亿元，同比增长19.8%，合计占中国离岸服务外包执行额的25.2%。其中，承接越南和印度尼西亚离岸服务外包执行额增长较快，同比分别增长50.3%和42.6%。

"从数据看，虽然欧盟、美国、中国香港等发达国家和地区仍然是我国承接离岸业务的主要来源地，但随着高质量共建'一带一路'、RCEP等政策红利的不断释放，我国服务外包的'朋友圈'越来越大，与发展中国家及新兴市场国家间的服务外包合作潜力正在加速释放。"郑伟说。

"1—10月，我国承接越南和印度尼西亚离岸服务外包执行额实现跨越式增长就是最好的例证。"郑伟分析，中国与东盟国家间的服务外包合作快速发展，一方面是因为自由贸易协定的引导和带动，降低了双方的合作成本，减少了合作壁垒，打通了合作通道。另一方面是因为我国与东盟国家在服务外包领域的贸易互补性较强，中国服务外包产业具有绝对的技术、产品、成本等优势，东盟国家大规模向中国发包也就不难理解了。

当然，服务外包的快速发展，与作为经营主体的服务外包企业的亮眼表现亦密不可分。数据显示，1—10月，民营企业承接离岸服务外包执行额为2 506亿元，占全国的36.1%，同比增长32.3%。外商投资企业承接离岸服务外包执行额为3 056亿元，占全国的44.0%，同比增长11.0%。

此外，服务外包作为人才"蓄水池"的作用也在持续释放。截至10月底，中国服务外包产业累计吸纳从业人员1 551万人，其中大学及以上学历1 003万人，占64.6%。1—10月，服务外包新增从业人员53.8万人，其中大学及以上学历36万人，占67.1%。

谈及下一阶段，中国服务外包要保持良好发展态势，应在哪些方面加力？郑伟提出了三点：一是加强体制机制创新。应利用好各类开放平台，继续在体制机制方面大胆创新，突破发展瓶颈。二是提升产业发展质量。应推动服务外包企业着力发展高技术、高附加值服务外包业务，促进外包活动向产业价值链高端延伸，提高服务外包高端业务比重，从主要依靠低成本竞争向更多以智力投入取胜转变。三是加快数字化转型步伐。充分利用我国数字经济和科技创新发展优势，大力推动服务外包产业数字化转型，不断提升国际竞争力水平。同时，支持服务外包新业态、新模式，打造服务外包新增长极。

资料来源：佚名. 中国服务外包构筑起更大"朋友圈"[EB/OL]. [2023-12-01]. http://tradeinservices.mofcom.gov.cn/article/news/ywdt/202312/159349.html.

视频1

中国服务外包
发展是否已经
全面超越印度？

思考与讨论：

1. 我国服务外包行业近年来的主要发展趋势是什么？
2. 我国服务外包行业在促进就业方面发挥了哪些作用？

任务一　服务外包的概念及分类

一、服务外包的概念

20世纪80年代以来，在经济全球化和国际分工的大背景下，生产和服务环节国际分工不断细化。跨国公司为了提高企业竞争力，追求企业成本最小化、利润最大化，把竞争的地域由区域转向全球，把竞争的关键由一般技术转向核心技术。同时，伴随着信息通信技术的飞速发展，特别是网络技术的发展，服务外包行业应运而生。我国商务部和国家发展改革委联合发布的《中国国际服务外包产业发展规划纲要（2011—2015）》中对服务外包提供的名词解释为：服务外包是指客户单位利用信息技术把原本属于本公司的某些职能或流程，交给外部的专业公司去完成，同时以合同形式为这些服务支付相应的费用。在这里客户可以是企业、政府、学校、医院、军队等各类机构。此外，一些国内外机构对服务外包也进行了内涵界定，见表1-1。

表1-1　　　　　　　　　　各机构对服务外包的内涵界定

定义机构	内涵界定
中国商务部	服务外包是业务外包商向企业提供信息技术外包与业务流程外包的经济现象
世界贸易组织	服务外包是指根据发包方与承接方所达成合约，将某项服务流程委托授权给接包方
国际数据公司	服务外包中属于信息技术外包的部分被定义为ITO，业务流程外包的部分被定义为BPO
麦肯锡咨询公司	服务外包包括信息技术外包、业务流程外包和知识流程外包
印度全国软件与服务公司联合会	服务外包是以信息或者网络技术为平台，将外包业务进行数据化处理后转移至接包企业进行执行的流程

综上，服务外包是指企业（发包商）将信息服务、应用管理和商务流程等业务，发包给本企业以外的服务提供者（承接商），以降低成本、优化产业链、提升企业核心竞争力的一种服务贸易方式。更准确地说，服务外包是指企业将价值链中原本由自身提供的具有基础性的、共性的、非核心的业务和基于该业务流程剥离出来后，外包给企业外部专业服务提供商来完成的经济活动。因此，服务外包应该是基于信息网络技术的，其服务性工作（包括业务和业务流程）通过计算机操作完成，并采用现代化通信手段进行交付，使企业通过重组价值链、优化资源配置，降低了成本并增强了企业核心竞争力。

更广泛意义的服务外包是指依据服务协议，将某项服务的持续管理或开发责任委托授权给第三方执行。WTO的《服务贸易总协定》将服务分为12个部门，即商务服务、通信服务、建筑和相关工程服务、分销服务、教育服务、环境服务、金融服务、健康服务、旅游服务、娱乐文化和体育服务、运输服务、其他服务。服务外包可以按照这 12 个部门进行分类。

二、服务外包的分类

（一）根据业务的类型分类

根据业务的类型，服务外包分为信息技术外包、业务流程外包和知识流程外包。

1.信息技术外包

信息技术外包（Information Technology Outsourcing，ITO）可分为以下 3 种：

（1）系统操作服务：银行数据、信用卡数据、各类保险数据、保险理赔数据、医疗体检数据、税务数据、法律数据（包括信息）的处理及整合。

（2）系统应用服务：信息工程及流程设计、管理信息系统服务、远程维护等。

（3）基础技术服务：承接技术研发、软件开发设计、基础技术或基础管理平台整合或管理整合等。

✓ 做中学 1-1

信息技术外包（ITO）主要是指企业将（   ）功能或流程外包给专业的信息技术服务公司。

A. 产品设计与研发

B. 市场营销与销售

C. IT 系统的开发、维护和管理

D. 人力资源管理

2.业务流程外包

业务流程外包（Business Process Outsourcing，BPO）可分为以下 3 种：

（1）企业内部管理服务：为客户企业提供企业各类内部管理服务，包括后勤服务、人力资源服务、工资福利服务、会计服务、财务中心、数据中心及其他内部管理服务等。

（2）企业业务运作服务：为客户企业提供技术研发服务、销售及批发服务、产品售后服务（售后电话指导、维修服务）及其他业务流程环节的服务等。

（3）供应链管理服务：为客户企业提供采购、运输、仓库/库存整体方案服务等。

3.知识流程外包

知识流程外包（Knowledge Process Outsourcing，KPO）包括知识产权研究、医药和生物技术研发、产品技术研发、数据挖掘、课件研发等服务。

拓展阅读 1-1

IT 服务外包：上海模式的深入案例点评

IT 服务外包作为上海企业数字化转型的重要策略之一，已经形成了独特的"上海模式"。这种模式以开放合作、互利共赢为核心，通过与国内外优秀的 IT 服务提供商合作，推动了上海企业的信息化建设和数字化升级。在"上海模式"中，企业不仅关注外包服务的成本效益，更注重服务质量和创新能力。例如，某上海金融企业为了提升其数据处理能力和客户服务体验，选择将部分 IT 基础设施和应用开发工作外包给一家国际知名的IT服务公司。这家服务公司凭借其在全球范围内的技术积累和实践经验，帮助金融企业构建了一套高效、稳定的IT系统，显著提高了企业的运营效率和市场响应速度。

此外，"上海模式"还强调外包服务商与企业之间的战略合作关系。通过建立长期合作伙伴关系，双方可以共同研发新技术、新应用，推动业务模式创新。例如，一家上海的制造企业与IT服务外包商合作，共同开发了一套智能制造系统，不仅提升了生产效率，还通过数据分析优化了产品设计，增强了企业的市场竞争力。

"上海模式"的成功实践表明，IT服务外包不仅是成本控制的手段，更是推动企业创新发展的有效途径。上海企业通过与外包服务商的深度合作，实现了技术升级和业务转型，为其他地区的企业提供了宝贵的经验和借鉴。随着数字化转型的不断深入，IT服务外包将继续在上海乃至全国的企业发展中发挥重要作用。

资料来源：佚名. IT服务外包：上海模式的深入案例点评［EB/OL］.［2024-03-29］. https://baijiahao.baidu.com/s? id=1794852316294846069&wfr=spider&for=pc.

（二）根据服务外包承接商的地理分布分类

根据服务外包承接商的地理分布状况，服务外包分为离岸外包、近岸外包和境内外包。

（1）离岸外包：离岸外包指发包方与为其提供服务的承接方来自不同国家，外包工作跨境完成。

（2）近岸外包：近岸外包指发包方和承接方来自邻近国家，近岸国家很可能会讲同样的语言，在文化方面比较类似，并且通常具有某种程度的成本优势。

（3）境内外包：境内外包指发包方与为其提供服务的承接方来自同一个国家，外包工作在境内完成。

拓展阅读1-2

离岸服务外包插上"数字"翅膀

自2006年服务外包"千百十工程"启动以来，我国服务外包产业发展迅速，在业务规模、经营主体规模、业务结构等方面成绩斐然。

在业务规模上，我国服务外包业务执行额由2006年的13.8亿美元激增至2022年的2 522.1亿美元，数额增长183倍。我国离岸服务外包执行额也从2006年的10亿美元左右跃升至2022年的1 368.5亿美元，增长137倍，规模稳居全球第二。

进入2023年，离岸服务外包的发展依然迅速。2023年1—5月，我国企业承接服务外包合同额为8 159亿元人民币（币种下同），执行额为5 504亿元，同比分别增长12.3%和18%。其中，承接离岸服务外包合同额为4 636亿元，执行额为3 082亿元，同比分别增长12.3%和16.8%。从业务结构看，1—5月，我国企业承接离岸信息技术外包（ITO）、业务流程外包（BPO）和知识流程外包（KPO）执行额分别为1 298亿元、563亿元和1 221亿元，同比分别增长12.2%、18.1%和21.4%。其中，信息技术解决方案服务、互联网营销推广服务、管理咨询服务等离岸服务外包业务增速较快，同比分别增长122.4%、55.8%和53.9%。从国际市场看，1—5月，我国企业承接中国香港、美国、欧盟离岸服务外包执行额分别为666亿元、641亿元和407亿元，同比分别增长10.8%、23.5%和15.6%，合计占我国离岸服务外包执行额的55.6%。我国承接区域全面经济伙伴关系协定（RCEP）成员国离岸服务外包执行额为763亿元，同比增长21.1%，合计占我国离岸服务外包执行额的24.8%。其中，承接印度尼西亚和越南离岸服务外包执行额增长较快，同比分别增长52.6%和49%。

市场规模全球第二给了产业发展的底气，但发展已有17年，如今的离岸服务外包还算是一门好生意吗？

李俊认为，目前看来，我国在成本、技术、人力方面都有优势。"从全球来看，我国的高端软件工程师，跟一些发展中国家相比是有优势的，而且我们的在岸服务外包业务居于世界前列，国内产业生态的优势是其他许多国家比不了的。所以我们未来要促进在岸外包和离岸外包的协调联动发展，使其相互促进、相互支撑。"李俊也指出，我国在离岸服务外包方面的优势主要体现在经济成本和劳动力资源等方面。我国的生产成本相对较低，劳动力成本也较有优势，拥有大量受过良好教育且工作努力的技术人才，同时政府也为业界提供了很好的税收和政策支持。"然而，我国与其他一些国家相比，人员素质和数据安全等方面尚需取得长足进展。"李俊指出，我们未来也要做"发包方"，在这方面，需要向美国、日本等国家看齐。"要像发达国家那样做系统集成、做品牌、做终端的销售，在这些方面，我们跟发达国家相比还是有些差距的，这也是未来我们努力的方向。我们还要加强人才建设，因为外包行业对于人才是极为依赖的，尤其是对于既懂技术、商务、语言，又懂国际化经营的复合型高端人才，我们是比较缺乏的，这是我们需要弥补的短板。"

在产业发展方面，李俊指出，未来我国的行业结构会有所调整。"当前是数字化的时代，数字产业蓬勃发展，这会产生大量的服务外包业务，包括人工智能、大数据、云计算等等，所以我们要抓住这一趋势，顺应数字时代发展的方向，积极发展数字领域的业务。"目前，我国数字服务贸易发展迅速，规模和增速均居世界前列，这也为服务外包行业转向数字化提供了另一个发展背景。《中国服务贸易发展报告2021》的数据显示，2021年中国数字服务进出口总值达3 596.9亿美元，同比增长22.3%，占服务进出口比重达43.2%；数字服务贸易国际竞争力进一步增强，2021年数字服务净出口规模达300亿美元，同比增长103.2%。

未来，我国离岸服务外包市场将继续稳步增长，同时，由于数字经济的推动，服务外包行业也将逐步转向智能化、数字化。值得注意的是，数字化也将助力服务外包实现高速发展。世界贸易组织副总干事张向晨曾在接受媒体采访时表示，中国作为领先的货物和服务贸易大国，外包服务市场在过去几年实现了两位数的增长。他预测，"随着数字经济的发展，预计中国外包市场在2030年以前还将以11.3%的复合年均增长率继续扩大"。

资料来源：方彬楠. 离岸服务外包插上"数字"翅膀［N］. 北京商报，2023-06-20.

三、服务外包的特征

服务外包是现代服务业的重要组成部分，具有以IT技术应用为基础、业务流程标准化、管理契约化、业务专业化、附加值高等显著特点。

1.以IT技术应用为基础

由于大部分的服务外包合作双方都处于远东地区，以离岸外包为主，合作双方关系的确立以及业务的进行必须依赖互联网和通信技术，对承接地的信息化基础设施建设和信息化发展水平具有很高的要求。也正是互联网的出现，使得原先在国际上不可贸易的"服务贸易"得以实现，并构成了服务外包的技术条件。如果一国信息化基础设施建设和信息化发展水平滞后，就难以承接服务外包业务。

2.业务流程标准化

服务外包具有明显的业务流程标准化的特点。标准化的目的是通过减少流程错误来改进经营业绩并降低成本、促进沟通，从而获取利益。业务流程标准化更能使接包方达到规模经济和技术经济，并且减少对不同客户的生产服务技术成本。标准化的合同治理与关系治理对提升客户满意度、促进外包成功具有重要作用。

3.管理契约化

外包供应商和发包商的关系是合作关系，而不是一般的买卖关系，更不是行政隶属关系，因此发包商必须与外包供应商签订长期的合同或协议。外包合同是双方合作的基础，也是维持这种合作关系的可靠凭证，它直接关系到外包的成败。发包方通过与供应商公司的谈判，最终确定的外包合同主要包括以下方面：外包项目的业务内容、外包的服务价格、双方的职责、双方的权利与义务、合作的期限、项目完成进度及要求、违规条款、商业保密条款、双方沟通机制、问题处理机制和外包退出机制。

4.业务专业化

供应商往往是某个领域的专家级服务商，对所承接的业务拥有更强的优势、更专业化的能力、更高的服务水平。

5.附加值高

服务外包属于知识密集型产业，很多业务都需要从业人员具有相关的教育培训经历和丰富的实践经验，并非像制造业一样，只要对工人进行简单的技能培训就可以从事生产，因此对人力资源的要求很高。也正因为其知识密集型特征，服务外包产业具有很高的附加值。

任务二   服务外包的理论基础

一、全球价值链理论

波特（1985）率先提出价值链概念，并将企业经营活动中的生产经营、运输销售以及物流服务等定义为企业基础活动，将企业经营活动中的基础设施、人力资源和技术开发等定义为企业辅助活动，基础活动和辅助活动共同组成了企业价值链活动。Gereffi和Korzeniewicz（1994）认为商品生产中的不同环节在全球范围内进行合理分工，使得不同的企业或机构围绕这种商品的生产纳入同一个生产网络中，从而提出了全球商品链的概念。进入21世纪后，全球价值链（Global Value Chain，GVC）取代了全球商品链这一概念。在全球化分工模式持续深入的当下，企业获取资源不再局限于所在国家或地区，所有的资源获取和竞争都扩大到世界范围。联合国工业发展组织（UNIDO）对全球价值链进行如下定义：不同国家或地区将单一商品的全部生产环节或多产品的生产过程纳入全球生产网络，这一过程由跨国企业主导，将产品在不同经济体的设计、研发、生产、销售和回收等环节联系在一起，并在不同的环节产生不同的分工收益和贸易利得。企业将自己不具备比较优势的业务转移至其他更具优势的企业，更加注重具备综合优势的生产或服务可以实现获利最大化和提高竞争实力，这是企业合理配置资源、降低成本的最佳路径。在外包活动已经扩展到全球范围的现实需要下，全球价值链理论无疑可以为国际服务外包提供重要的支撑。

二、比较优势理论

比较优势理论由英国经济学家大卫·李嘉图于1817年首次提出，该理论是对绝对优势理论的继承和完善。按照比较优势理论的描述，国际贸易产生的原因是各国的劳动生产率不同，以及由此造成的生产成本不同。比较优势理论系统解释了不同发展水平的国家之间可以进行贸易活动的经济现象，使国际贸易理论更具合理性和科学性。除了劳动生产率之外，各国之间的初始要素禀赋的差异也是国家间贸易产生的一个重要原因。著名经济学家赫克歇尔和俄林分别发表的《国际贸易对收入分配的影响》与《区际贸易与国际贸易》系统阐述了要素禀赋理论的主要内容。根据要素禀赋理论，不同国家的要素禀赋差异，使要素的相对价格存在不同，由此造成了生产成本和产品价格的相对差异，进一步推动了国际贸易的产生与发展。要素禀赋理论将禀赋差异作为理解国际贸易的一个重要元素，也将传统模型中的单一要素扩展到两种及以上，使得国际贸易理论得到了进一步完善。服务外包行为是比较优势理论运用在企业层面的体现。由于不同企业内有不同类型的资源以及不同水平的价格，在其他条件满足要求时，将一些生产经营性活动分配到劳动力较为廉价的国家，可以降低企业的人力成本从而取得更多利润。在利润最大化以及资源优化配置的动机驱使下，更多的企业会选择服务外包，以谋求更强的国际竞争力进而占据更多的市场份额，这也成为国际服务外包发展的重要源泉。

三、核心竞争力理论

关于企业核心竞争力研究，Poter（1985）认为企业的核心竞争力实际上就是企业为其顾客所带来的价值高低，也是企业通过优化自身的技术水平、管理效能等获得更多客户的能力。Hamel和Prahalad（1990）正式提出了核心竞争力理论，提出核心竞争力是指企业在品牌设计、产品开发、技术升级、营销售后、运营管理、企业文化等领域具有的其他企业难以模仿的、可以帮助企业长期保持竞争优势的能力。企业的核心竞争力是企业获得市场竞争优势，增强获利水平的重要能力。根据核心竞争力理论，由于企业的资源是有限的，因此企业的最优策略应当是集中优势资源于核心业务，而次要的业务则可以外包给其他更专业的企业。这一理论为服务外包的发展提供了重要依据。

四、交易成本理论

交易成本理论是用比较制度分析方法研究经济组织制度的理论。它是英国经济学家罗纳德·哈里·科斯于1937年在其论文《论企业的性质》中提出来的，文中通过企业内部成本和市场交易费用的比较来确定企业的边界。当前者小于后者时，被细化的劳动分工以企业形式存在更为经济；反之，则以市场形式存在更为经济。

从交易费用的角度出发考虑外包问题，侧重于自制与外包的费用比较。从企业财务管理的目标——企业价值最大化来看，公司内部各个职能部门不能将其业已存在或者需要存在作为其在公司内部继续存在的理由。任何部门的设置和运行都会消耗公司的资源，与项目投资、产品研发一样，必须遵循成本效益原则，应该以创造价值为存在标准。不能创造价值的部门就没有存在的理由，不具有相对优势的部门则可以外包。

交易成本理论认为，组织可以通过外包来寻求降低生产成本的机会，而外包服务供应商通常由于其规模经济而具备较低的成本，也就是具有一定的成本优势。

☑ 做中学 1-2

交易成本理论的核心观点是（　　）。
A.交易成本为零时市场自动达到最优配置
B.交易成本可以无限降低
C.交易成本包括所有与交易相关的费用
D.交易成本只包括直接货币支出

五、劳动分工理论

劳动分工理论是由亚当·斯密（1776）在其代表作《国富论》中提出的。劳动分工理论认为提高劳动生产率是增加国民财富的主要条件之一，而分工可以提高劳动生产率。他还认为，劳动可以分为主要劳动和次要劳动，在整个生产过程中，次要劳动所占比例越大，主要劳动就会越少，劳动生产率就会越低。随着社会分工的不断发展，主要劳动的各个环节不断专业化以及次要劳动脱离原生产过程逐步专业化和社会化，推动着劳动生产率的不断提高，也促进了经济的全面发展。

六、新木桶理论

传统的木桶理论认为经济主体要寻找自身经营劣势，也就是短板，再加长它，使木桶能盛更多的水。而新木桶理论则主张经济主体要找准自己的经营优势，也就是最长的木板，集中精力去拓展具有优势的领域，把其他不属于自身优势领域的业务交给别人去做。

任务三　中国服务外包的发展现状

2023年是全面贯彻党的二十大精神的开局之年，我国经济在持续承压中走出一条回升向好的复苏曲线，取得殊为不易的发展成绩。面对复杂严峻的外部环境和艰巨繁重的改革发展任务，全国商务系统以习近平新时代中国特色社会主义思想为指导，全面贯彻落实党的二十大和二十届二中、三中全会精神，立足商务工作"三个重要"定位，推动党中央、国务院决策部署在商务领域落地见效，商务运行总体平稳，国内消费持续恢复，对外贸易回稳提质，利用外资结构优化，对外投资创新发展，多双边经贸合作取得新进展，为经济持续回升向好作出积极贡献。全国商务系统认真贯彻落实《关于推动服务外包加快转型升级的指导意见》（商服贸发〔2020〕12号）、《全面深化服务贸易创新发展试点总体方案》（商服贸发〔2020〕165号）等重要文件，加快推进服务外包示范城市高标准建设，全面深化实施服务贸易创新发展试点，抢抓"十四五"时期重要发展机遇，推动服务外包产业高质量发展。

自2006年启动实施服务外包"千百十工程"以来，中国服务外包产业发展快速，规模持续扩大，领域不断拓展，结构逐步优化，产业国际竞争力显著提升。目前，中国服务外包合作伙伴遍布五大洲，接包市场拓展至200个国家和地区。中国离岸服务外包执行额稳居全球第二。

拓展阅读1-3

《服务外包产业重点发展领域指导目录》（2022年版）发布

随着新一代信息技术的快速发展，服务外包的内涵和外延发生了较大变化，数字服务已成为新的服务模式和业态。为此，商务部会同工业和信息化部、财政部、海关总署等部门结合服务外包产发展的新形势、新特点，在2018年发由《服务外包产业重点发展领域指导目录》基础上，编制《服务外包产业重点发展领域指导目录》（2022年版）（以下简称"2022年版指导目录"）。

2022年版指导目录共涉及20个重点发展领域。其中，6个领域属于信息技术外包（ITO）范畴，4个领域属于业务流程外包（BPO）范畴，10个领域属于知识流程外包（KPO）范畴。2022年版指导目录中新增加2个重点发展领域，包括知识产权服务、新材料技术研发服务；调整了服务外包产业发展中日益融合交叉的领域，将"云计算服务""人工智能服务""大数据服务"合并为"新一代信息技术开发应用服务"，将"信息技术运营和维护服务"改为"信息基础设施和信息系统运维服务"，将"网络与信息安全服务"改为"网络与数据安全服务"，将"文化创意服务"改为"文化创意及数字内容服务"，将"医药和生物技术研发服务"改为"医药（中医药）和生物技术研发服务"。2022年服务外包产业重点发展领域指导目录一览表，见表1-2。

表1-2　　　　2022年服务外包产业重点发展领域指导目录一览表

项目	信息技术外包 （ITO）	业务流程外包 （BPO）	知识流程外包 （KPO）
重点发展领域	集成电路和电子电路设计服务	内部管理服务	知识产权服务（新）
	信息技术解决方案服务	互联网营销推广服务	管理咨询服务
	信息基础设施和信息系统运维服务	供应链管理服务	检验检测服务

　　　　　　　　　　　　　　　　　　　　　　　　　　　　　　续表

项目	信息技术外包 （ITO）	业务流程外包 （BPO）	知识流程外包 （KPO）
重点发展 领域	网络与数据安全服务	维修维护服务	工业设计服务
	电子商务平台服务		工程技术服务
	新一代信息技术开发应用服务		文化创意及数字内容服务
			服务设计服务
			医药（中医药）和生物技术研发服务
			新能源技术研发服务
			新材料技术研发服务（新）

资料来源：佚名.《服务外包产业重点发展领域指导目录》（2022年版）发布啦！［EB/OL］.［2022-07-04］. https://www.xihaian.gov.cn/ywdt/bmdt/202207/t20220729_6293722.shtml.

一、产业规模稳步提升

（一）产业规模持续扩大

　　2023年，在世界经济增长乏力、地区冲突加剧、贸易保护主义抬头等多重不利因素叠加影响下，我国以服务外包示范城市建设为着力点，加快推进服务外包转型升级，充分发挥服务外包产业对国民经济和社会发展的重要作用，推动服务外包产业快速增长。商务数据显示（如图1-1所示），2023年我国企业承接服务外包合同额为4 162亿美元，执行额为2 849亿美元，同比分别增长11.6%和13.0%。

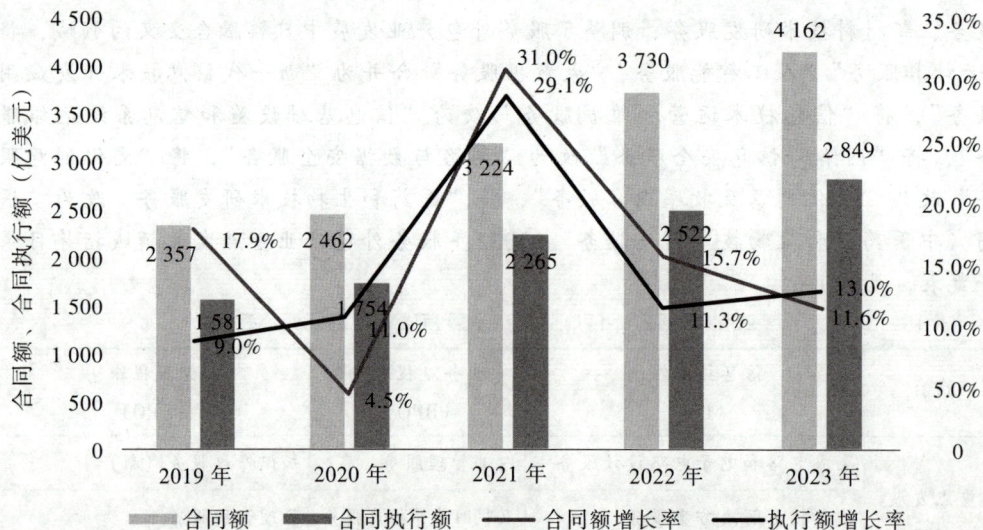

图1-1　2019—2023年中国服务外包合同额、执行额及增长率

资料来源：根据中华人民共和国商务部网站资料整理。

我国服务外包保持高速增长态势，承接服务外包和离岸服务外包业务的合同额和执行额均持续保持两位数增长，体现着服务外包产业的韧性和长期积累的竞争力。随着 RCEP 等高水平自贸协定的落地实施，我国服务外包产业的国际伙伴不断增加，朋友圈不断扩大，合作的范围和领域不断拓展。服务外包已成为助力构建新发展格局、推动贸易高质量发展的重要动力来源。

（二）离岸服务外包平稳增长

我国加速构建"双循环"新发展格局，不断扩大对外开放，深度融入国际产业链，持续做大服务外包"朋友圈"，离岸服务外包执行额稳步增长。2022 年离岸服务外包执行额增速为 5%，2023 年承接离岸服务外包合同额为 2 378 亿美元，2014—2023 年中国服务外包在岸、离岸执行额如图 1-2 所示。

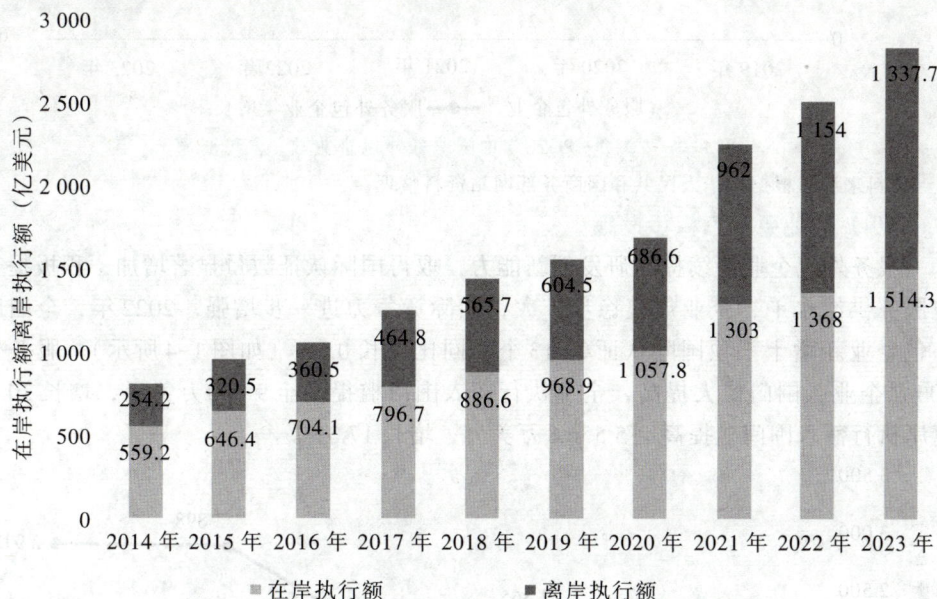

图1-2 2014—2023年中国服务外包在岸、离岸执行额

资料来源：根据中华人民共和国商务部网站资料整理。

我国顺应数字技术发展趋势，抢抓全球数字经济发展战略机遇，加快推进数字产业化和产业数字化进程，以产业转型升级和市场需求为导向，积极发展云计算服务、软件研发服务、集成电路和电子电路设计服务等信息技术外包，促进离岸服务外包成为可数字化服务出口的主要模式。2014—2023 年，我国离岸服务外包执行额持续稳步增长，在岸、离岸服务外包齐头并进、协调发展。

（三）企业数量持续增多

近年来我国不断优化营商环境，延续并新增一系列惠企政策措施，助力服务外包企业更好更快发展，企业数量稳步增加。2019—2013 年服务外包企业数量稳步增长。截至 2023 年年底，全国纳入商务部服务外包统计系统的服务外包企业累计数量已超 8 万家，服务外包行业发展水平全面提升，综合实力跻身世界前列，如图 1-3 所示。

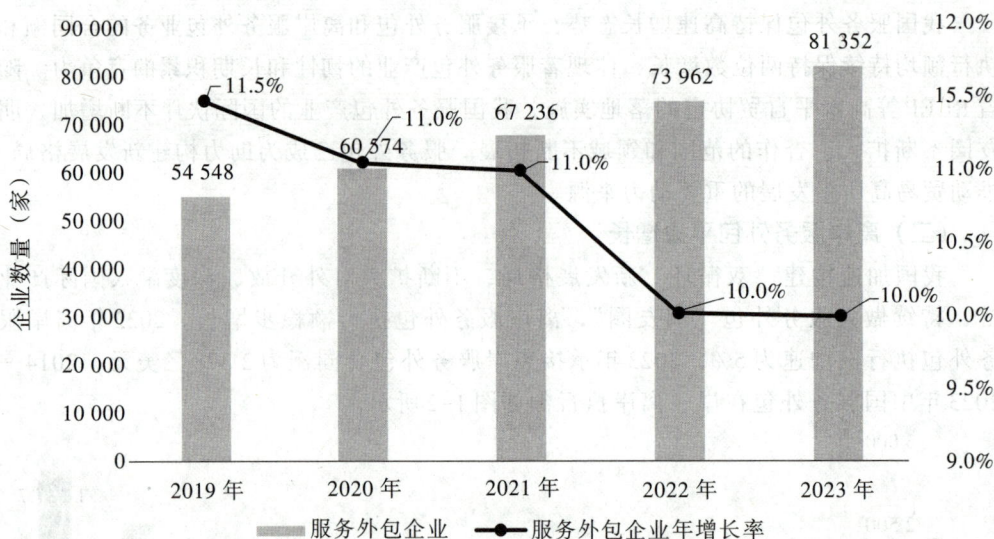

图1-3　2019—2023年中国服务外包企业数量及增长率

资料来源：根据中华人民共和国商务部网站资料整理。

（四）企业竞争力稳步提高

服务外包企业持续提高研发创新能力，取得国际认证数量显著增加，积极提升外包服务供给水平，企业规模稳步扩大，国际竞争力进一步增强。2022年，全国服务外包企业新增十三项国际认证2 913个，同比增长0.5%（如图1-4所示）。服务外包500强企业入围门槛大提高，全部执行额入围门槛提高至9 050万美元，增长20.4%，离岸执行额入围门槛提高至5 556.8万美元，增长17.3%。

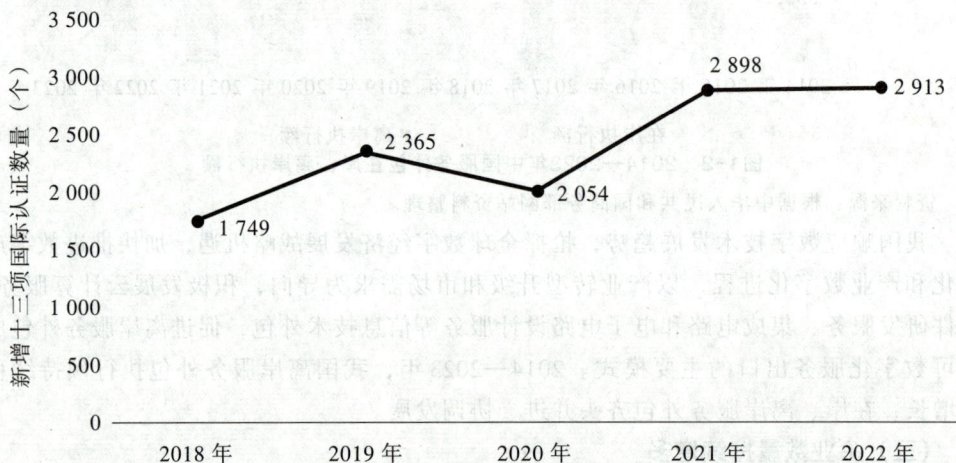

图1-4　2018—2022年新增十三项国际认证数量

资料来源：根据中华人民共和国商务部网站资料整理。

二、结构优化成效显著

（一）产业结构持续优化

以数字技术为代表的新一代科技革命蓬勃发展，推动服务外包产业新业态、新模式不断涌现。近年来，我国研发投入力度持续加大，紧抓新一轮科技革命和产业变革机遇，大力发展集成电路、新能源、生物医药、基础软件等新兴产业，激励企业加大研发设计投入，推进服务外包向数字化高端化转型升级。商务部会同相关部门推动落实《关于推动服务外包加快转型升级的指导意见》，鼓励服务外包企业加强数字技术的开发利用，提高创新能力，服务外包加快向高技术、高附加值、高品质、高效益转型升级。

在此背景下，企业创新能力不断增强，先进制造业与现代服务业融合加深，承接委托研发、设计业务增长，以知识为核心要素的服务外包占比不断提高，产业结构由ITO为主导逐步向ITO、KPO并重转变。

从产业规模来看，ITO、BPO、KPO离岸执行额均呈现持续增长态势，2019—2023年，ITO、BPO、KPO执行额的结构比例从47∶18.1∶32调整为39.9∶16.6∶43.5，如图1-5所示。KPO占比累计提高11.5%，平均每年提高2.8%。其中，新能源技术研发服务、检验检测服务、交通工具维修维护服务等离岸服务外包业务增速较快，同比分别增长140%、44.5%和42.3%。

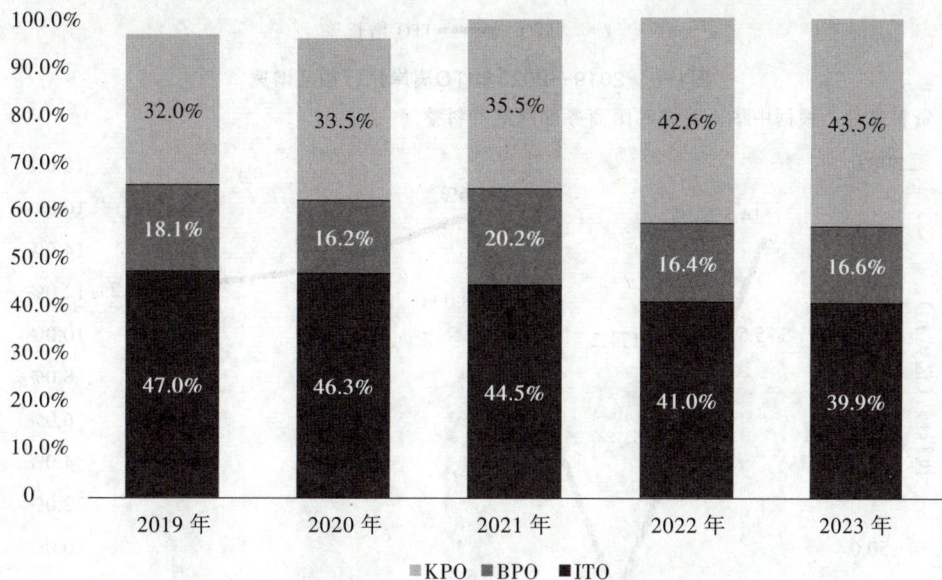

图1-5 2019—2023年中国离岸服务外包产业结构变化

资料来源：根据中华人民共和国商务部网站资料整理。

（二）业务结构发展特点

离岸ITO增速放缓。受中美关系等多重因素影响，中国承接离岸ITO增速有所下降。2023年中国企业承接离岸ITO执行额为604.4亿美元，同比增长7.7%，占离岸服务外包执行额的39.9%，较上年下降1.1%，如图1-6所示。

离岸BPO保持两位数增长。商务部等部门开展人力资源等领域专业类特色服务出口基地评选工作，提升内部管理服务外包企业接包能力，印发《全国供应链创新与应用示范创建工作规范》，提升产业链供应链现代化水平，加快供应链管理外包产业发展，离岸BPO持续快速增长。2023年中国企业承接离岸BPO执行额为251.3亿美元，同比增长12.2%，占离岸服务外包执行额的16.6%，较上年提高0.2%，如图1-7所示。

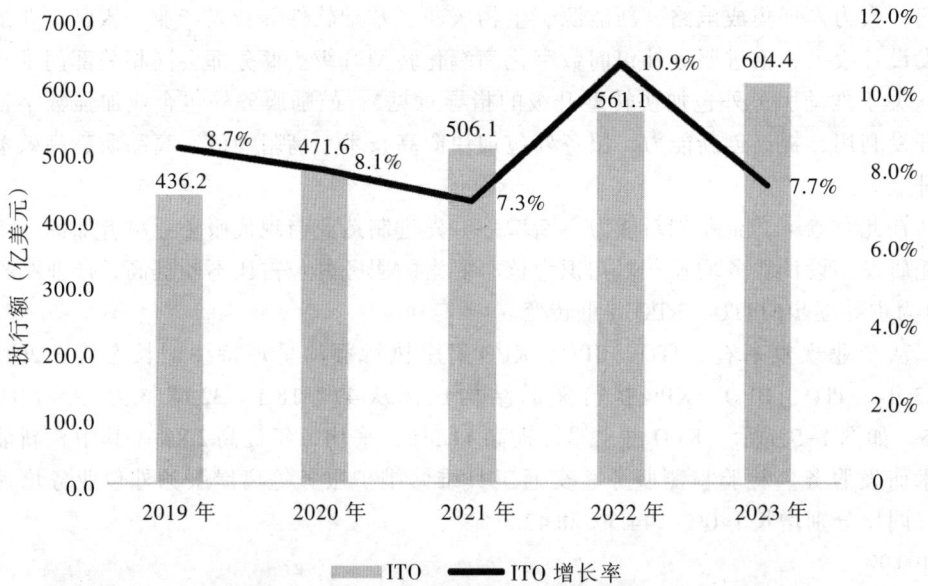

图1-6　2019—2023年ITO离岸执行额及增速

资料来源：根据中华人民共和国商务部网站资料整理。

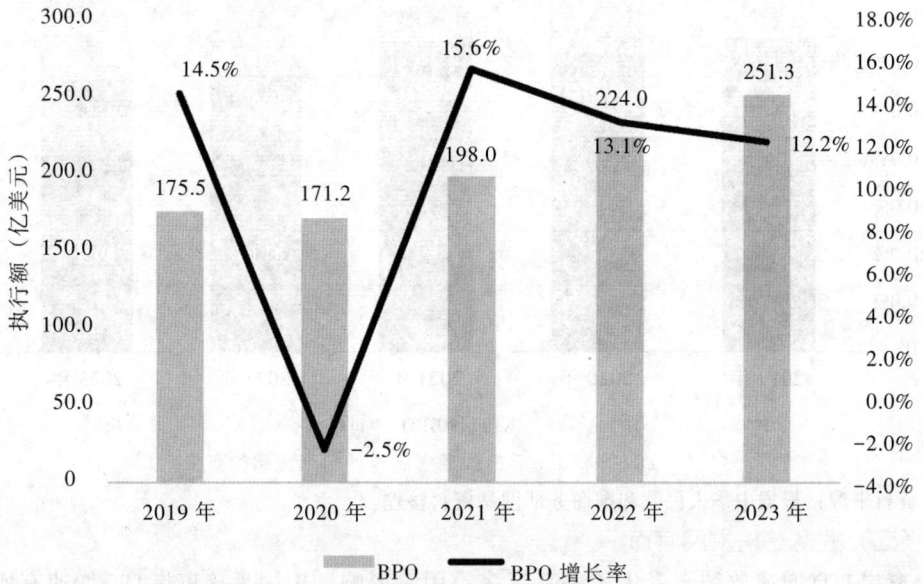

图1-7　2019—2023年BPO离岸执行额及增速

资料来源：根据中华人民共和国商务部网站资料整理。

离岸KPO占比稳步提高。国家对科技型中小企业研发加计扣除比例从75%提高到100%，全社会研发经费投入再创新高，研发投入强度突破新水平，这标志着我国科学技术水平和自主创新能力进一步提升，有效推动了知识流程服务外包的加速发展。2023年，我国企业承接离岸KPO执行额为658.3亿美元，同比增长12.9%，占离岸服务外包执行额的43.5%，比上年提高0.9%，如图1-8所示。

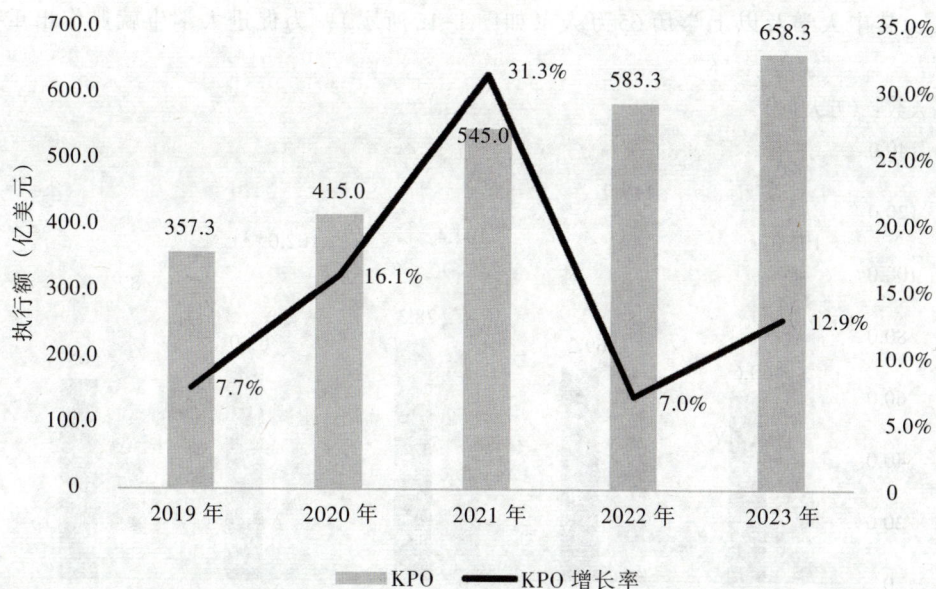

图1-8 2019—2023年KPO离岸执行额及增速

资料来源：根据中华人民共和国商务部网站资料整理。

三、吸纳就业效应显著

（一）持续拓展人才"蓄水池"

服务外包产业作为劳动、知识密集型现代服务业，是吸纳就业的关键性产业。截至2023年年底，我国服务外包累计吸纳从业人员1 587万人（如图1-9所示）为"稳就业""保就业"提供了坚实保障。

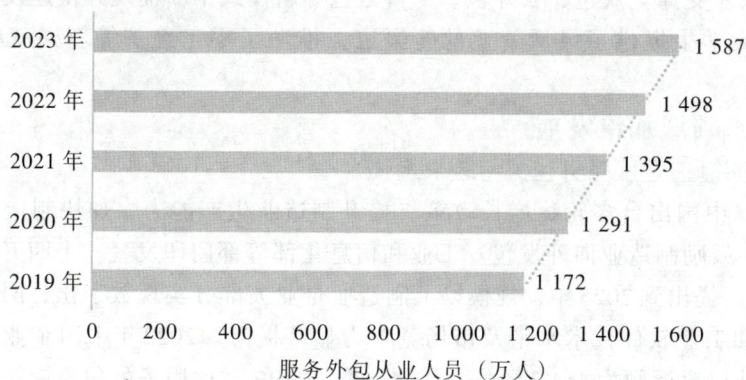

图1-9 2019—2023年我国服务外包从业人员数量

资料来源：中华人民共和国商务部网站资料整理。

（二）成为大学生就业"稳定器"

服务外包产业是知识密集型现代服务业，是吸纳大学生等高端人才就业的重要渠道。2022年7月，商务部会同教育部、人力资源社会保障部印发《关于积极做好服务外包产业吸纳应届高校毕业生就业有关工作的通知》，助推服务外包企业加大引才育才力度，吸纳更多应届高校毕业生就业。2023年服务外包新增从业人员89

万人，其中大学及以上学历65万人（如图1-10所示），为促进大学生就业作出重要贡献。

人数：（万人）

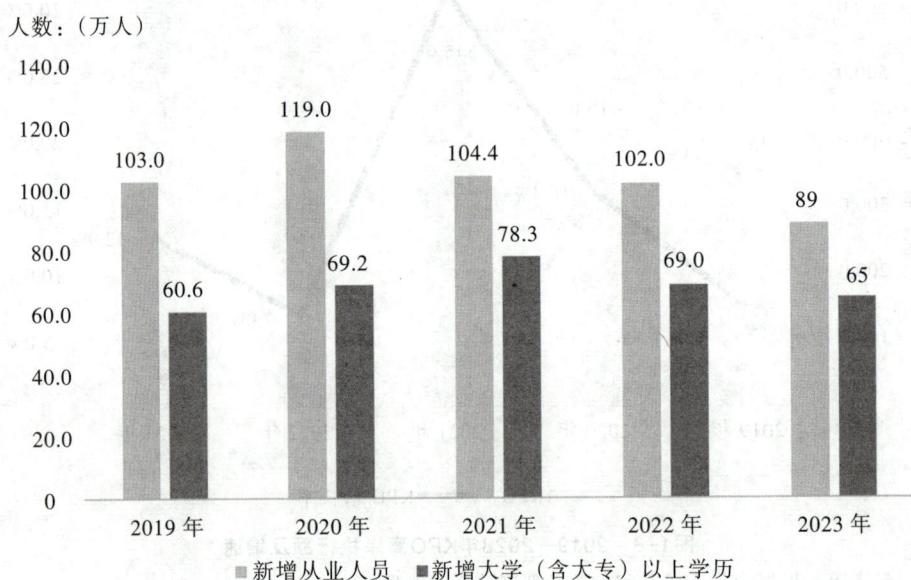

图1-10　2019—2023年中国服务外包新增从业人员数量

资料来源：根据中华人民共和国商务部网站资料整理。

　　对于全国来说，服务外包产业就业人数超千万，对于大学生来说，服务外包产业创造了很多就业机会，是就业重要的稳定器。根据测算，有40%的大学毕业生在服务外包企业工作2～3年后转向互联网、大数据和人工智能等领域，为数字经济强国建设提供了人才支撑。众包、云外包、平台分包等新模式不断涌现并快速发展，为年轻人特别是大学生提供了灵活就业的新渠道，推动了零工经济等新兴就业形态的发展。

四、重点领域加快发展

（一）离岸制造业服务外包保持较快增长

　　2022年，中国出台多轮稳增长政策，提升制造业生产能力，加快制造业数字化绿色化转型，鼓励制造业向外发包。工业和信息化部等部门印发《"十四五"智能制造发展规划》，提出到2025年，规模以上制造业企业大部分实现数字化、网络化，智能制造装备和工业软件技术水平及市场竞争力显著提升。2022年中国企业承接离岸制造业服务外包执行额为464.7亿美元，同比增长9.9%，比服务外包离岸执行额增速高4.9%，占服务外包离岸执行额的34.0%，比上年提高1.6%，如图1-11所示。

（二）离岸金融业服务外包执行额增长近30%

　　人民币国际化步伐加快，中国与"一带一路"共建国家金融合作更加紧密，服务外包企业积极开拓金融基础设施、数字支付、数字货币等领域国际业务。2022年中国企业承接离岸金融业服务外包执行额15.2亿美元，同比增长27.4%，比服务外包离岸执行额增速高22.4%，如图1-12所示。

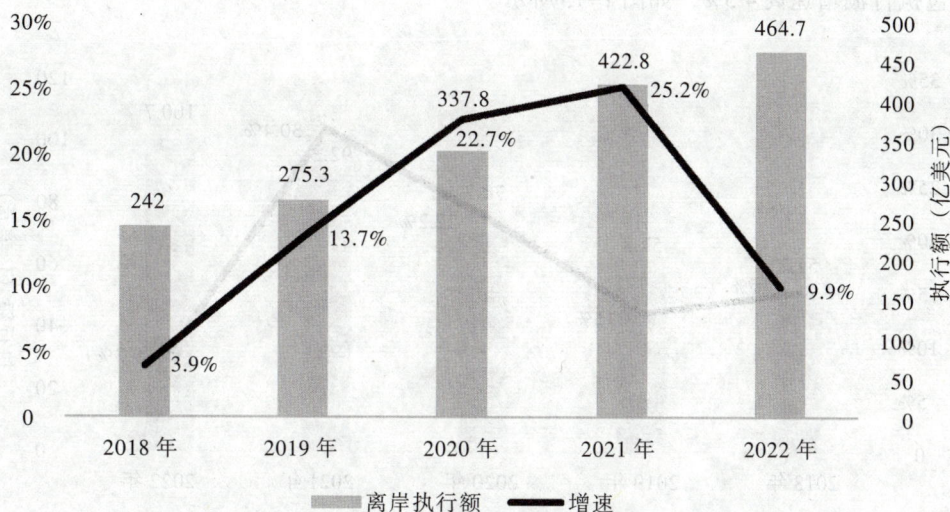

图1-11 2018—2022年中国制造业服务外包离岸执行额及增速
资料来源：根据中华人民共和国商务部网站资料整理。

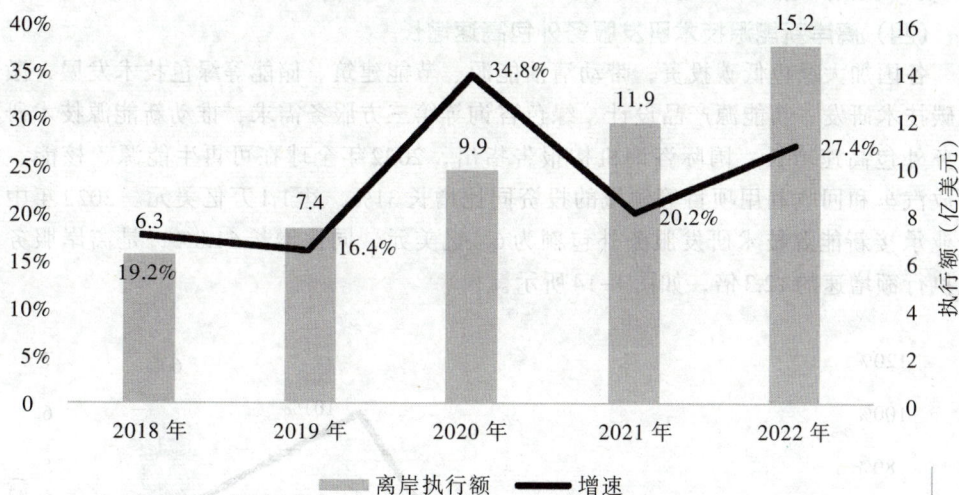

图1-12 2018—2022年中国金融业服务外包离岸执行额及增速
资料来源：根据中华人民共和国商务部网站资料整理。

（三）离岸医药和生物技术研发外包执行额突破百亿美元

受老龄化、保健意识增强等因素影响，全球对生命健康产业愈发重视，医药产业步入景气周期，医药研发投入不断增加。国际咨询机构数据显示，2022年全球医药行业研发投入达2 420亿美元，同比增长8.7%，预计未来5年仍将保持7.8%的年均增速。医药研发投入增长推动全球医药和生物技术研发服务外包产业发展。中国紧抓医药健康产业机遇，不断完善产业配套政策，增强新药专利保护，加快释放工程师红利，医药和生物技术研发服务外包企业接包实力稳步提高。2022年中国企业承接离岸医药和生物技术研发服务外包执行额为100.7亿美元，同比增长9.3%，比离岸服务外包执行额增速高 4.3%，如图 1-13 所示。

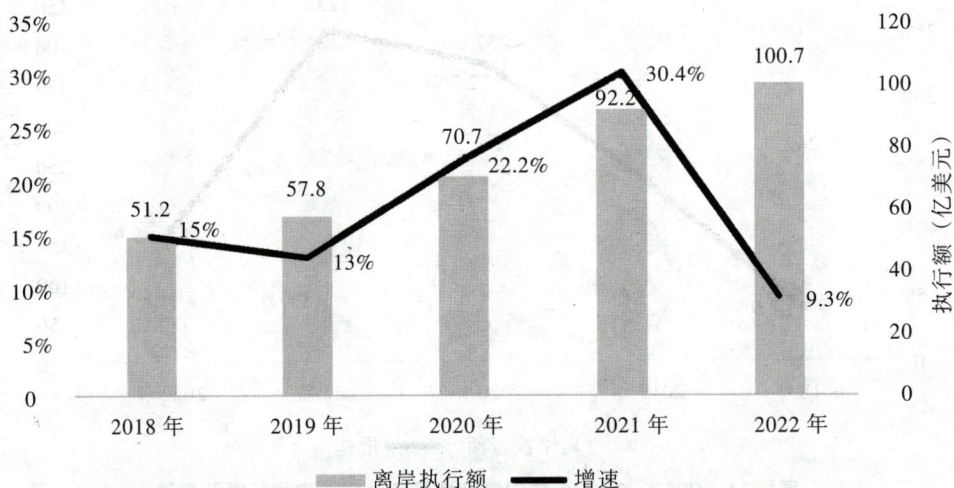

图1-13　2016—2022年中国医药和生物技术研发服务外包离岸执行额及增速
资料来源：根据中华人民共和国商务部网站资料整理。

（四）离岸新能源技术研发服务外包高速增长

各国加大绿色低碳投资，带动清洁能源、节能建筑、储能等绿色技术发展，激发低碳技术研发、新能源产品设计、绿色咨询等第三方服务需求，推动新能源技术研发服务外包高速增长。国际咨询机构报告指出，2022年全球在可再生能源、核能、零排放汽车和回收利用项目等领域的投资同比增长31%，达1.1万亿美元。2022年中国企业承接新能源技术研发服务外包额为6.4亿美元，同比增长61.8%，是离岸服务外包执行额增速的12.3倍，如图 1-14 所示。

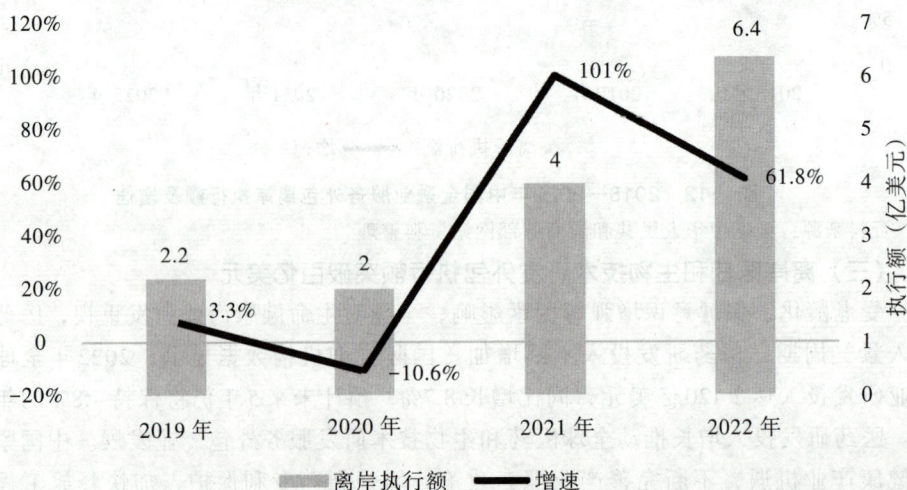

图1-14　2019—2022 年中国新能源技术研发服务外包离岸执行额及增速
资料来源：根据中华人民共和国商务部网站资料整理。

项目训练

一、单项选择题

1. 服务外包是指企业将原本由内部员工提供的服务活动，转交给（　　）。

A.竞争对手   B.政府部门

C.外部专业服务商   D.消费者

2. 服务外包的核心目的是（　　）。

A.扩大企业规模   B.降低成本、提高效率或专注核心业务

C.增加税收   D.规避法律责任

3. 以下（　　）不属于服务外包的主要特征。

A.合同关系明确   B.专业化分工

C.所有权转移   D.资源整合与利用

4. 在服务外包中，企业与服务提供商之间通过（　　）来界定双方的权利和义务。

A.口头协议   B.行业标准

C.服务合同   D.企业文化

5. 服务外包按地域可分为（　　）两种主要类型。

A.境内外包与境内外包   B.境内外包与离岸外包

C.信息技术外包与业务流程外包   D.短期外包与长期外包

二、判断题

1. 服务外包仅限于信息技术领域，不涉及其他业务流程或职能。（　　）

2. 离岸外包特指将服务活动转移到国外进行，而境内外包则是指在国内不同企业之间的服务转移。（　　）

3. 服务外包中，企业可以完全放手不管，由外部服务商全权负责服务的提供和管理。（　　）

4. 服务外包可以帮助企业快速适应市场变化，提高灵活性和响应速度。（　　）

5. 服务外包必然导致企业内部员工失业和岗位流失。（　　）

三、简答题

1. 什么是服务外包？服务外包主要目的是什么？

2. 服务外包基础理论包括哪些？

3. 信息技术外包包括哪几种服务形式？

4. 服务外包如何帮助企业提升竞争力？

5. 在全球化背景下，服务外包的趋势是什么？

四、案例分析题

A公司是一家全球知名的电子产品制造商，近年来其业务范围迅速扩展至智能家居、物联网及大数据分析等领域。随着业务复杂性的增加，A公司面临一系列挑战，

如内部IT资源紧张，难以快速响应市场变化和客户需求；传统IT系统老化，难以支撑新业务模式的快速发展；全球化运营带来的IT管理复杂性和成本上升等。为了保持竞争优势，A公司决定实施一项全球IT服务外包战略，以优化资源配置、降低成本并提高运营效率。A公司制定了以下服务外包策略：

1.明确外包范围：将非核心的IT基础设施运维、应用软件开发与维护、数据分析及部分客户服务支持等业务外包给专业的第三方服务商。

2.服务商选择：基于成本效益、技术实力、行业经验及文化兼容性等多方面因素，在全球范围内筛选并评估潜在的服务提供商。

3.合同与治理：制定详细的服务水平协议（SLA），明确服务范围、质量标准、数据安全与隐私保护要求，并建立有效的治理机制以监控和评估外包服务的执行情况。

4.转型实施：分阶段推进外包计划，确保平稳过渡。同时，加强内部IT团队与外部服务商之间的沟通与协作，共同推动数字化转型。

通过上述改革，A公司取得了较好的经营效果，公司业务不断拓展，企业经营利润大幅度提升。

阅读材料，思考并回答：

1.分析A公司选择实施全球IT服务外包战略的主要动因是什么？这一战略如何帮助其应对当前面临的挑战？

2.在制定外包服务商选择标准时，A公司应考虑哪些关键因素？请列举并简要说明。

3.随着数字化转型的深入，A公司应如何利用外包服务加速其技术革新和业务流程优化？请给出具体建议。

学习目标

【知识目标】

1.熟悉金融服务外包的概念及分类；

2.明晰金融服务外包的特征及作用；

3.掌握金融服务外包模式与收益；

4.了解我国金融服务外包发展趋势。

【技能目标】

1.能够根据不同标准对金融服务外包进行分类；

2.能够分析金融服务外包企业主要收益来源；

3.能够熟练分析我国金融服务外包模式优劣势。

【素养目标】

1.具备社会责任感和担当意识，树立正确的世界观、人生观和价值观，增强为强国建设奉献的使命感；

2.遵循国策导向，了解国内外行业发展趋势，培养良好的职业道德及职业素养；

3.培养风险管理和控制意识。

项目思维导图

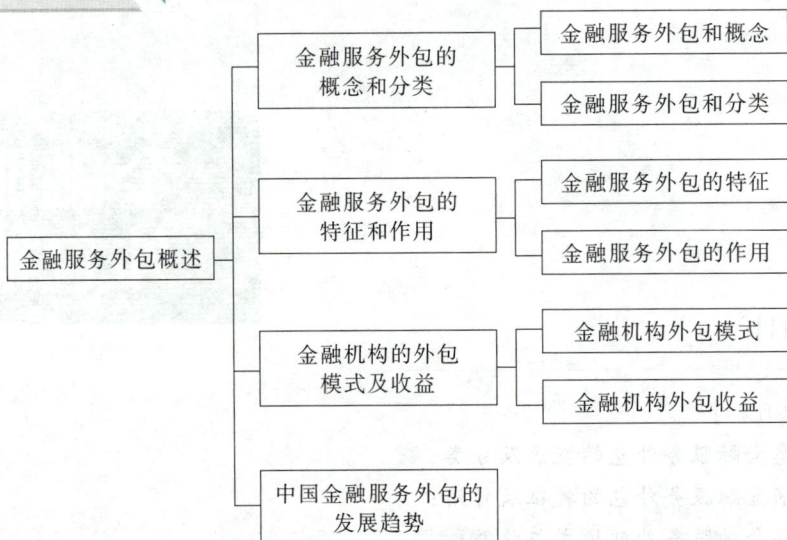

```
                              ┌─────────────────┐        ┌─────────────────┐
                              │ 金融服务外包的   │────────│ 金融服务外包和概念 │
                              │ 概念和分类       │        ├─────────────────┤
                              │                 │────────│ 金融服务外包和分类 │
                              └─────────────────┘        └─────────────────┘
                              ┌─────────────────┐        ┌─────────────────┐
                              │ 金融服务外包的   │────────│ 金融服务外包的特征 │
   ┌──────────────┐          │ 特征和作用       │        ├─────────────────┤
   │ 金融服务外包概述 │─────────│                 │────────│ 金融服务外包的作用 │
   └──────────────┘          └─────────────────┘        └─────────────────┘
                              ┌─────────────────┐        ┌─────────────────┐
                              │ 金融机构的外包   │────────│ 金融机构外包模式   │
                              │ 模式及收益       │        ├─────────────────┤
                              │                 │────────│ 金融机构外包收益   │
                              └─────────────────┘        └─────────────────┘
                              ┌─────────────────┐
                              │ 中国金融服务外包的│
                              │ 发展趋势         │
                              └─────────────────┘
```

案例导入

我国金融服务外包发展历程及发展优势

　　2022年国内金融服务外包行业现状：金融服务外包市场规模迅速增长，市场竞争加剧，国内许多城市看中了金融服务外包的潜力，纷纷推进金融后台建设。20世纪90年代以来，经济金融全球化、一体化进程加快，在全球范围内进行资源优化配置的新一轮国际产业转移迅猛发展。其中，金融服务外包特别是离岸外包，以其降低成本、增加收入、提高质量、改进效能等多重优势，成为国际产业转移的重点领域，对金融服务贸易贡献与日俱增，在金融服务业地位日趋重要。从全球范围看，金融服务外包行业正处于行业周期的高速成长期，已成为国际外包市场的主流。

　　外包金融服务有很多优势：财务灵活性、管理的灵活性、提高业务效率等。2012—2023年我国金融服务外包行业市场规模呈现稳步上升趋势，随着我国消费金融业的迅速发展，金融服务外包市场规模迅速上涨，市场竞争加剧。目前，市场上主要从事金融服务外包的公司较多，部分公司专注于提供客户服务业务，部分公司专注于金融数据业务，优质服务商能够为金融机构创造更大价值，从而聚集更多优质数据资源。云计算、大数据、区块链等新科技在金融领域的广泛应用，可能推动金融服务外包产业的战略调整，金融外包将面临前所未有的发展机遇。人民银行鼓励金融机构在风险可控的前提下积极开展金融外包。近些年，金融服务外包产业发展取得积极成效，金融改革创新也为金融外包产业创造了良好的发展环境和机遇，与此同时，加强规范和防范风险不能忽视。

　　资料来源：佚名. 中国金融服务外包行业发展历程、发展优势及市场规模走势分析［EB/OL］.［2022-12-18］. https：//baijiahao.baidu.com/s？id=1752539798452597737&wfr=spider&for=pc.

思考与讨论：

1. 搜索相关资料并思考，金融服务外包发展现状如何？

2. 在数字化经济中，金融服务外包企业应当如何开展业务？

任务一　金融服务外包的概念和分类

一、金融服务外包的概念

根据《金融服务外包》（巴塞尔委员会联合论坛2005年2月发布）文件的相关规定，金融服务外包被界定为"金融机构在持续经营的基础上，利用外包公司（为公司集团的附属实体或公司的外部实体）来实施原由自身进行的业务活动"。金融服务外包其实不是现代社会专属的行业，最早可追溯到欧美发达国家中的证券行业，早在20世纪70年代，金融资本家为了降低经营成本，提高经营利润，将一些不重要的金融业务打包交给其他机构去处理完成。进入20世纪90年代，由于技术的不断升级与改造，加之对成本的进一步控制和严苛要求，IT领域占领了金融服务外包业务的半壁江山。

从广义的角度来分析，金融企业的服务外包不仅包含银行领域而且包含证券和保险等领域；外包工作不仅局限于初始外包而且包含再次的转包；外包的主体对象也不仅包含外部其他企业而且包含本企业内部的其他子公司。进入21世纪以后，经济全球化快速发展，尤其是我国的经济发展的速度举世瞩目，而快速发展的背后往往意味着激烈的竞争。金融企业为了适应更加复杂的发展环境，让自己立于不败之地，必须提高自己的核心竞争力，把一些相对简单的业务交给其他外包公司去完成，这是金融企业青睐业务外包的核心原因。另一方面，金融企业业务涉及面相对比较广，如果全部业务都由自身来完成，往往会降低专业性，无法跟外包商在技术、效率上匹敌，所以把部分业务外包不失为一种明智的选择。管理学家彼得·德鲁克早在20世纪90年代就预言了业务外包的价值与其极速发展的必然性，具有国际权威的哈佛商业评论对业务外包的评价更高，该评论甚至认为这是近百年来最伟大的经营理念发明之一。

二、金融服务外包的分类

（一）根据业务内容分类

金融服务外包根据业务内容可以分为以下三类：

1.金融信息技术外包（ITO）

金融信息技术外包是指以长期合同的方式，由大型的金融机构委托信息技术服务商向金融企业提供部分或全部的信息技术服务，主要包括应用软件开发与服务、嵌入式软件开发与服务以及其他相关的信息技术服务等。

2.金融业务流程外包（BPO）

金融业务流程外包是指金融企业将非核心业务流程和部分核心流程委托给专业服务提供商来完成，主要包括呼叫中心、财务技术支持、消费者服务支持、运营流程外包等，还包括评估研究、投资研究和技术研究等。金融业务流程外包主要表现为金融机构将其公司业务运营过程中耗费大量人力的企业服务及操作中间环节，外包给商务成本比较低的国家和地区。该模式在欧美甚为流行，当下印度已成为全球著名的业务流程外包国家。

3.金融知识流程外包（KPO）

金融知识流程外包是指金融企业将部分知识流程外包给专业服务提供商来完成，主要包括数据挖掘与数据分析等服务。

（二）根据地理分布状况分类

金融服务外包根据地理分布状况可以分为以下两类：

1.在岸金融服务外包

在岸金融服务外包，又称为境内金融服务外包，是指金融服务的发包方与金融服务提供商来自同一国家，外包工作在境内完成。当前，我国在岸金融服务外包发包主体涵盖银行、证券、保险、信托租赁、财务公司等各个领域，主要集中在银行业和保险业。随着我国金融业快速成长以及金融业前后台业务分离趋势的不断加大，大量金融服务外包需求将被释放，在岸金融服务外包还有巨大市场空间。

2.离岸金融服务外包

离岸金融服务外包是金融服务外包的另一种重要模式。发包方源自各大跨国金融集团。这种服务模式涉及金融机构、境外服务提供商和服务的最终用户三方当事人，服务以电子交付为主，采用跨境的方式来实现。外包服务涉及两大领域：核心业务（如基金管理业及保险业中的投资管理、基金单位定价及托管、核保与索赔支付等）与非核心业务（如信息技术、后台业务操作、客户服务等）。当前，在金融自由化背景下，全球金融服务业正在进行新一轮的产业转移。出于战略规划、成本控制、增强核心竞争力等多方面的考虑，银行、证券、保险等领域的大型跨国金融机构纷纷将非核心业务进行剥离，外包给成本较低、服务提供能力较强的境外服务企业。随着国际金融市场竞争的不断加剧，服务外包业务种类不断增加，发包规模不断拓大，形成离岸外包产业。按照我国加入WTO时在服务贸易领域的承诺，2006年底我国的金融市场已全面对外开放。离岸金融服务外包作为金融领域的新兴业务，在我国金融服务市场上呈现出飞速发展的态势。

（三）根据外包业务的特点分类

金融服务外包业务根据外包业务特点可以分为以下三类：

1.金融后台类外包

金融后台外包包括人力资源管理、工资管理、档案管理、客户管理等后勤辅助类外包业务。

2.金融专业类外包

金融专业类外包包括财务管理、业务审计、法律事务、信息技术等专业技术性外包业务。

3.金融服务流程外包

金融服务流程外包包括金融服务结算、财务数据录入等操作性环节外包业务。

其中，后台类外包与流程外包是发包方提高运营效率、降低运营成本的重要途径。专业类外包业务具有技术上的特殊要求，利用专业的外包商可以提高服务产品的质量。

金融服务外包种类如图2-1所示。

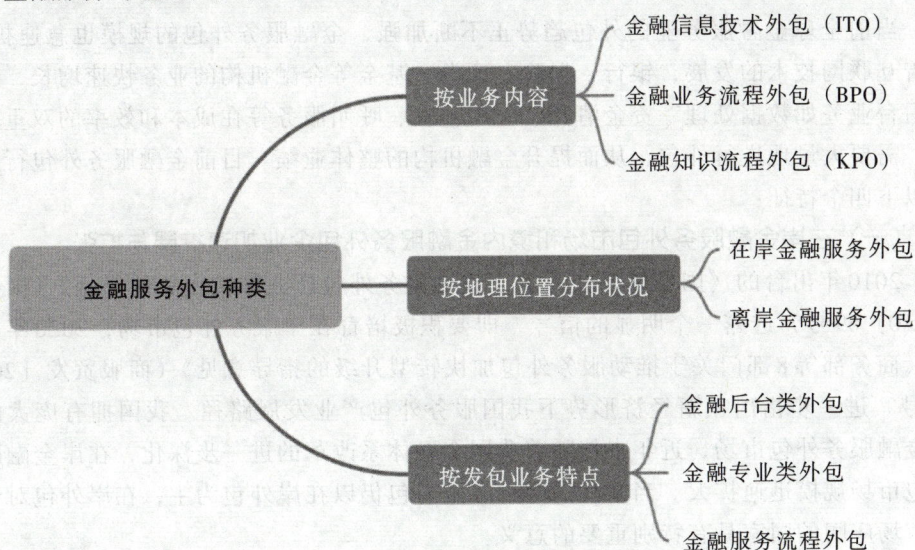

图2-1　金融服务外包种类

京北方助力银行跨境付款指令处理

京北方作为金融服务外包领域的重要参与者，在北京西三环的灾备中心展现了强大的信息技术处理能力。凌晨四点四十五分，当城市还在沉睡时，该灾备中心的机房大屏上绿色字符闪烁，800万条跨境付款指令在同一时刻被验证、加密、落库，这一高效操作由京北方写进代码的流程机器人完成。

几年前，京北方从帮助银行做票据影像归档这类基础工作起步，那时只是简单的凭证复印、编号、装盒及送往库房。随着技术的发展，扫描仪取代复印机，数据库替代纸质库房，京北方将业务升级为批量数据清洗，并将客户从最初的小范围拓展至"六大行+数十家股份行"。如今，其外包服务已融入一站式IT解决方案，涵盖大规模流程自动化、AI质检、呼叫中心托管等多方面。2024年，京北方软件与IT解决方案业务线贡献收入300.7亿元，占公司总业务量近三分之二，其中"金融科技解决方案"产品销售额达130亿元，增速接近10%。这一案例充分体现了信息技术外包在提升金融业务效率、优化业务流程以及推动金融科技发展方面的显著作用。

资料来源：佚名. 京北方［EB/OL］.［2025-06-27］. https://xueqiu.com/7033122322/340443966.

任务二　金融服务外包的特征和作用

一、金融服务外包的特征

当前全球金融服务业的外包趋势正不断加强，金融服务外包的规模也急速扩大。随着互联网技术的发展，银行、保险、证券、基金等金融机构的业务快速增长，辅助性后台业务如数据处理、资金清算、应用开发、呼叫服务等在成本和效率的双重压力下，需要大量地进行外包，从而提升金融机构的整体业绩。目前金融服务外包行业呈现以下四个特征：

（一）在岸金融服务外包市场和境内金融服务外包企业加速扩展与扩张

2010年出台的《国务院办公厅关于鼓励服务外包产业加快发展的复函》（国办函〔2010〕69号）透露一个明显的信号，即要积极培育在岸服务外包市场，2020年出台的《商务部等8部门关于推动服务外包加快转型升级的指导意见》（商服贸发〔2020〕12号）进一步指出在新经济形势下我国服务外包产业发展路径。我国拥有庞大的在岸金融服务外包市场，近年来伴随着我国金融体系改革的进一步深化，在岸金融服务外包市场规模迅速扩大。当前我国金融服务外包仍以在岸外包为主，在岸外包对于国内市场广阔的国家具有特别重要的意义。

（二）金融科技创新推动金融服务外包行业发展

金融科技的创新为金融外包打开了广阔的空间，云计算、物联网、移动网络、大数据、人工智能等新技术发展，为服务外包提供新一轮发展的支持和动力，金融改革创新也为金融服务外包产业创造了良好的发展环境和机遇，金融服务外包将面临前所未有的发展机遇。中国人民银行鼓励金融机构在风险可控的前提下积极开展金融服务外包。近些年金融服务外包产业发展取得积极成效。

（三）人才供需矛盾制约了金融服务外包产业的发展

我国的金融服务外包人才市场的困境在于，一方面每年都有部分毕业生找不到工作，另一方面企业难以找到合适的人才，应用型人才严重不足，尤其是缺乏既懂金融知识又擅长信息技术应用和外语技能的复合型人才，这影响和制约了我国金融服务外包产业的快速发展。据麦肯锡预测，在未来5年，中国金融服务外包，尤其是离岸服务外包将面临大量人才缺口。大部分跨国服务外包企业落户中国以后，面临的最棘手的问题是难以找到合格的员工。

1. 人才结构问题

一是低端人才储备充足，但是普遍可用率较低；二是中端人才（有5年以上的项目管理经验的人员或技术骨干）流动性较高，造成企业间的不正当争夺；三是高端人才（包括负责直接与国外客户沟通交流的项目经理和海外销售人员）引进效果不明显。

2. 人才能力问题

一是语言能力弱。毕业生外语水平不能满足企业要求，特别是日语方向，每年的日语专业本科生远远不能满足对日外包服务业务的需求。二是技术能力局限。大部分人能熟练掌握的技术技能主要局限在Java、.NET、C++、C等领域，中高端开发型人才则相对缺乏。三是复合型人才缺乏。大学毕业生中具备复合型知识构成（如服务外包相关技术和至少一门外语沟通能力；金融专业知识和软件开发技能等）的人才缺乏。四是职业素养待提升。大学里职业素质教育课程普遍缺乏，老师对学生的职业规划辅导不够。

（四）金融服务外包数字化转型升级

金融服务外包产业大而不强、大而不优的状况影响着我国金融服务外包企业在国际分工体系中的地位，需要通过转型升级推动我国从金融服务外包大国向强国迈进。我国在金融服务外包发展起步阶段，大力发展信息技术外包，包括软件研发开发、信息技术、运维服务等外包业务，占比一度超过六成。经过十多年的发展，越来越多的企业从单一接包企业转型为数字化企业、数字化服务供应商及综合解决方案供应商，成为我国数字服务和数字经济引领全球发展的重要推力。

拓展阅读 2-2

推进金融服务业数字化转型

2024年，来自全球银行、保险和科技公司的高管和行业专家就金融业数字化转型、云迁移以及金融服务生态系统的持续演变进行了讨论，主要观点分享如下：

一、采用战略方法实施数字化转型

一些专家认为部分金融机构的技术投资仍较为随机，未能制定明确的量化战略目标。鉴于金融机构希望更新核心系统、完善数据管理、丰富定制化的产品和服务，专家们就如何聚焦和调整技术投资展开了讨论。

首先，制定核心业务目标。在考虑技术投资的重点时，金融机构应界定预期成果，确定取得这些成果需采取的步骤，然后投入所需资源。一位董事认为："这意味着将数字化视为策略的核心，而非附加技术——是一个机遇，也是一项战略变革。"

其次，真正关注客户需求。在作出决策时，董事会和管理层需要"回过头来看看他们服务客户和社会的目标，如果技术适合这些目标，就是一个不错的选择"。改变客户体验至关重要，思维模式和文化的转变也同等重要。一位董事表示："必须落实数字化，但组织也需要转变为以客户为中心。我们都说以客户为中心，但与客户打交道时，我们常常仅围绕产品，而非客户优先。在推动创新的过程中，产品管理比数据工程师更为重要。"

再次，明确告知合作伙伴需要什么支持。一位高管指出："我们面临的挑战是，将生态系统中的创新功能与金融机构的实际需求相匹配。我们需要告知技术合作伙伴需要做什么，希望解决哪些问题。"

最后，时刻保持灵活性，同时聚焦增长，而非降低成本。虽然技术投资可以提高效率、降低成本，但投资核心系统升级的价值主要体现在提高服务水平、开发新产品、收获新客群，从而提升竞争优势。

二、云迁移管理

虽然金融服务业领导者一致认为，广泛采用云技术是不可避免的，但各金融机构尚处在转型早期阶段。金融机构成功实现云迁移仍面临许多挑战。

首先，需要加大对云技术的投入。金融机构云迁移的速度比预期慢。一位高管表示："金融机构尚未充分认识到云技术的价值，如果只用于存储和计算，就难以挖掘其最大的价值。如果能挖掘出应用云的真正功能，总体投资回报率会高很多。"目前，金融机构可以利用载有AI的云技术来开展高级数据分析和高性能计算（例如风险测算等），但需要迁移更多的数据和系统才能实现。

其次，云技术的真正价值在于增加功能，而非控制成本。金融机构需要将云迁移从一项降低成本的举措重新定义为针对新功能的持续投资。一位专家表示："仅关注云使用成本有些片面。例如，虽然利用云计算进行审贷测算的成本会升高，但审贷效率也会提高三倍，而且能更精准地识别风险。因此，金融机构要从使用云技术带来的益处来考虑云应用，在关注成本的同时，也要关注其带来的价值。"

三、提升组织能力，推动转型

行业专家一致认为，金融机构必须采取必要行动，吸引并留住人才，同时更新组织结构和流程。一位高管表示，打破组织层面的屏障非常重要，"我们制定了多项数字化战略，我们需要将这些战略整合到一个公司层面的数字化团队，通过跨职能的协同合作，改变日常运营模式。"跨职能方法可以加强业务团队与技术团队之间的沟通和协作："把业务人员和技术人员聚集在一起，可以准确地界定我们想要构建什么以及如何从中获益。"但是，这种技能交流和知识共享需要学习文化的支持。一位专家指出："组织需要培养学习文化。"

资料来源：EY安永．推进金融服务业数字化转型［EB/OL］．［2024-04-03］．https://baijiahao.baidu.com/s? id=1795309736399603356&wfr=spider&for=pc.经过删减。

二、金融服务外包的作用

（一）增强核心竞争力

商业银行将非核心的业务外包给服务商，将更多资源集中在核心产品和主要业务上，使核心竞争力得到快速增强。将竞争目标从传统的价格竞争和质量竞争转向技术以及创新等竞争，这就要求商业银行优化资源、重组资源，重新审视本银行在产品价值链上的优势。商业银行必须明确其核心业务范围，才能使资源得到最优配置。金融服务外包使商业银行的组织目标更为明确、内部组织更为精简、组织文化更为融合、管理更有效率。商业银行得以在该领域中运用优质的资源以及独特的能力发展核心产品和业务，发掘更多的客户，以"为顾客提供最好的产品和最优的服务"为宗旨，开发出为客户提供最大价值的产品，更快、更好地满足顾客的需求。

（二）降低经营风险

降低经营风险是金融服务外包的重要优势之一，商业银行通过外包将一部分风险转嫁给外包服务商，从而使商业银行的管理更加具有柔性，对多变的外部环境更具有适应性。外包服务商与商业银行的合作实现了风险共担，有效地降低了由于某项新产品的开发失败给商业银行造成损失的可能性，商业银行和外包服务商之间的合作已经由最初的委托代理关系转变为战略合作伙伴关系，而不是简单的雇佣关系。

(三) 降低企业成本

商业银行进行金融服务外包业务的主要目的是降低经营成本。商业银行将自身不擅长的业务外包给服务商，可以集中精力和优势资源开发核心产品和业务，这样就可以直接降低经营成本，同时获得更多的收益。这是因为外包服务商的服务成本与商业银行内部的相关部门相比会低一些。如今资源配置日趋全球化，商业银行将业务外包给具有特定资源和服务成本相对较低的国家和地区，可以直接降低加工成本、人力成本和经营管理成本。

☑ 做中学 2-1 --

金融服务外包降低企业经营成本主要体现在哪几个方面？

任务三　金融机构的外包模式及收益

拓展阅读 2-3

融慧金科：新规下消费金融自主风控的破局之法

随着《消费金融公司管理办法》（下称《办法》）的正式出台，我国金融行业再次迎来了深刻变革。《办法》要求消费金融公司确保该类业务合规，明确风险管理和内部控制机制，保护消费者权益，同时加强监督管理，确保业务稳健运行，防范金融风险，并明确表示增信固收业务比例不得超过50%。固收业务比例的降低可能直接改变消费金融公司固收类业务与自营类业务的资产分配，影响其助贷业务与联合贷业务的收入占比，极大程度上给自营业务和自主风控能力的建设提出新的挑战。

然而对于很多消费金融公司来讲，快速招揽风控技术人才或搭建系统成本高、见效缓。所以，在新的监管规定下实现业务变革的弯道超车，由消费金融公司主导，由金融科技服务商提供专业风控服务的"辅助运营模式"可以说是目前最符合监管要求的解决方案之一。

"辅助运营主要是通过输出技术，帮助持牌金融机构从获客、风控、合规、人才团队等方面提升信贷业务数字化能力，"融慧金科董事长王劲曾在行业会议上表示，"这种模式的优势在于公开透明，能够保障持牌金融机构的风控自主权。对于所有策略上线、模型迭代、业务优化等调整，金融科技服务商只提供支持与建议，而决策权在于持牌金融机构。"

事实上，辅助运营是作用于信贷全流程的风控解决方案，内容从产品设计到风控体系的搭建，深化了金融科技企业与持牌金融机构之间合作，双方在合作过程中共享价值和利益。因此，相比项目制的"一锤子买卖"，辅助运营模式更能帮助持牌金融机构提升自主风控能力，加强自营业务建设。原因是辅助运营不同于一般意义上的"助贷"，其遵循"白盒共建—运营赋能—能力转移"（Build-Operate-Transfer，BOT）的理念，从差异化产品设计、精准获客到风控策略和模型搭建等多个板块，为消费金融公司打造系统化、定制化及智能化的解决方案；辅助机构快速提升自营业务占比，建立自主风控能力。这样的合作模式，不仅确保了风控体系的高效运行，也为持牌金融机构未来的自主发展奠定了坚实的基础。

我国消费金融市场蓬勃发展至今，历经数次转型与变革。在实现金融市场的健康、稳定与可持续发展过程中，监管部门对自主风控能力的要求日益提升。融慧金科一直秉持与持牌金融机构合作共赢的理念，积极创新并不断完善自身的技术架构与服务体系，以助力持牌金融机构顺利实现数字化转型，推动我国金融行业健康、稳定发展。

资料来源：佚名. 融慧金科：新规下消费金融自主风控的破局之法［EB／OL］.［2024-04-02］. https://finance.sina.com.cn/jjxw/2024-04-02/doc-inaqmpwu7215213.shtml.

思考与讨论：

1.金融服务外包运营模式有哪些？

2.哪些因素会造成金融服务外包的风险？

一、金融机构外包模式

以业务运营中心的所有权为标准，可以将目前中国市场的金融业务运营模式分为三种主要类型，见表2-1。

表2-1 中国市场金融业务运营模式

模式	优势	劣势
完全自营模式	·对资产、人员、流程的控制最强； ·资产所有权完整； ·知识产权和信息安全的风险最低； ·对企业自身业务的了解最好； ·最容易复制企业的业务流程； ·与企业整体战略的契合度良好	·成本偏高（如固定资产购置、薪水上涨、人员冗余、管理成本等）； ·人才管理的挑战：职业发展空间有限，人才的获取不易，流失率可能较高； ·流程和操作的标准化与效率受到企业自身经验的限制； ·前台业务量的波动会对资产配置、人员规模和流程管理形成强烈冲击，且后台交付处理能力难以随业务波动快速扩张或收缩
完全外包模式	·有效降低运营成本； ·避免不必要的前期/固定资产投入； ·行业标准化的流程和专业的服务人员带来效率和服务质量的提升； ·有利于企业专注于核心业务技能； ·灵活地扩张或收缩后台处理能力； ·优化成本结构与技能组合，有利于推出新的产品和服务	·对流程、人员等控制程度较低； ·外包出去的后台运营与企业整体战略的契合度较低； ·服务商专业技能和规模的局限性； ·信息安全与知识产权的潜在风险； ·额外的服务商与外包合同的管理以及未来变更带来的风险； ·外包导致的人事变动风险

模式	优势	劣势
混合运营模式	·因地制宜，在金融机构自身的集中化还未完成时，各地区事业部根据自身情况选择自营或外包； ·根据在业务链各环节上的能力差异选择外包或者自营； ·按照未来战略定位、业务发展模式和对核心业务的定义，有策略地选择部分业务外包； ·充分利用服务商在特定地区和业务领域的经验与知识	·成本和治理的复杂度较高，透明度较低； ·合作伙伴退出的风险； ·不合适的合作带来的企业形象风险； ·与企业整体战略的契合度较低

（一）完全自营模式

在这种模式下，几乎所有的业务操作都由金融机构内部力量完成。这类模式目前在银行、保险和信用卡中心都有典型案例。这些金融机构选择完全自营模式，既有对外包尚存担忧的主观原因，也有目前尚不能找到完全合格（包括规模和服务能力）的外包服务提供商的客观限制。其中，金融机构对外包服务提供商能力的担心，大多集中在服务提供商能否为信息安全提供有效保障上。一旦客户信息泄露，金融机构受到的损失不仅仅是眼前的经济利益，更重要的是企业的声誉以及失去信用而造成的业务流失。在这样的情况下，为了避免风险，金融机构通常选择将所有业务保持自营。

（二）完全外包模式

在这种模式下，金融机构在自身可接受的范围内，将业务全部外包给合格的服务提供商。相对较小的金融机构多使用这类模式，尤其是刚刚进入中国的外资金融机构。这类模式可以帮助小型金融机构利用服务提供商的规模效应有效地降低成本，从而将其有限的资源集中在核心业务上。这一模式成功的关键在于，小型金融机构必须建立完善的风险控制和定期审核机制，以确保外包业务完成的质量及外包业务过程中服务提供商的行为合规。

（三）混合运营模式

在这种模式下，自营模式和外包模式同时存在。混合模式形成的原因有很多，有的是因为金融机构自身的集中化还未完成，运营模式由各地区或各事业部根据自身情况而定。有的金融机构虽然已经完成自身业务集中化，但其在各个业务链上的能力各不相同，这时就会根据各业务链环节的具体需要选择外包或者自营。还有的金融机构则是在自身业务集中化已经完成后，按照自身未来战略定位、业务发展模式和对核心业务的定义，决定选择混合运营模式。混合运营模式在当前我国金融机构中应用较为普遍，并且由于金融机构集中化的路程还将继续，服务提供商提高能力也需要时间，这一模式可能在很长一段时间内是主导模式。

金融服务外包模式分类如图2-2所示。

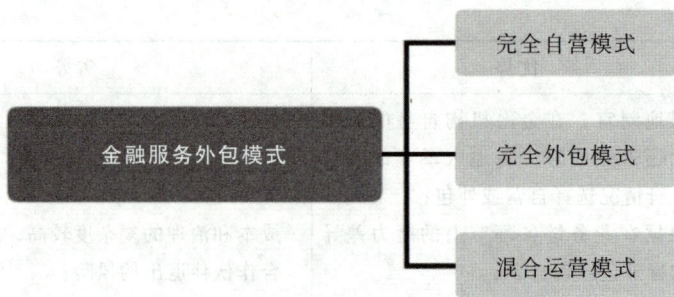

图2-2　金融服务外包模式

二、金融服务外包收益

通过金融服务外包，金融机构可以获得以下收益：

（一）降低成本，提高收益

金融机构最初将服务外包出去的主要目的是降低成本。金融机构将自己不擅长的业务外包出去，集中精力做自己擅长的业务，这样可以降低成本，获得更多收益。与金融机构内部的服务部门相比，外包商提供的服务成本更低，而且成本更易预测、更好控制。

（二）充分利用前沿技术和技能

在信息技术迅速发展的时代，金融机构要想掌握所有先进技术往往难度很大或成本很高。但如果金融机构不运用这些新技术，就可能在竞争中被淘汰。而把这些服务外包出去就可以很好地解决这个问题。

（三）转移风险

金融机构和服务外包商之间是战略合作关系，是风险共同体，而不是单纯的雇佣关系。因此，金融机构在外包服务的同时也把一些风险转移给了服务外包商，这使金融机构能够更好地应对迅速变化的外部市场环境和顾客需求。

> **做中学 2-2**

金融服务外包如何通过外包策略实现风险转移？（　　　）

A.通过将非核心业务外包给专业服务商，企业可以专注于核心业务，从而降低经营风险

B.外包服务提供商拥有更专业的风险管理能力和经验，能够更好地应对潜在风险

C.外包策略本身并不能直接转移风险，但可以通过合同条款和风险管理措施来降低风险

D.金融服务外包仅降低成本，与风险转移无关

任务四　中国金融服务外包的发展趋势

随着互联网和新技术的应用，以及受利率市场化、竞争加剧、成本控制要求提高

等因素的影响，我国金融服务外包业快速发展，已形成较完整的外包服务产业链。金融业务主要涵盖银行、保险、证券（基金）、信托、担保以及期货等领域。当前，金融机构业务品种与服务类型丰富，这为全新的金融外包市场带来广阔的业务机会。未来，我国金融服务外包将何去何从呢？

一、金融产业生态化趋势释放大量服务外包机会

随着中国金融业的快速发展，其呈现出核心业务和非核心业务、前台业务和后台业务、标准流程业务和非标准流程业务加快分离的趋势，原有自主运营的产业链逐渐向专业化方向发展。国内金融机构开始更多关注自身核心业务的发展创新和整体经营效益的提升，逐步形成了金融机构专注核心能力、服务供应商提供其他专业服务的金融产业链生态环境。这种生态化趋势为提供专业化服务的服务外包提供商提供了更多的发展机会。

二、金融业转型使得金融服务外包发展呈现多元化趋势

随着服务智能化、技术工程化的不断发展及市场竞争日益激烈，金融机构亟须整合内外资源，推动商业模式改革和产品升级，促使金融服务外包不断扩大业务范围，进一步提升层次。这主要表现为：外包业务由低端业务向高端业务、后台业务向前台业务、非核心业务向核心业务延伸拓展；服务对象由传统的金融机构向所有开展金融业务的企业，如电子支付、财富管理咨询、金融社交等企业扩展；很多中小金融机构，包括社区银行也开始将其客户呼叫中心、应付账款、支票图像复制、数据录入管理、ATM 机、E-banking 等服务外包。保险和基金管理业的许多机构在传统 IT 业务外包基础上，选择将其部分核心业务，如投资管理、基金单位定价及托管、核保与索赔支付等业务外包。总之，在新金融的发展和引导下，金融服务外包呈现以业务延伸扩大为核心的多元化发展态势。

三、技术创新和金融创新为金融外包业务平台化服务提供了可能

IT 技术、互联网技术空前发展，大数据、云计算、移动互联、人工智能等新兴科技带来新的金融服务外包模式。尤其是以云计算为代表的新一代信息技术为服务外包提供了新的增长空间，使金融业务打破了空间、地域的限制，为金融机构在全球范围内提供服务外包提供了技术基础，形成了以技术应用为核心的平台化服务。在金融业发展的大趋势下，平台化既是金融机构的需求，也是金融服务商的主要服务方式。金融机构的国际化、市场化、信息化、混业经营等都离不开互联网平台，而新兴技术的快速发展也为金融服务外包的平台化服务提供了多种可能。在云计算的浪潮下，基于"云平台"和"云模式"的"云外包"目前成为外包行业发展的主流和趋势，外包企业建立标准化的统一外包服务处理平台，将标准化、模块化和流程化的服务集成到云平台上，在数据库里面进行统一处理。这种全新的外包服务及交付模式的出现，将给金融服务外包领域带来颠覆性的变革。另外，人工智能服务可以与大数据的量化投资模型相结合，为投资者提供智能化投资决策，并在客户服务领域完善客户服务，形成标准化、模型化服务流程。此外随着移动互联网的兴起，移动互联平台成为当前金融机构争先开拓的新领域，移动 APP 的开发和应用也将成为金融服务外包企业的

重要业务板块。如果采用云服务，作为主要运作成本的 IT 构架运维成本会大幅降低。

四、数字化金融为金融外包带来了新的机遇

信息化已经成为现代金融体系运行的一大基石，是金融稳定发展的基础，对金融企业的发展和创新具有非常深远的意义。通过互联网及信息技术手段与传统金融服务业态相结合的新一代金融服务，即为数字金融。数据正在成为金融服务外包机构最重要的资产，数据分析能力将成为金融服务外包机构的核心竞争力。在大数据时代背景下，对海量数据进行数据挖掘、数据分析、数据应用等操作的金融服务外包也将推动产业链从低端向高端的升级发展。云计算、移动互联等新兴技术的发展为金融服务的数字化发展提供了强有力的技术支撑。利用大数据服务，可以有效甄别用户信息，将金融机构的客户信息资源进行分类整理，并根据其消费偏好挖掘客户消费需求。目前国内仅有少数金融服务外包企业开展数据挖掘和分析业务，且业务领域较为低端。随着金融业的信息化发展，数字化金融服务也将实现加速发展，数字化转型正在驱动服务外包向纵深发展。

五、金融服务外包呈现以集成服务为核心的趋势

面对宏观经济及金融业变革的趋势，尤其是在激烈的市场竞争背景下，金融机构转型升级的需求愈发强烈。金融机构不再满足于供应商的一项服务或一个产品，它们更倾向于寻找安全可靠并能提供综合解决方案的合作伙伴。同时，着眼于自身的升级和持续发展，金融服务外包商也在寻找拥有更高附加值，能够实现更高利润和长期合作的对象。因此，以集成服务为主要方式的战略合作成为金融机构和服务外包企业之间的新型合作模式。集金融后台建设、维护、更新和优化服务于一体，集信息录入、数据分析、客户挖掘、市场销售等各业务链于一体的金融服务外包正在成为主流。金融服务外包商也在长期合作中实现了从简单的承接服务到集成服务专业提供商的转变。

六、金融服务外包凸显以个性定制为核心的特征

为适应金融机构服务个性化、专业化的发展趋势，金融服务外包行业正在向着定制个性化的服务及解决方案方向前进，网络社区、众包都成为重要的途径和方式，整体行业呈现出明显的社会化特点。这就要求金融服务外包商采取更加灵活的方式，或者实现产业链的全面覆盖，或者在某个领域做专做强，做"小池塘里的大鱼"。构建标准化的平台和流程化的服务产品，为客户提升业务绩效，并结合技术产品来实现外包项目的价值。此外还要增加社交媒体等手段，广泛应用抖音、微博、微信等新媒体或自建社交平台，实现与客户资源共享，并广泛利用社会集体智慧的力量来共同完成一个项目。目前金融服务社会化已初见端倪，未来随着金融机构的精细化需求和开放性程度的提高，金融服务社会化将成为必然趋势。

拓展阅读 2-4

服务外包行业发展分析及市场深度调研

"十四五"时期仍将是我国服务外包产业发展的重要机遇期。商务部将继续出台各类支持性政策措施，积极推动商品和要素流动型开放向制度型开放转变，"边境上"准入和"边境后"监管相衔接，激发服务外包市场活力。在一系列政策支持举措下，2023年新兴数字化服务外包加速发展，服务外包产业转型升级效果将不断显现，带动相关产业高质量发展。2023年我国服务外包发展将呈现四个特点：一是新兴数字化服务外包加速发展；二是RCEP（区域全面经济伙伴关系协定）为服务外包发展带来新机遇，成为推动域内服务外包国际合作的加速器；三是随着服务外包产业转型升级效果不断显现，行业结构进一步优化；四是示范城市引领作用进一步凸显。顺应经济社会数字化发展新趋势，推进服务外包数字化转型成为政策发力点之一。加强顶层设计，抢抓数字经济和数字贸易发展机遇，大力发展数字贸易，运用数字技术大力发展众包、云外包、平台分包等新业态新模式，推进服务外包数字化高端化转型。未来，数字贸易将成为我国外贸稳定增长的重要支撑。数字经济、数字产业是创新的方向和重点。发展数字贸易，可提高我国数字经济国际竞争力。

资料来源：吴澳燕. 服务外包行业发展分析及市场深度调研［EB/OL］.［2023-12-09］. https：//www.chinairn.com/news/20231209/175739572.shtml.

项目训练

一、单项选择题

1.金融服务外包根据业务内容可以分为金融信息技术外包、（　　）及金融知识流程外包。

A.金融业务流程外包　　　　　　　　B.在岸金融服务外包

C.离岸金融服务外包　　　　　　　　D.金融后台类外包

2.信息安全与知识产权潜在风险，额外的服务商与外包合同的管理以及未来变更带来的风险，外包导致的人事变动带来的风险，这几种风险出现在（　　）中。

A.完全自营模式　　　　　　　　　　B.混合运营模式

C.完全外包模式　　　　　　　　　　D.部分外包模式

3.（　　）不是金融服务外包给企业带来的主要好处。

A.提高核心竞争力　　　　　　　　　B.增加运营成本

C.分散经营风险　　　　　　　　　　D.减少运营成本

4.金融服务外包起源于证券行业，并在（　　）年代后开始迅速扩展至其他金融领域。

A.80　　　　　　　B.70　　　　　　　C.60　　　　　　　D.90

5.KPO在金融服务外包中的正确解释是（　　）。

A.业务流程外包　　　　　　　　　　B.知识流程外包

C.信息技术外包　　　　　　　　　　D.核心流程外包

二、判断题

1.金融机构最初将服务外包出去的主要目的是降低成本。　　　　　（　　）

2.金融机构与服务外包商之间是单纯的雇佣关系。　　　　　　　（　　）

3.完全自营服务模式的优势包括按照自身未来战略定位、业务发展模式和对核心业务的定义，有策略地决定选择部分业务外包。　　　　　　　　　　（　　）

4.金融服务外包只包括IT技术和呼叫中心等后台业务，不包括前台业务。（　　）

5.金融服务外包的发展主要受到技术进步的推动，与全球化无关。　（　　）

三、简答题

1.什么是金融服务外包？金融服务外包特征有哪些？

2.金融服务外包根据地理分布可以分为哪几类？

3.金融服务外包如何降低经营风险与成本？

4.金融机构选择外包服务的主要动因是什么？

5.我国金融服务外包产业未来发展趋势如何？

四、案例分析题

A公司是中国领先的业务流程外包服务提供商，专注于为企业提供数字中后台运营管理服务。数字中后台外包服务是指通过语音、在线等交流方式，维护客户与品牌业务之间的关系，或者为前端系统平台正常运营提供审核、标注等服务。中国数字中后台外包服务行业市场规模预计将从2023年1 163.5亿元增长至2026年的2 165.3亿元，其间年复合增长率达16.8%。A公司专注业务流程外包服务已有16年，所服务企业覆盖互联网、金融、消费品智能制造、传媒及通信、物流及出行等多个行业及其垂直细分领域的头部企业。A公司以其独特的视角与创新能力，在数字中后台产业中独树一帜。A公司不仅重视要素创新与流程再造，更强调组织变革与效率提升，从而为企业提供更为精准和高效的运营服务。这种专注于细节，力求完美的态度使得其在业内获得了极高的评价和认可，成为首家在纳斯达克上市的业内公司，标志着其在全球市场的影响力与日俱增。

展望未来，A公司有着明确而宏伟的目标：做全球数字中后台产业领军者。这一愿景指引着其不断前进的方向，无论是技术研发、市场拓展还是品牌建设，公司均以前瞻性的思维和创新性的实践，推动自身以及合作伙伴共同成长，共同迎接数字化时代带来的无限可能。

思考并回答：

1.金融服务外包有哪些类型？

2.结合案例思考金融服务外包发展现状，谈一谈A公司未来发展趋势。

项目 三

金融服务外包的主要形式与内容

学习目标

【知识目标】

1.掌握金融服务外包的主要形式；

2.明晰金融信息技术外包、金融流程外包、金融知识处理外包业务特点及类型；

3.熟悉银行业的业务流程外包的业务种类及运作方式；

4.了解保险业的流程外包业务种类及运作方式。

【技能目标】

1.能够识别并分析金融机构的现有业务形式；

2.能够根据金融机构的战略目标和业务需求，制定合适的金融服务外包策略；

3.能够识别金融流程外包中的潜在风险。

【素养目标】

1.培养对新技术、新方法的敏锐洞察力和持续学习的热情；

2.具备良好的团队协作精神和沟通能力，能够在多元化的团队环境中有效协作，能够与外包服务商、金融机构内部团队及监管机构建立良好的沟通机制。

项目思维导图

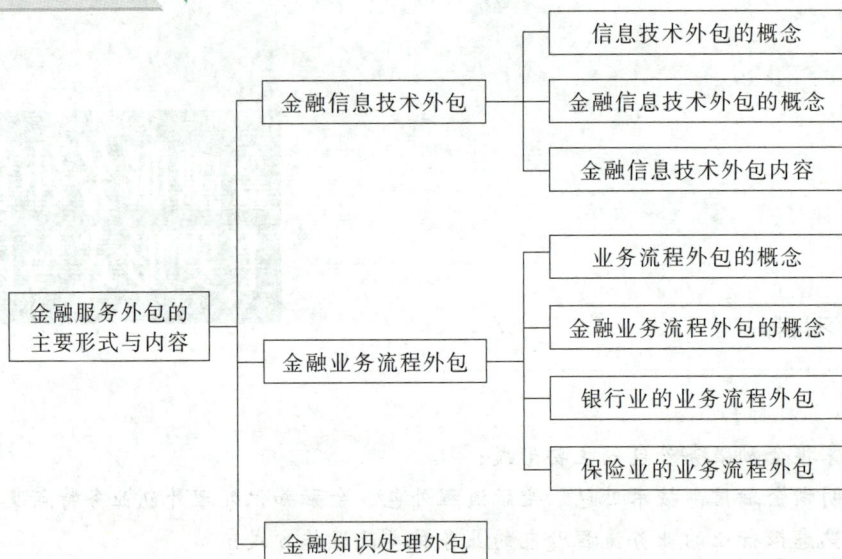

```
                                                    ┌─────────────────────┐
                                      ┌────────────│  信息技术外包的概念    │
                                      │             └─────────────────────┘
                          ┌──────────────┐         ┌─────────────────────┐
                          │ 金融信息技术外包 │────────│ 金融信息技术外包的概念 │
                          └──────────────┘         └─────────────────────┘
                                      │             ┌─────────────────────┐
                                      └────────────│ 金融信息技术外包内容   │
                                                    └─────────────────────┘

                                                    ┌─────────────────────┐
                                      ┌────────────│  业务流程外包的概念    │
                                      │             └─────────────────────┘
  ┌──────────────┐                   │             ┌─────────────────────┐
  │ 金融服务外包的  │   ┌──────────────┐ │──────────│ 金融业务流程外包的概念 │
  │ 主要形式与内容  │───│ 金融业务流程外包 │─┤           └─────────────────────┘
  └──────────────┘   └──────────────┘ │             ┌─────────────────────┐
                                      │──────────│ 银行业的业务流程外包   │
                                      │             └─────────────────────┘
                                      │             ┌─────────────────────┐
                                      └────────────│ 保险业的业务流程外包   │
                                                    └─────────────────────┘

                          ┌──────────────┐
                          │ 金融知识处理外包 │
                          └──────────────┘
```

案例导入

浙江优创的关联交易管理系统

2024 年 9 月 5 日至 7 日，备受瞩目的第六届外滩金融峰会在上海盛大举行，众多国际财经政要、金融机构高层和专家学者出席了这一盛会，围绕"应对变化的世界"主题，为全球金融业发展把脉，共谋金融未来。在这场全球金融盛典上，"第九届融城杯金融科技创新案例"揭晓并隆重颁奖，中国银行原行长李礼辉等嘉宾为 10 家获奖金融机构和科技公司颁奖。浙江优创自主研发的新一代关联交易管理系统，光荣入选"2024 年金融科技创新十佳案例"。自 2006 年成立以来，浙江优创一直深耕金融科技领域，提供包括咨询、设计、研发、实施和运营服务在内的全方位解决方案。目前公司员工近两千人，技术开发人员占比 80% 以上，已与 200 多家金融机构合作，推动数字金融的持续发展。浙江优创新一代关联交易管理系统着眼于落实中央关于加强金融监管、防范化解金融风险的要求，贯彻原银保监会（现国家金融监督管理总局）发布的《银行保险机构关联交易管理办法》（银保监会〔2022〕1 号）等监管政策，针对关联交易管理中的难点和痛点问题，特别针对大股东掏空、违规关联交易和内部人控制等问题，提供了有效的技术解决方案。

新一代关联交易系统运用穿透式管理、大数据分析、智能算法、预警监控和规则引擎等现代技术手段，确保了关联交易的透明性、合规性和风险可控性，不仅帮助金融机构遵守了监管规定，还提升了金融科技交易的透明度与合规性。在架构设计上，系统采用了包括微服务框架、数据处理与集成、数据管理与分析在内等的多项技术，全面实现了自动化与集中化管理，展现了高可用性、扩展性和灵活性，能够快速响应业务变化，并符合最新的监管规定和国产化需求，满足未来 5~10 年的 IT 需求。

同时，系统采用 SaaS 服务模式，为银行和保险业提供云端关联交易管理，简化了维护与更新过程，降低了启动成本，提高了运营的灵活性与成本效率。目前新一代关联交易系统已向多家银行及保险机构提供服务，显著降低了关联交易风险，赢得了业界的普遍赞誉。

资料来源：佚名. 创新突破，荣耀加冕 | 优创荣膺"2024 年金融科技创新十佳案例"！[EB/OL]. [2024-09-06]. https://www.sohu.com/a/806937703_121657839.

思考与讨论：

1. 推动金融服务外包发展的因素有哪些？
2. 金融服务外包企业如何助力金融企业发展？

任务一 金融信息技术外包

在金融信息服务外包中，金融信息技术（IT 服务）的外包占据了主导地位。我国金融信息服务外包中，大部分是 IT 服务外包，如中国银行与亚大通讯网络公司之间的 POS 网络外包合同。随着信息技术的快速发展，金融业务的开展对信息系统的依赖性越来越强，金融业对信息系统的需求越来越大，金融行业的服务水平与信息系统基础设施及应用软件系统的质量息息相关，然而金融企业本身，在信息技术的专业性和创新性上并没有优势，因此将金融信息技术业务外包给专业的服务外包提供机构，成为金融企业业务外包中最主要的业务类型。

一、信息技术外包的概念

信息技术外包是指企业专注于自己的核心业务，而将其 IT 系统的全部或部分的信息技术服务功能外包给专业的信息技术服务提供商。自计算机在 50 年前进入商业应用领域以来，各种形式的信息技术外包就一直存在，但是直到最近 20 年信息技术外包服务才盛行起来。外包赋予了经济组织应对快速变化的全球经济形势所必需的灵活性，同时也使组织在竞争激烈的市场环境中能将精力集中在核心竞争力上。信息技术服务提供商通常在规模经济、经验及对最新技术的掌握等方面具有明显的优势，而这些优势是单个组织的信息技术部门难以媲美的。美国著名的管理学家彼得·德鲁克曾预言："任何企业中仅作后台支持而不制造营业额的工作都应该外包出去，任何不提供向高级发展的机会和活动、业务也应该采用外包的形式。"

信息技术外包根据不同方法可以划分为不同类型，根据信息技术外包的程度可以将信息技术外包划分为整体外包和选择性外包。整体外包将大部分的 IT 职能外包给外包商，而选择性外包是指有选择地将几个信息技术职能外包。整体外包相对来说风险较高，并且往往持续时间长，花费时间、精力和资金较多。另外整体性外包可能会削弱发包机构信息技术的灵活性。

根据客户与外包商建立的外包关系可以将信息技术外包划分为市场关系型外包、中间关系型外包和伙伴关系型外包。市场关系型外包中，发包方可以在众多外包商中自由选择，合同期相对较短，而且合同期满后能够以较低成本更换服务外包商。伙伴关系型外包是长期的关系，是指客户与同一个外包商反复订立合同，并且建立了长期的互利关系。而在市场关系和伙伴关系之间的，就是中间关系型外包。

根据外包的战略意图可以把信息技术外包划分为信息系统改进、业务提升和商业开发三种类型。信息系统改进型外包是指组织通过外包提高其核心的信息系统资源的绩效，提高资源的生产能力，实现技术和技能的升级，引进新的IT资源和技能，达到其战略目标。业务提升型外包的主要目标是通过外包使IT资源的配置能有效地提升核心层面业务的绩效，要求在引进新技术和能力时重点考虑业务因素而不是技术因素，更好地整合IT资源，开发基于IT的新业务，实施基于IT的业务变革与新流程。商业开发型外包是指通过外包产生新的收入和利润或抵消成本，例如出售现有的IT资产，开发新的IT产品和服务，创建新的市场流程和渠道，建立基于IT的新业务，从而提高投资收益。

按照价值中心可以将信息技术外包划分为成本中心型、服务中心型、投资中心型和利润中心型。成本中心型外包是指通过IT外包在提高运行效率的同时使成本最小化。服务中心型外包是指通过外包在降低成本的同时建立基于IT的业务能力以支持组织的现行战略。投资中心型外包是指通过IT外包使组织创建基于IT的新业务能力、建立长期目标并给予长期关注。利润中心型外包是指通过IT外包向外部市场提供IT服务并获得不断增长的收入。

视频3

ITO业务在银行业的优劣势

二、金融信息技术外包的概念

金融信息技术外包是指金融企业战略性地选择外部专业信息技术和服务机构，代替内部部门和人员来承担企业IT系统或业务系统的运营、维护和支持服务。

金融信息技术外包主要包括基础技术服务外包、系统操作服务外包和系统应用服务外包等。基础技术服务包括技术研发、软件开发设计、基础平台整合或管理整合等业务。系统操作服务包括银行数据、信用卡数据、各类保险数据、保险理赔数据、医疗体检数据、税务数据、法律数据的处理和整合。系统应用服务包括信息工程及流程设计、管理信息系统服务、远程维护等业务。

银行的服务外包在金融信息服务外包中处于主导地位，在银行服务外包业务的结构中，ITO业务是最主要的外包业务类型。银行的信息系统不仅包括核心业务处理系统，还包含支持服务、呼叫中心、客户服务中心、网络银行等新型信息系统，以及数据分析系统、办公自动化系统等。随着金融信息化进程的不断深化，银行服务对信息系统的依赖性越来越强，信息系统在银行经营中的地位越来越重要。银行信息系统外包的领域主要包括银行信息系统管理、应用系统软件开发和维护、系统备份和灾难恢复、银行通信网络管理等。银行信息技术外包的模式，从软件配套服务发展成为完整的外包服务供应链。银行与服务商也建立起战略合作关系，而不再仅仅是传统的服务交易。

金融信息技术外包也是保险业外包中最主要的业务。为了降低成本，专注主营业务，保险业的服务质量对IT服务外包的依赖程度越来越高。保险业IT服务外包的主要目的，是使内部技术人员更专注于战略项目，建立具有竞争优势的项目，降低经营成本，加快新技术的投资与应用，实现IT技术应用标准化，减少相关人员或避免企业经营的短处，减少对IT设施和IT人员的再投资，将资产和人员移出资产负债表。

保险业的 IT 外包还可以提高保险公司市场反应灵敏度等。国际大型保险公司基本都与著名的 IT 外包商签订长期、高额、大规模的外包服务协议。其实无论是大型保险公司，还是中小型规模的保险公司，使用 IT 离岸外包实现降低成本的潜力都很大。

　　中国未来金融服务外包的发展趋势，很大程度上与本土的金融信息服务外包企业的发展相关，神州数码和软通动力是我国较具代表性的提供金融信息技术外包服务的公司。神州数码成立于 2001 年，主要承接在岸金融信息服务外包，为中小银行及泛金融机构提供信息系统"云"托管服务。神州数码"融信云"全面负责信息系统的管理、部署及运维，确保客户业务连续运营，提供外包托管系统，具体包括：核心业务系统、综合柜面系统、现代化支付清算系统、农信银支付清算系统、信贷管理系统、银行卡系统、监管报送系统、行内管理报表系统、中间业务系统、网上银行、手机银行、微信银行、短信平台、电话银行、呼叫中心人工座席、财务管理系统、绩效考核系统和第三方支付平台接入等。软通动力也成立于 2005 年，是国内为数不多的主要从事离岸金融信息服务外包的服务外包提供商，其业务范围广阔，为银行业、保险业、信托管理公司、资产管理公司等金融机构提供 IT 服务，如外汇资金交易系统、银行卡系统、综合核心业务系统、贷款管理系统，以及保险公司的销售服务、核心业务、内部管理、财务管理和决策支持系统等系统的开发和维护等。其客户多为知名金融企业，如华为技术有限公司、中国银行、国家电网等。

拓展阅读 3-1

国际化战略再出发，软通动力"焕新"起航

　　"在国内信息化和数字化的推进下，软通动力已经积累了大量的技术能力优势和行业经验。"软通动力国际业务委员会主任彭强表示，为了保持持续的增长，软通动力把海外发展作为新战略——以国际化作为四大业务增长战略之一，加速海外拓展。其实，出海对软通动力来说并不陌生。自软通动力 2005 年成立后的 20 年时间里，海外业务一直是软通动力的主营业务，主要服务欧美、日本客户。当前的国际化战略，是软通动力的"国际化战略2.0"，是对全球化布局的再出发。在数字经济时代，以前中国企业"抱着商品走天下，走到哪里算哪里"的出海姿态已经不合时宜。今天的出海，是能力、技术加生态的出海，中国企业不仅要有过硬的产品和技术，还需要能够提供整套数字化解决方案的服务合作伙伴。

　　"出海火了，大家都在凑热闹。"在彭强看来，海外市场需要的是持续耕耘，是一个长期的战略，有发展规划和布局。为此，软通动力提前三年就做好了准备。其实从中国企业出海的发展历程来看，中国企业出海之路越走越宽，正从"数字化出海"向"出海数字化"扩展。即从早期的互联网社交、视频和短视频、互联网工具等消费数字化产业的出海，到现在的积极借助数字化技术和服务能力，在海外实现产业数字化的战略升级。这也是软通动力等的时机。"海外的投入比较大的，要有一定的市场空间的保障，去太早，很多市场不成熟，投入产出价值相对比较低。"彭强强调，所

谓时机，还是观察市场的成熟度，这很关键。"就像我们一开始做海外市场，中国当时根本没有外包市场，但现在，中国市场逐渐发展起来了。"今天的海外市场拓展也一样，如果没有众多国家强大的数字经济发展作为驱动力的话，很难得到一个稳定可扩展的市场发展机会。

如果说，软通动力出海1.0的业务重点是离岸外包服务，以客户需求为准的话，那么出海2.0更关注与当地市场的连接，以自身的经验、技术人员储备以及市场应对能力为基础，大幅提高自主创新和市场开拓能力，推动公司的业务全球化发展。据了解，针对不同区域市场，软通动力制定了不同的营销策略，在巩固现有市场和客户的基础上加强战略客户的出海业务，同时通过区域市场伙伴合作实现业务快速增长。软通动力将海外市场分为三大类：一类是数字化发达市场，以欧美、日本市场为主，其核心战略就是与微软绑定，借助微软强大的技术实力和生态能力，做强做大现有头部客户，稳健拓展新客户业务，辐射到全球市场。第二类市场是数字化新兴市场，最有代表性的是东南亚市场，这个市场有一定的数字化基础，但数字经济发展和应用领域都还在起步阶段，孕育着很多机会。对此，软通动力采取了一个比较积极的扩张策略：在新加坡设立了海外运营总部，利用新加坡的地缘政治、经济优势，全力拓展中资客户服务，择机拓展当地客户，积极提升品牌影响力。第三类是数字化潜力市场，主要是在中东、北非一带。相较于前两个市场，这个区域的数字化刚起步，像沙特阿拉伯、阿拉伯联合酋长国等国家都制定了雄心勃勃的数字化发展的长远规划，把数字化作为经济发展的重要优先级考量。

"从出海1.0进化到2.0，我们自己的角色也在发生变化，从外包变成构建自己的生态，合作发展，相辅相成。"彭强认为，软通动力已经有能力围绕市场需求来建立属于自己的生态。

资料来源：美通社PRNewswire.国际化战略再出发，软通动力"焕新"起航［EB/OL］.［2024-05-23］. https：//www.163.com/dy/article/J2TB1UT1051494RM.html.

三、金融信息技术外包的内容

金融信息技术外包业务通常涵盖了多个方面，以满足金融机构在数字化转型、业务优化、成本控制等方面的需求。以下是金融信息技术外包的主要内容：

应用软件开发与服务：外包公司根据金融机构的需求，定制开发各类应用软件，如银行系统、保险系统、证券交易系统等，以及提供后续的维护、升级和技术支持服务。

嵌入式软件开发与服务：针对金融领域特有的硬件设备或系统，开发嵌入式软件，以实现特定的业务功能或优化设备性能。

信息技术咨询与规划：为金融机构提供信息技术领域的专业咨询，包括系统架构设计、技术选型、安全策略制定等，帮助其制定符合业务需求和行业规范的信息技术发展规划。

数据管理与分析：负责金融数据的收集、整理、分析和存储，为金融机构提供数据支持，帮助其优化业务流程、提高决策效率。

云计算与大数据服务：利用云计算和大数据技术，为金融机构提供弹性可扩展的计算资源、数据存储和数据分析服务，帮助其应对业务增长和数据处理需求。

信息安全与合规：确保金融机构的信息系统安全稳定运行，遵守相关法律法规和行业标准，提供信息安全风险评估、漏洞扫描、入侵检测等安全服务。

系统集成与测试：将金融机构的多个信息系统进行集成，实现数据共享和业务协同；同时提供系统测试服务，确保系统的稳定性和可靠性。

运维与技术支持：负责金融机构信息系统的日常运维工作，包括系统监控、故障排查、性能优化等；同时提供7×24小时的技术支持服务，确保系统的稳定运行。

支付清算丨信创版综合收单系统发布 信雅达持续助力收单业务价值提升

科技硬实力，正在进一步助力支付机构数字化转型。以支付链接客户、用数据赋能金融，信雅达信创版综合收单系统通过数智化运营服务驱动场景端商户收单业务价值新增长，助力收单机构打通渠道价值向客户资源价值的转化路径。

在多元化支付市场背景下，收单业务迅猛发展，但同时也面临更为复杂的问题。收单业务的发展核心是获取优质客户群，即低成本、快速、高效地建立收单机构与行业商户间的长期绑定关系，达到收单效益稳定增长。但目前而言，收单机构内部系统分散、技术架构老旧、运维管理相对复杂、收单业务模式稍显传统、商户运营方式单一、数字化程度不高，这些问题使得收单数据潜在商业价值难以有效发挥。为此，信雅达发布信创版综合收单系统，如图3-1所示，整合"卡基+账基+户基""线上+线下"收单能力，用支付链接客户、用数据赋能金融，以数智化运营服务驱动场景端商户收单业务价值新增长，助力收单机构实现渠道价值向客户资源价值和金融属性价值转化。

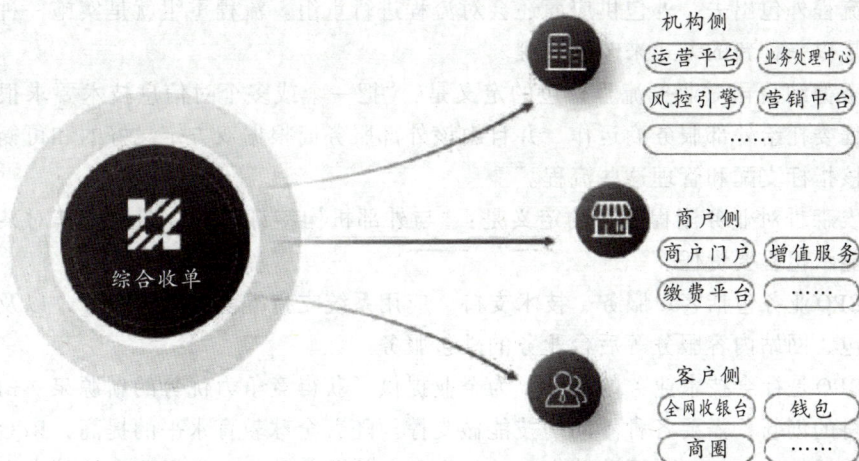

图3-1　信创加码，全场景覆盖赋能多端用户

技术上，信雅达综合收单系统采用完整的分布式微服务架构设计，基于容器、微服务、不可变基础设施构建可弹性扩展的应用，实现了收单系统易管理、易运维、可快速迭代升级。同时，该系统已在服务器、操作系统、应用/消息中间件、数据库、浏览器等方面实现全栈国产化适配，并在多个国产化项目中落地。业务上，信创版综合收单系统具有符合银行、商户、客户等各类用户业务需求的产品选型，可面向B、C、P、G端用户提供全场景覆盖的收单和清结算能力。

当前，信雅达"前—中—后台全链路覆盖"的支付体系正全面助力金融机构收单业务发展，即前端面向市场提供线上线下聚合支付"全家桶"、中台通过标准化对接节约支付效率、后台保障支付通道侧稳定清结算。与此同时，信雅达具备支付硬件生产研发能力，通过打造软硬件一体化解决方案，探索行业上下游供应商资源合作，致力于构建商户多元化服务生态圈。针对新老系统更替的过渡阶段，信雅达创新推出商户无感迁移方案，可实现商户不换码、零感知，避免商户流失的风险。收单业务是金融基础设施的重要组成部分，随着收单业务进入更注重合规、稳健与创新的发展阶段，以数智化运营服务驱动场景端商户收单业务价值增长将为机构带来新的发展机遇。

资料来源：佚名. 支付清算 | 信创版综合收单系统发布　信雅达持续助力收单业务价值提升［EB/OL］.［2024-09-11］. http://www.sunyard.com/newsDetail-cn/? 4380dfd0ae9e44da990bc9421edb4cc9.

任务二　金融业务流程外包

一、业务流程外包的概念

业务流程外包（BPO）就是企业将一些重复性或标准化的非核心或核心业务流程外包给供应商，以降低成本，同时提高服务质量，或提升企业的核心竞争力。在典型的BPO合同中，外包服务供应商承担发包公司的某个特定职能。有效的BPO不仅仅是将流程外包出去，外包供应商还会对流程进行重组。流程重组就是实施一种新的技术或是以一种新的方式来改进流程。

高德纳公司对业务流程外包的定义是："把一个或多个对信息技术要求很高的业务流程委托给外部服务商运作，并且由该外部服务商根据双方定义好的和可衡量的绩效考核指标支配和管理这些流程。"

埃森哲对业务流程外包的定义是："与外部机构签订服务合同，使其对某一流程或职能承担首要责任。"

BPO业务包括客户服务、技术支持、应用系统支持等前台外包服务，以及人力资源外包、网站内容服务等后台业务的外包服务。

BPO是社会技术业务的创新，为企业提供了获得竞争力优势的新源泉。BPO也是跨学科的创新，需要各种不同的技能做支撑。随着全球教育水平的提高，BPO不再局限于传统的业务，如电话营销中心。如今复杂的业务外包工作需要大量的事先准备和培训，例如，印度的放射线学者在班加罗尔对美国病人的X光检测结果进行分析，印度的安永会计师事务所处理美国企业的纳税业务等。企业通过BPO外包的业务越来越复杂，其中包括金融分析、税务筹划等。

二、金融业务流程外包的概念

金融业务流程外包（BPO）指金融机构将一个或多个内部职能外包给外部服务提供商，由外包服务商来运作和管理指定的职能，为金融机构提供需求管理、内部管理及业务运作服务等。例如，银行、证券公司和保险公司将数据信息录入与处理、呼叫中心、财务处理和人力资源管理外包，银行把按揭服务和信用卡业务外包，保险公司把保单管理、理赔、核保、精算和巨灾风险管理等业务职能外包。BPO在金融服务行业中应用非常广泛，金融服务业务内容的重复性和交易性，使得BPO易于将这些业务标准化、自动化。

金融机构业务外包范围和内容日益广泛，从简单的文档事务性业务外包开始，逐步扩展到呼叫中心、抵押贷款、信用卡、理赔、核保、保单管理、人力资源、市场营销、资产管理和咨询业务外包，具有从低端业务到高端业务发展的趋势，发包方与承包方之间的关系日益复杂化、高端化和伙伴化，并从"一对一"向"一对多"发展。近年来，欧美国家业务流程外包发展迅速，美国的BPO市场主要集中于金融与健康保险领域，欧美大型银行的业务流程外包主要包括客户呼叫中心、应付与应收账款服务、支票图像、数据管理、ATM服务、E-banking服务等，并将一部分较为核心的业务流程外包，如投资管理、基金单位定价及托管、核保与索赔支付等。很多保险机构和基金管理机构，在外包IT业务的基础上，逐步拓展到外包部分核心业务和战略业务，如投资管理、基金单位定价及托管、核保和理赔，以及人力资源管理和财务管理等，个别公司还将整个产品的全部业务流程外包。BPO最初集中在财务外包业务，但近年来其他业务流程发展速度加快，如德国有越来越多的信贷机构将贷款业务处理流程服务外包给专业的、不受监管的服务外包提供商。从整体来看，金融业务外包呈现出ITO与BPO业务捆绑外包的趋势，形成点对点商业链外包的发展格局，推动金融服务外包向更高端发展。欧美大型金融机构除了将业务离岸外包给海外第三方外包商之外，还自建或收购外包中心，发展自身的海外附属机构。英国保诚已经在爱尔兰、苏格兰和伦敦、孟买建立了BPO运作基地；英国英杰华（AVIVA）、英国电信、劳埃德银行也在印度建立了自己的BPO运营基地。

在金融行业普遍存在的业务流程外包方面，数据录入和处理是将客户原始数据信息的录入、修订、打印、邮寄和扫描等业务外包。呼叫中心是指将客户信息技术桌面支持、客户服务投诉信息服务、电话营销业务和其他客户信息服务等业务外包。财务和人力资源管理的外包，主要指将人力资源规划、招聘、薪资管理、财务和人力资源管理外包。

三、银行业的业务流程外包

银行业的服务外包，经历了从简单到复杂，从非核心业务到核心业务，从信息技术外包到业务流程外包再发展到知识处理外包的发展过程。欧美大银行的业务流程外包都是从部分运营操作开始的，比如客户呼叫中心、应付应收账款服务、支票图像、数据管理、ATM服务、E-Banking服务等。业务流程外包最初集中在财务外包领域，近年来在信用卡、数据分析、客户在线服务等领域发展很快。按揭和信用卡业务外包是指银行不直接从事这两类业务的运作，而是委托专门的按揭公司和信用卡公司代为经营。例如，德国有很多"贷款工厂"，这些服务提供商不受监管约束，承接信贷机构的贷款业务流程处理服务外包。"贷款工厂"从事后台服务，涉及贷款、抵押贷款，甚至决定是否发放贷款，它们不仅提供外包贷款服务，而且提供外包标准零售贷款和非标准业务的审批。外包服务逐步发展到银行内部组织结构的方方面面，外包的业务涉及人力资源管理、客户关系管理、技术基础设施增容、金融产品创新、行业成长分析、营销和业务扩张、战略性合作等，以提高银行的核心竞争力。例如，摩根大通银行将投资研究分析的工作外包。德勤的研究报告显示，投资研究分析业务的外包可以给国际金融机构节省20%～60%的成本，收益随着规模的增加而增加。目前，中、后台业务的流程外包比战略咨询方面的外包比例更高。金融机构的知识处理外包是指将有关的数据分析与挖掘、客户数据分析、市场风险分析与评估、投资决策支持、专项业务咨询、人力资源培训、知识创新、新项目与新产品研发环节外包给外部提供商来完成。随着银行业竞争日益激烈，创新对于竞争能否取胜十分重要，很多银行，尤其是中小银行，由于自身的研究开发能力不足，而将研发环节外包给专门的研发中心。

后台业务外包是银行业务流程再造和优化的重要选择。人工成本和后台营运费用的不断攀升是主要国际金融中心的大型金融企业面临的一个突出问题。前后台分离和信息技术的发展，为金融机构后台运作系统的集中外移创造了条件。由于银行业的信息可以通过信息系统和互联网进行没有距离限制的远程传递，可以替代人工、精简流程、共享信息，实现同步批量处理。越来越多的大银行将众多分支机构的业务系统后台运作处理集中到一个成本较低的地域进行，即"大集中"的方式。后台业务属于典型的资源集中性产业，将后台操作外移，有利于实现流程再造。银行业的实践表明，建立一个能将后台处理业务集中化的数据中心和一个备份中心的投资和耗费，远远低于传统的分布式或多级运作模式。后台业务外包是削减成本的行之有效的办法。大集中处理还具有对金融信息系统进行数据汇总的优势。在大集中处理方式下，银行前端数据采集可以通过综合柜台系统、银行卡系统、清算系统、信用管理系统、ATM、网上银行、电话银行等多种渠道汇集到一个集中处理中心，这不仅克服了分散系统信息零散、交叉和重复的弊端，而且可以为客户信息资源事后分析处理提供完整依据。例如，东京银行在东京和大阪各设一个中心，从灾难备份的角度考虑，将全球业务的后台处理集中在这两个中心；花旗银行将全球业务的后台处理分为两大区，分别集中在美国和英国的两个中心的主机上；美国道富银行在美洲和悉尼设立了两个数据中心，从时区的角度考虑，支持全球全天24小时的实时会计交易处理。

银行信用卡外包是银行服务外包的一个非常重要的领域。银行卡产业链的各个环节，均可以进行业务流程外包。发达国家的银行卡业务流程外包已经涵盖了银行卡的各个环节，发卡机构可以集中精力从事产品研发和账户管理等核心环节，自身无须进行繁琐的业务处理。收单、卡片制作和发送、账款催收、系统维护开发等业务均委托给专业化的外包服务公司。据统计，美国商业银行的银行卡处理工作外包，可以节省20%的成本，效率提高40%。

　　我国银行业一直尝试银行卡外包业务，目前已有"全生命周期"的银行卡业务流程外包服务。全方位的"一站式"服务，提供申办筹建、设计产品、市场营销、交易处理和客户服务业务，甚至可以提供数据分析和市场定位服务等业务，对缺乏资金和产品开发能力的中小型金融机构很有吸引力。目前国内的银行卡外包服务机构，既可以提供银行卡受理业务的外包，如营销、收单等，也可以提供发卡业务的外包。随着信用卡市场的扩大，国内银行卡后台外包业务的规模也在不断扩大。

　　2003年，中国银联的子公司银联数据服务有限公司成立，专门从事银行卡发卡业务外包服务。银联数据提供贷记卡的发卡业务外包服务和借记卡发卡数据处理服务，为客户提供了专业化的支持与服务，缩短了发卡过程，节省了运营成本。一般银行自建发卡机构，需要两年的时间，但是委托服务外包商仅需3~6个月。

拓展阅读3-3

银联数据在信用卡风控数字化转型中的探索

　　银联数据深耕信用卡行业近20年，累计拥有信用卡发卡客户160余家。近年来，银联数据将推动信用卡行业数字化转型作为公司战略性业务，聚焦业务赋能，以满足数字化发展需求为导向，助力银行强化风控能力建设，提升精准风控水平，持续夯实数字化转型基础。

1.夯实数据基础，构建数字生态

　　在构建数字生态的过程中，银联数据在遵从监管要求的前提下，不断调整和健全数据资产开发和落地应用全路径，将信用卡各经营环节的数据通过"数据治理—遴选有用数据—衍生特征变量/标签—评估变量有效性—应用风险决策分析—观测效果再评估变量合理性—再次进行数据梳理和架构治理优化"的方式加以运用，协助银行在信用卡核心、外围系统、征信数据、第三方外部数据、行内零售数据等各个维度衍生1万多个风险相关变量，并在安全合规的前提下协助银行搭载数据中台，实现特征变量的数据分析和决策应用（如图3-2所示）。

2.打造数字风控体系，驱动高效精准决策

　　数据资产和科技系统、模型策略在数字化风控过程中发挥决定性作用，但如何串联贷前、贷中、贷后各个环节，以推进动态管理，实现各环节客群、场景、渠道等维度的差异化精细管理？银联数据探索出一套信用卡风控决策架构体系（如图3-3所示），以底层硬件、软件和数据架构为基础，以数据和算法为支撑，构建风控的双平台——风险模型平台和风险策略平台，并通过在这两个平台不断孵化风控产品和优化升级，帮助银行有效提升风控效率，降低风控资源投入。

　　（1）搭建多场景模型平台，支撑数字驱动和持续迭代。

　　风险模型平台是银联数据融合了多年来与各类商业银行深度合作沉淀的业务理解，基于底层的数据管理和衍生变量，同时结合不同的场景和近年来不断演进的算法技术，围绕信用卡业务贷前、贷中、贷后风险场景建立并持续有效迭代的风险决策模型平台。

个人属性特征变量	征信额度特征变量	征信逾期行为特征变量	征信近期查询特征变量
·年龄性别 ·户籍省份 ·婚姻状况 ·教育程度 ·行职业 ……	·未销户/未结清账户总授信额度/合同金额 ·未销户/未结清账户最高授信额度/合同金额 ·未销户/未结清账户已用额度/余额 ·未销户/未结清账户均额度使用率/未偿金额占比	·所有呆账、冻结、止付账户数 ·呆账、冻结、止付信用卡账户数 ·呆账贷款账户数 ·最近3个月单账户最大逾期期数 ·最近6个月单账户最大逾期期数 ·当前所有账户最高逾期期数 ·当前所有账户逾期账户数	·过去1个月他行信贷审批查询次数 ·过去3个月他行信贷审批查询次数 ·过去3个月他行信贷审批查询机构数 ·过去6个月他行信贷审批查询次数 ·过去6个月他行信贷总查询次数
信用卡账户特征变量	信用卡用卡行为特征变量	信用卡逾期行为特征变量	行内零售特征变量
·名下账户最长账龄 ·名下账户最高授信金额 ·名下账户最高卡片等级 ·未销户/未结清账户总授信额度 ·近12个月新增账户数 ……	·近3个月户均透支额度 ·近6个月户均透支额度 ·近12个月最高账单额度 ·近12个月账单分期次数 ·当前未结清大额分期笔数 ·近12个月进入循环次数 ……	·当前信用卡账户数 ·最近3个月单账户最大逾期次数 ·最近6个月单账户最大逾期次数 ·最近3个月账户最高逾期期数 ·当前所有账户最高逾期期数 ·当前所有账户逾期账户数 ……	·是否行内VIP客户 ·行内评分区间 ·本行代发工资金额区间 ·本行房贷金额区间 ·本行金融资产季度日均余额 ·社保交金基数区间 ·公积金缴纳金额区间 ……

图3-2　信用卡数据中台特征变量构建

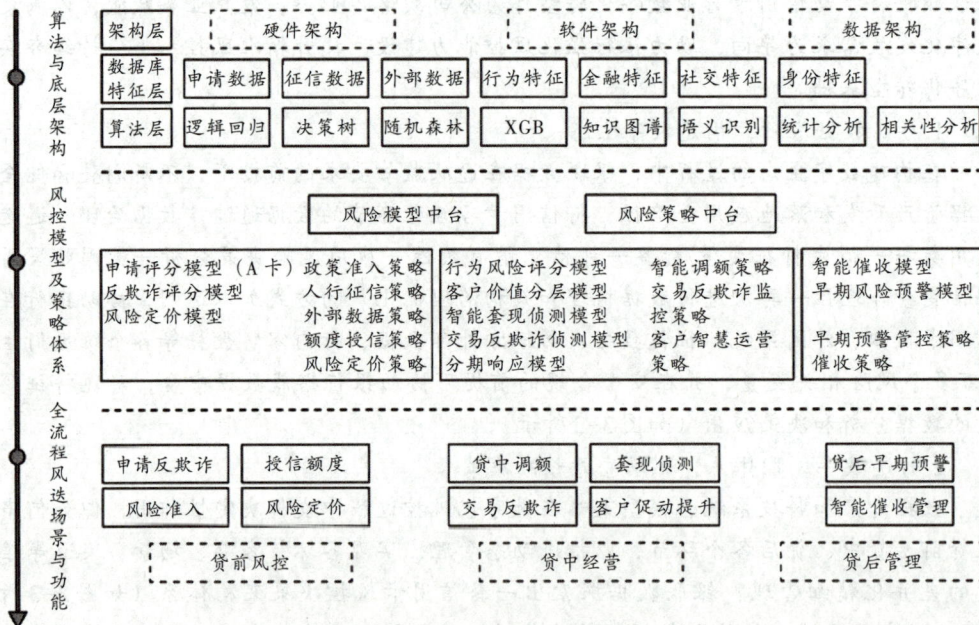

图3-3　信用卡风险决策架构体系

（2）构建全方位风险策略平台，助力风控精细化经营管理。

贷前策略实时预警，推进客群准入精细化管理。整个贷前模块可实现对细分渠道和客群的进件质量监控、客群结构异动预警、贷前准入策略的稳定性分析和有效性监测，通过模拟A/B test方式实现对策略调优效果的分析，深入挖掘模拟策略框定客群的高风险客户密度，从而实现策略和银行进件客群的精细化匹配，为银行进行差异化的贷前准入和授信策略部署提供有力支撑。

细化贷中/后资产决策，优化资产配置和风险经营。在贷中、贷后信用卡风险管理环节，银联数据自主研发的损益测算模型能够帮助银行持续监控贷中经营的整体风险资产，通过差异化的经营手段实现资产的优化配置，将资金向风险可控、收入更高的客群倾斜，同时对高风险资产进行及时止损和挽回。以贷中套现管理为例，该模型通过细分客群，对于潜在套现客户采用整套风险管理和分期转化的措施，使银行在原有基础上减少了套现风险，同时分期转化的细分客群与对照组相比可增加30%的银行收入。

贷前、贷中、贷后联动，实现各环节策略调优和精细管理。风险策略平台可协助银行增强客户全生命周期联动风险管理能力，如将贷中、贷后的案件调查中反馈的风险要点预警给贷前环节，贷前模拟优化策略框定客群的风险分析，并提前推送实现早期预警介入。以某银行为例，贷前反欺诈模型识别某疑似中介团伙欺诈风险特征，通过案件调查认定潜在欺诈特征，并通过风险策略平台筛选同类特征客户推送给贷中早期预警，及时进行止付、降额管控，在T+2的时间内挽回高风险敞口约4 000万元。此外，风险策略平台还加入了额度动态管理功能，对客户在整个生命周期的动态调额、标卡/分期额度等方面进行统一授信管理，精准管控客户风险敞口。

（3）搭建全流程数字化赋能产品体系，赋能信用卡风控数字化转型。

在夯实底层数据基础、构建数字生态、建立风险模型和策略平台的基础上，银联数据持续推动应用侧风险产品和解决方案升级，构建覆盖信用卡贷前、贷中、贷后全流程的数字化赋能产品体系。贷前风控依托"网申+决策+审批"一体化解决方案，以精确有效的模型策略和决策引擎帮助银行迅速搭建贷前风控体系，实现秒级自动审批决策。针对贷中推出的数智账户管理平台联动风险模型平台和风险策略平台，为银行集成了贷中调额、早期预警、套现侦测等多项贷中风险应用，智能调额服务帮助银行增加收入36%（与对照组相比），早期预警帮助多家银行降低的风险敞口达亿级。

资料来源：季小杰. 银联数据赋能信用卡风控数字化转型的探索与思考［EB/OL］.［2022-07-12］. https：//mp. weixin. qq. com/s？ __biz=MjM5MTI4OTQ3Ng== &mid=2649588052&idx=1&sn=d4aefecab0adf6694cb7e66992a48444&chksm=beaef8bf89d971a9fd3a9cc059490e840a4774b5b88c3106715e126d9cdc6d071ce7f2144431&scene=27.

我国呼叫中心业务已经发展得比较成熟，业务应用遍及各个领域。中国金融行业是呼叫中心服务最主要的使用领域之一，其中银行业呼叫中心占产值的20%左右。呼叫中心已经在银行业普及。例如，中国工商银行的95588、中国农业银行的95599、中国银行的95566、中国建设银行的95533，各股份制商业银行也都建立起了自己的呼叫中心。虽然国外银行呼叫中心主要采用外包方式，但国内银行很多还是自建呼叫中心。银行业的呼叫中心业务外包具有很大的潜力。

拓展阅读3-4

光大银行AI外呼营销案例：扬数智服务之帆 AI助力银行业加速转型

新兴技术推动的数字化热潮正在席卷全行业，为金融业带来新变革。"十四五"

规划明确提出，金融业要稳妥发展金融科技，加快数字化转型进程。为实现可持续的业绩增长，越来越多的银行借助AI技术，实现服务效率革命、数字化转型和智能化管理升级。随着业务发展面临挑战，银行数字化转型愈发紧迫，暴露出的痛点愈加明显，沃丰科技针对银行C端用户、B端企业、内部员工等服务对象，打造了"3+1"银行数智化服务解决方案，"3"即智慧运营、智慧客服、智慧服务，"1"即银行内部智慧知识中台。

1. 智慧运营

银行以金融服务为基础，为千万B端企业提供SaaS软件服务，企业员工使用软件会产生各类咨询问题，沃丰科技智慧运营以Udesk客诉工单为基础，支持客服、银行客户经理、B端员工多渠道工单提交。Udesk支持工单字段、工单模板自定义，实现客诉场景下咨询、Bug、生产故障、需求工单模板的灵活搭建，并根据工单类型不同，实现一线客服到二三线运维（运营经理、技术经理、开发经理）的流转。

2. 智慧客服

Udesk智能客服支持APP、企业微信、微信公众号、小程序、PC官网等全渠道统一接入、统一管理。以AI文本机器人、语音机器人替代人工，自动、准确回复简单重复的用户问题。AI质检100%全量质检，以92%的高准确率排查客诉及违规回复，保障客户体验。

3. 智慧服务

智慧服务针对理财产品、大额存单、基金、消费贷等产品推荐业务，整合AI外呼机器人、智能座席助手、智能质检、AI销售赋能等能力，覆盖引流获客、客户关系管理、合规监管、社群运营等场景，用智能化手段为客户带来更佳的服务体验，助力新增长。

4. 智慧知识中台

沃丰科技智慧知识中台面向银行HR、IT、财务等多部门，以KCS知识库整合银行内部知识（政策、内控合规、产品知识、人力制度等），融合AI文本机器人客服、智能搜索、在线客服及工单能力，同时支持转人工、提交工单，让内部员工通过企微、飞书、钉钉、自有APP、帮助中心等入口完成自助服务，将职能部门从简单重复的事务性工作中解放出来，专注高价值工作。

光大银行拥有丰富的产品线，在实际业务场景中，每天有大量外呼营销与服务任务，但是大量外呼对线路并发、线路稳定有着极高的要求。一是需要高级别、保障度的客服系统支撑能力，确保业务稳定、高效、无误进行。二是对数据安全高度重视，需要符合国家相关规定。三是传统人工呼叫效率低，希望引入AI外呼机器人应对海量外呼。

通过与沃丰科技合作，光大银行积极开展线上触客经营。在营销触客渠道配备沃丰科技AI自动外呼机器人。外呼机器人还支持贷款催收、企业对账、提现审核等多种业务场景，大大节省了人力成本。

资料来源：柯纶. 光大银行AI外呼营销案例：扬数智服务之帆 AI助力银行业加速转型 [EB/OL]. [2023-03-03]. https://baijiahao.baidu.com/s? id=1759347421217849544&wfr=spider&for=pc.

四、保险业的业务流程外包

全球保险业在金融行业中，较晚开始采用外包，传统上也较少采用外包。然而，随着利润空间的缩小、赔付压力的提升、竞争的不断加剧以及监管愈发严格，外包作为保险业的发展战略之一，可以促进资源的合理配置，提升经营效率，增强产品开发与改造等核心业务的竞争优势。保险企业需要降低成本，改进服务质量，并通过重新设计业务流程获得更高的商业价值，保险业的BPO应运而生。

在保险业特有的业务流程外包中，保单管理外包是指将保单的整个生命周期，即从保单设计到销售之后的全部业务流程外包，包括保单出单、保单邮寄、保单变更（投保人、受益人姓名和地址的变更）、保单复效、保单转换、保费计算、新单和续期保费收取、保单期满给付、保单贷款、支取保单收益和退保等。理赔外包是指将理赔受理、查勘、数据输入、状态查询、追踪、确认赔付定价和支付赔付价值等业务外包。代理机构管理外包是指将代理机构佣金流程和客户支持、代理机构桌面技术支持、网络服务支持等外包。核保外包是指将保单风险评估、保单发行、初期保险费处理与缴费等核保业务外包。精算外包是指将精算业务流程整体外包。死亡和巨灾等风险管理外包是指将部分死亡风险较高或潜在赔付风险较大的产品保费收入进行分包，将其外包给再保险公司，美国与加拿大的金融机构新业务有60%外包给了再保险公司，北美金融机构25%的有效保单都进行了分包。

全球保险业业务流程外包在金融业中发展水平较低。保险BPO规模虽小，但增速可观，包括核心业务流程外包和非核心业务流程外包，已成为全球服务外包市场上发展最快的业务。保险业务流程外包有由低端向高端转变的发展趋势，财务分析、数据挖掘及研究、承包、理赔和保单管理等高端业务流程外包持续增长。对产品开发、分析和产品定价等高端业务进行流程外包的趋势日益明显。

在保险业务流程外包结构中，保险专业领域的特殊流程外包是保险BPO最重要的业务，其中最主要的有理赔流程外包、保单管理流程外包、呼叫中心外包、人力资源管理和财务管理外包等。在理赔流程外包方面，由于成本和费用持续上升，而理赔作为一种程序化的业务，并不是保险公司战略核心竞争力所在，因此保险理赔流程外包兴起。Met Life将理赔流程离岸外包给ACS公司，改进了理赔业务流程，使用离岸劳动力，使理赔速度加快，成本降低，准确性提高。The Hartford和大都会保险公司将理赔公估业务外包。英国的Axia Speciality公司将保费和理赔流程、出单和信用控制离岸外包。通常，内部建立代位求偿系统成本较外包要高，因此保险代位求偿外包也在逐步增加。例如，大型保险公司将其整个代位求偿部门转移给外包提供商AFNI保险服务公司，一年后，外包比保险公司自行代位求偿赚取更多的利润，保户的保费率也降低了。正是因为代位求偿外包提供商可以搜集到较保险公司更多的信息，所以获取了多赢的局面。

☑ **做中学 3-1** --

下列不属于保险业常见的外包服务范畴的是（   ）。

A. 数据处理与分析

B. 客户服务热线运营

C. 核心保险产品设计与定价

D. IT系统维护与支持

保单管理流程外包是保险BPO的主要领域，由于保单管理不直接与客户接触，只需以较低的成本提供服务，保证最基本的质量。保单管理外包市场增长最快的是美国和英国，其中健康险和寿险保单管理BPO发展尤为迅速。美国国际集团将保单管理流程外包给RIS公司。Fortis Family Life将保单管理外包给外包提供商Liberty Insurance Services。英国Pearl Group将不再销售新单，而将寿险和养老金保单管理流程外包给印度服务外包提供商TCS的英国分支机构Diligenta。

越来越多的保险公司为了提升呼叫机构产能和客户满意度，将呼叫中心外包。因为呼叫中心需要在场地、软硬件设备、数据资源等方面进行一定规模的投入，而且保险企业不具备相关的管理经验，因此保险公司更倾向于将电话营销业务外包给呼叫中心。American General将呼叫中心离岸外包给ARO呼叫中心，发现潜在客户后，就将客户移交给ARO进行电话追踪，ARO将追踪信息反馈给保险公司代理人，由代理人给客户提供准确报价并签约。ARO的客户追踪人员受过训练，知道如何与潜在的保户交流，提升了该保险公司的客户满意度及信誉。英国保诚将呼叫中心项目外包给印度的呼叫中心。英国英杰华将呼叫中心的电话营销业务整体离岸外包给印度的服务提供商。

由于原有人力资源管理和财务管理系统的成本上升，越来越多的保险公司将人力资源和财务管理外包，例如，英国保诚将人力资源管理外包给欢欣公司，由欢欣公司处理保诚的员工薪酬支付、人员招聘、员工记录、人力资源规划等业务。皇家保险公司和美国人寿保险公司等均将薪酬管理业务外包。

数据录入等文档管理外包是时间最早，并为广大保险公司所普遍采用的外包业务。ING与文档业务外包提供商RR Donnelley公司签署了长达7年，价值4.65亿美元的文档管理外包合约，内容涉及打印、邮件、扫描、填写等。意大利忠利保险公司将保单记录等文档管理业务外包给埃森哲公司。数据录入业务的外包降低了企业的成本，准确率也有所提高。

保险公估公司承接国内财险业务理赔勘查外包业务日益增加，部分大型保险公司已经开始承接海外保险公司跨国理赔业务。由于理赔是保险公司与客户之间最易发生纠纷的环节，是保险公司风险管理的重要环节，因此要减少客户信息不对称，实现理赔公开公正，将理赔过程中的重要环节勘查业务外包给保险公估公司，由公估公司进行评估定损，实现高度专业化、精细化分工，提高保险行业整体运作效率。公估公司作为第三方，站在独立的立场上作出公平、公正、客观的评估，不仅有利于获得客户的信任与产业扩张，也有利于保险公司控制成本，减少勘查人员和降低管理费用支出。例如，我国的华安保险公司将其全部理赔业务外包给了当地的公估公司。太平洋财险将深圳分公司和福建分公司的车险业务外包给了公估公司。我国也承接了海外保险公司境内理赔业务的外包，中国人保为日本东京火灾保险公司提供了境内理赔业务外包服务。

任务三 金融知识处理外包

金融知识处理外包是指金融机构为提升自身的决策能力和专业化运作水平，要求外部服务商提供全面、及时、综合的市场判断，提出专业的研究成果和解决方案，包括数据信息分析、专项业务领域咨询、投资研究和技术研究、监管报告、专利申请、网上教育等。

金融数据处理外包是指对市场及相关数据信息进行分析，将银行、保险等金融市场的数据分析外包给专业的数据分析机构，如账户数据、客户数据、产品数据、保单数据、退保数据等各类数据的统计、分析、挖掘等。随着金融业的不断发展，国内金融业借鉴国外发达国家业务处理外包的成功经验，尝试业务整体和部分处理外包模式，达到进一步控制风险、提高工作效率、实现利益最大化、缩小与国外优秀银行差距的目的。将金融数据处理的整体或部分外包给第三方专业公司来运营，是国外广泛采用的成熟方法，也是降低业务处理成本、提高业务处理效率的一种业务运作机制。我国金融企业为了实现竞争优势、提高抗风险能力，也在尝试进行金融数据处理外包，目前正处在起步阶段。

☑ 做中学 3-2 --

金融机构人力资源外包属于金融知识处理外包吗？

金融数据处理外包中，低端的业务包括简单的数据录入等，某科技公司借鉴发达国家先进的外包技术和管理经验，已承接了多个金融数据处理项目，并锻炼与造就了一支管理理念先进、技术水平过硬的运营团队，积累了丰富的金融数据处理服务经验。其数据处理中心采用规模化和流程化运作模式，提供原件接收登记、扫描处理、影像质检、数据录入（校验、质检）、资料归档、数据返还等业务处理服务。中心采用了流程化、影像化技术，将各作业过程中的每一个环节用工作流程技术进行处理和控制，不但达到了规范业务处理、控制操作风险的要求，也实现了提高处理效率、实现大规模业务处理的目标。

高端的金融数据处理服务外包，不只包括简单的数据录入、校验、质检、展示等业务处理，还包括对金融数据的分析、财务报表编制、指数编制、收益率曲线生成与分析，为金融决策提供依据。实时的数据处理分析外包减少了各金融机构的工作量，也可以为缺乏金融分析高端专业人才的中小企业提供专业化的金融数据分析服务。以债券市场为例，债券交易员需要对债券的价格和走势作出判断，即使全部公开数据是可获得的，对于这些数据的处理和分析仍需花费大量精力，需要培养众多专业金融人才进行分析，耗费大量成本。

知识流程外包（KPO）的开创者——Evalueserve

Evalueserve是知识流程外包（Knowledge Process Outsourcing，KPO）的开创者和领先供应商，它通过位于智利、中国、印度和罗马尼亚的全球研究中心，提供市场调研、商业研究、数据分析、投资研究、知识产权研究、市场营销支持和知识技术服务等客户化服务，它也是进入中国的第一家知识流程外包公司。

Evalueserve两位创始人之一的Alok，目前担任公司的主席。他之前是IBM全球新兴市场商业机会研究部门的负责人，同时也是IBM印度研究室的领导者。他领导一个由55人组成的研究团队，所涉及的内容包括研究和开发IBM的主要产品和科技，包括电子商务、供应链管理、语音识别、数据挖掘和媒体挖掘等等。Alok在德里的印度理工学院取得工学学士学位，在美国约翰霍普金斯大学取得计算机科学博士学位。他曾经发表了五十多部研究论文，拥有十项专利，并获得了两个出色发明奖。Evalueserve的另外一位创始人Marc Vollenweider目前是EVS的CEO，Marc之前是位于德里的McKinsey知识中心的负责人。McKinsey知识中心雇佣MBA和其他有高级学位的人才为McKinsey在全世界的管理咨询顾问提供市场、分析和商业研究，Marc拥有法国INSEAD商学院的MBA学位和苏黎世理工学院的电信硕士学位。

Evalueserve的业务范围包括：知识产权研究（专利申请撰写、专利使用权转让、前案检索、专利地图研究等），股票、财务和保险研究，数据收集、整合及管理，SPO-销售流程外包（推销、会议和报价资料、销售机会、市场细分研究、竞争情报、对手简介、客户满意度研究、营销分析研究、销售员招聘支持、客户关系管理等），分析（数据分析、财务分析、风险分析）和数据挖掘服务，商业研究/商业智能（市场细分研究、市场规模分析、竞争情报、商业计划书撰写、创新性鉴定等）等。

资料来源：佚名．Evalueserve知识流程外包服务的领先供应商［EB/OL］．［2024-09-16］．https://baike.baidu.com/item/Evalueserve/8721919? fr=ge_ala.

项目训练

一、单项选择题

1.金融信息技术外包的主要驱动力不包括（　　　）。

A.降低成本　　　　　　　　　　B.提升技术创新能力

C.避免所有技术相关风险　　　　D.专注于核心业务

2.针对金融领域特有的硬件设备或系统，开发嵌入式软件，以实现特定的业务功能或优化设备性能指的是（　　　）。

A.应用软件开发与服务　　　　　B.嵌入式软件开发与服务

C.信息技术咨询与规划　　　　　D.数据管理与分析

3.金融业务流程外包的主要目的是（　　　）。

A.减少技术投入

B.将非核心业务转移给专业服务商，以提高效率和降低成本

C.完全规避运营风险

D.增强对内部流程的控制

4.金融业务流程外包可能带来的主要风险之一是（　　　）。

A.技术更新过慢　　　　　　　　B.对外部供应商的过度依赖

C.内部员工失业率增加　　　　　D.产品创新能力下降

5.金融知识处理外包主要涉及（　　　）活动。

A.实体货币的运输与存储　　　　B.金融机构的日常行政管理

C.金融产品的制造与分发　　　　D.金融市场数据的收集、分析与解读

二、判断题

1.金融信息技术外包可以包括银行核心业务系统的完全外包。　　　　（　　　）

2.金融信息技术外包服务商必须具备相应的技术实力和资质。　　　　（　　　）

3.金融业务流程外包仅适用于后台操作，如数据处理和客户服务，而不涉及前台业务。　　　　　　　　　　　　　　　　　　　　　　　　　　　　　（　　　）

4.金融业务流程外包不需要金融机构对服务商进行严格的监管和审核。　（　　　）

5.金融知识处理外包可以帮助金融机构快速适应市场变化，提高竞争力。（　　　）

三、简答题

1.金融服务外包有哪些形式和内容？

2.什么是金融信息技术外包？它有哪些分类？

3.什么是金融业务流程外包？不同金融机构业务流程外包有哪些不同？

4.银行业的业务流程外包包括哪些业务内容？

5.金融知识处理外包的核心思想是什么？

四、案例分析题

在当今竞争激烈的商业环境中，高效的客户服务已成为企业保持竞争优势的关键因素之一，呼叫中心外呼系统作为提升客户互动效率的重要工具，正被越来越多的企业所采用。以下为两个金融机构应用呼叫外包服务的典型案例：

A快速贷款公司面临着客户咨询量大、贷款审批周期长、客户满意度低的难题，将外呼业务外包给了外包公司，该外包公司引入了一套集成AI的呼叫中心外呼系统，该系统不仅能够自动拨打申请者电话，进行初步的资料审核和信用评估，还能根据客户的回答自动调整问题深度，减少人工干预。此外，该系统还能根据客户反馈实时调整优先级，将高潜力客户直接转接给专业顾问进行快速跟进。使用新系统后，贷款审批效率提高了30%，客户满意度显著提升，同时人工客服团队能够集中精力处理更复杂的案件，整体业务效率和客户体验得到了质的飞跃。

B保险公司为提升外呼服务质量，将电话外呼服务进行外包。具体外包内容包括新契约电话回访、续期电话催收、问题件工单复访、微信回访抽检、客户信息真实性抽检、理赔回访、客户满意度调查回访等需要电话沟通告知的外呼工作。通过外包服务，B保险公司解决了分公司外呼人力不足、效率不高、服务质量提升难的问题，提

高了外呼工作效率和话务员综合服务品质，同时降低了业务操作风险，助力分公司业务稳健合规经营。

思考并回答：

1.外呼业务属于金融服务外包的哪种业务形式？为什么越来越多的金融机构选择将外呼业务外包？

2.随着科技的发展和市场环境的变化，金融机构外呼业务外包将面临哪些新的趋势和挑战？

项目四

金融服务外包的业务流程

学习目标

【知识目标】

1. 熟悉服务外包合同签订的一般流程；
2. 掌握金融服务外包的基本原则；
3. 明晰金融服务外包合同制定的关键事项；
4. 了解合同履行、合同解除及合同终止的相关内容。

【技能目标】

1. 能够依据合同签订相关内容正确签订金融服务外包合同；
2. 能够依据外包合同履行原则执行金融外包合同；
3. 能够正确分析金融服务外包合同终止与解除条款。

【素养目标】

1. 培养遵守国家法律法规意识，树立法治观念，具备运用法律知识解决实际问题的能力；
2. 培养诚信意识、责任感和敬业精神，形成良好的职业道德风尚；
3. 树立正确的世界观、人生观和价值观，增强对社会主义核心价值观的认同感和践行力。

项目思维导图

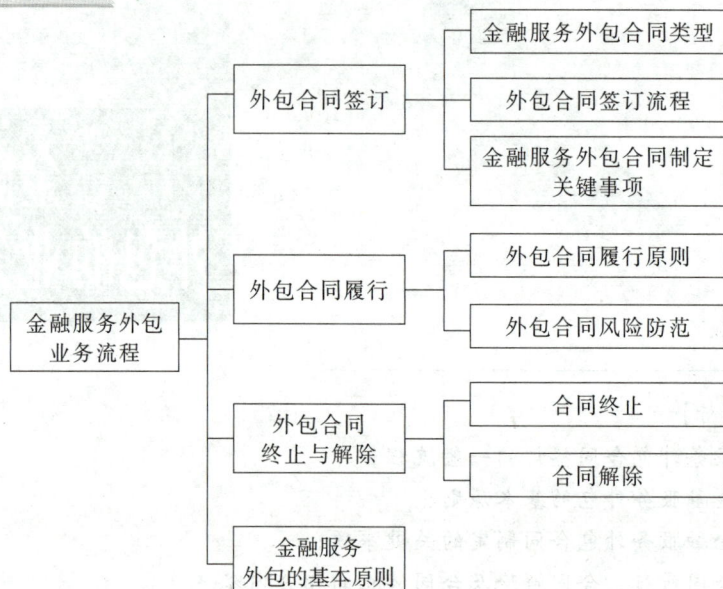

```
                                          ┌─ 金融服务外包合同类型
                            ┌─ 外包合同签订 ─┼─ 外包合同签订流程
                            │               └─ 金融服务外包合同制定
                            │                  关键事项
                            │
                            ├─ 外包合同履行 ─┬─ 外包合同履行原则
金融服务外包 ─────────────┤               └─ 外包合同风险防范
业务流程                    │
                            ├─ 外包合同      ┬─ 合同终止
                            │  终止与解除    └─ 合同解除
                            │
                            └─ 金融服务
                               外包的基本原则
```

案例导入

广电运通再获网点数智化建设合同，助力孟加拉国本地化生产

　　2023 年 8 月，广电运通旗下运通国际与孟加拉国合作伙伴 Zara Zaman Technology（ZZTL）签订金融科技、网点转型和金融智能设备等方面的战略合作协议，助力当地银行客户降低网点运营成本、提升效率和改善用户体验，帮助当地银行实现数智化网点转型的战略部署，进一步开启公司与当地合作伙伴和银行客户长期互利共赢的新局面。凭借着领先的银行科学技术、高质量的金融解决方案、以客户为中心竭诚服务的专业能力，广电运通赢得了孟加拉国市场的智能金融设备订单，充分体现公司在金融科技业务的扎实沉淀。经过多年在孟加拉国市场的耕耘和布局，广电运通获得孟加拉国大批网点数智化建设项目。多年以来，公司深受孟加拉国多家银行的信赖，连续中标当地数家银行的数智化网点建设项目，使广电运通成为孟加拉国金融科技解决方案的领导品牌，有效推动当地科技创新与金融的有效融合与发展。

　　广电运通的战略合作伙伴 ZZTL 在公司成立的次年就开始了与广电运通长达十年的战略合作。双方一直保持着紧密而良好的合作关系，并连续在孟加拉国市场上创造了多个市场第一。如 2018 年，广电运通攻克当地市场破旧钞票难以识别的难题，助力当地银行在孟加拉国市场上线运行第一台循环机；2021 年，为当地银行提供数智网点整体解决方案，成功上线第一台智能柜台。经过多年持续不断的本地化耕耘，从 2019 年开始，广电运通在孟加拉国 ATM 新增市场份额中连续四年排名第一，成功成为当地市场领导品牌。

　　2023 年 8 月 12 日，ZZTL 在加济布尔地区卡利亚科伊尔市的高新产业园推出孟加拉国首个自助智能金融设备生产厂，将为当地提供更多的就业机会，促进经济发展。

运通国际总经理卢丹带领商务考察团参加 ZZTL 生产厂的剪彩仪式。她表示，此次活动意义非凡，不仅见证 ZZTL 推动当地金融+制造产业的发展，更加强了广电运通与 ZZTL 的战略合作。

近年来，广电运通始终坚持全球本地化的战略布局，持续加快国际化发展进程，不断夯实海外本地化销售网络和服务支持体系，公司金融科技战略的外溢效应进一步凸显，金融科技和数智化网点转型解决方案加速在全球落地。作为一家聚焦金融科技和城市智能的高科技上市企业，广电运通始终以客户为中心，深耕全球本地化市场，将优质的金融科学技术和网点转型方案与当地市场需求深度融合，强化与当地合作伙伴和银行客户的创新合作，实现优势互补，开启长期互利共赢的新篇章，在数字经济浪潮中实现高质量发展。

资料来源：广电运通. 广电运通再获网点数智化建设合同，助力孟加拉国本地化生产［EB/OL］.［2023-08-15］. https://www.grgbanking.com/cn/h5/shownew.html? id=2047.

思考与讨论：

1.金融服务外包合同制定包括哪些程序？

2.金融服务外包合同包括哪些内容？

任务一　外包合同签订

一、金融服务外包合同类型

根据《中华人民共和国民法典》（以下简称《民法典》）的规定，当事人订立合同，有书面形式、口头形式和其他形式。法律、行政法规规定采用书面形式的，应当采用书面形式。当事人约定采用书面形式的，应当采用书面形式。书面形式包括合同书、信件和数据电文（包括电传、传真、电子数据交换和电子邮件）等可以有形地表现所载内容的形式。金融服务外包合同一般采用书面形式。另外，根据业务内容不同，可以将金融服务外包合同划分为三大类。

（一）信息技术外包（ITO）合同

信息技术外包合同涉及的主要业务内容包括：

（1）系统操作服务，包括银行数据、信用卡数据、各类保险数据、保险理赔数据、医疗或体检数据、税务数据、法律数据等不同数据的处理及整合。

（2）系统运用服务，包括信息工程及流程设计、管理信息系统服务、远程维护。

（3）基础技术服务，包括承接技术研发、软件开发设计、基础技术或基础管理平台整合或管理整合等 IT 外包。

（二）业务流程外包（BPO）合同

业务流程外包合同涉及的主要业务内容包括：

（1）企业内部管理服务，指为客户企业提供企业内部各类管理服务，包括后勤服务、人力资源服务、工资福利服务、会计审计服务、数据中心及其他内部管理服务等。

（2）企业运作服务，指为客户企业提供技术研发服务、销售及批发服务、售后服务及其他业务流程环节的服务等。

（3）供应链管理服务，指为客户企业提供采购、运输、仓储整体方案服务等。

（三）知识流程外包（KPO）合同

知识流程外包合同涉及的主要业务内容包括知识产权研究、医药和生物技术研发、产品技术研发、数据挖掘等服务。

✓ **做中学 4-1**

ITO 合同、BPO 合同及 KPO 合同的区别是什么？

二、外包合同签订流程

外包合同是合同的一种，合同双方在《民法典》原则基础上，根据实际情况签定合同或协议并认真履行。整个合同签定流程如图 4-1 所示，主要包括以下几个方面：合同起草、合同评审、合同签订、合同履行、合同终止等。全过程还包括合同修订、合同跟进及违约索赔等事项。

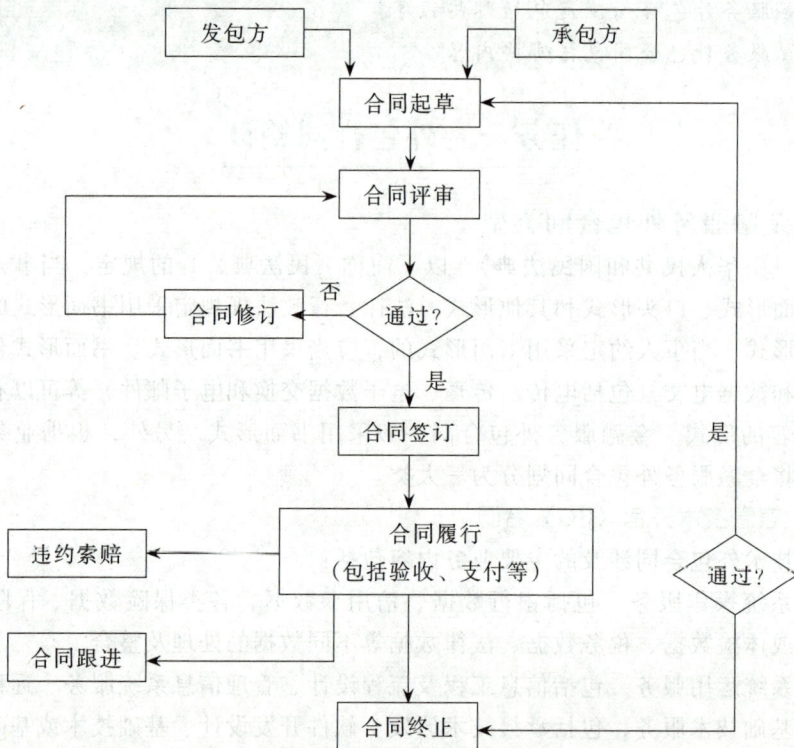

视频 4

服务外包合同样本

图4-1　外包合同签订流程

三、金融服务外包合同制定关键事项

金融服务外包书面合同应明确涉及外包管理的多个重要因素，包括权利、义务与各方预期，外包关系受此书面合同制约。外包安排应以明确的书面合同确立，其特征及细节应与外包业务的重要程度相一致。书面合同是重要的管理手段，恰当的合同条款能降低违约风险或减少在业务范围、特性及服务质量方面的分歧。金融服务外包合同的关键条款应包括以下方面（以下"受监管实体"是指金融业服务外包发包方，包括银行、保险公司、证券公司、期货公司等，"监管部门"包括国家金融监督管理总局、证监会等）：

（1）明确界定需要外包的业务，包括适当的服务及执行水平；事先评估承包服务商在数量及质量方面的履约能力。

（2）合同既不能阻碍受监管实体履行监管义务，也不能妨碍监管部门行使监管权力。

（3）受监管实体必须确保能够从承包服务商那里获得有关外包业务的账簿、记录及信息。

（4）受监管实体要能对承包服务商进行持续监控，以便及时采取整改措施。

（5）在必要情况下，合同应包括终止条款及执行终止规定的最短期限。后者应允许外包服务转包给其他服务商或并入受监管实体。此类条款应包括破产、公司性质改变的情况，并明确规定合同终止后知识产权的处置（包括将信息转回受监管实体）、其他在合同终止后仍然有效的职责。

（6）对外包安排的特殊重要问题也应做针对性说明。如对海外承包服务商，合同应包括适用法律的规定、协议约定及司法约定，这些可确保有关各方在特定司法管辖下解决仲裁纠纷。

（7）合同应包括承包服务商将全部或部分外包业务转包的前提条件。在适当的情况下，如服务商要将全部或部分外包业务进行分包，应事先取得受监管实体的同意，且合同条款应保证受监管实体的风险控制力不能因分包或转包而受到影响。

任务二　外包合同履行

双方签订合同后，接下来就是合同履行。合同履行指合同规定义务的执行。任何合同规定义务的执行都是履行合同的行为；相应地，凡是不执行合同规定义务的行为都是合同的不履行。因此，合同的履行表现为当事人执行合同义务的行为。当合同义务执行完毕时，合同也就履行完毕。

一、外包合同履行原则

合同履行的原则是指法律规定的所有种类合同的当事人在履行合同的整个过程中所必须遵循的一般准则。根据我国合同立法及司法实践，合同履行除了应遵守平等、公平、诚实信用等民法基本原则之外，还应遵行以下合同履行的特有原则，即实际履行原则、适当履行原则、协作履行原则、经济合理原则和情势变更原则。以下就这些合同履行的特有原则加以简单介绍。

（一）实际履行原则

实际履行原则是指当事人按照合同规定的标的完成合同义务的原则。

（1）在合同履行中，要履行标的，不能用其他标的代替原合同标的。对于有效成立的合同，其标的规定是什么，义务人就应当履行什么。

（2）要实际履行标的，不能轻易地以违约金或赔偿金代替履行标的。义务人如果不能按合同规定的标的给付，即使向对方偿付了违约金或赔偿金，也不能轻易免除其交付标的的义务。当然，实际履行不是绝对的，在某些特殊情况下可能不适用。如以特定物为标的的合同，当该标的灭失时，实际履行就变得不可能。

（二）适当履行原则

适当履行原则是指当事人应依合同约定的标的、质量、数量，由适当主体在适当的期限、地点，以适当的方式，全面完成合同义务的原则。这一原则有以下要求：

第一，履行主体适当。当事人必须亲自履行合同义务或接受履行，不得擅自转让合同义务或合同权利让其他人代为履行或接受履行。

第二，履行标的物及其数量和质量适当。当事人必须按合同约定的标的物履行义务，而且应依合同约定的数量和质量来给付标的物。

第三，履行期限适当。当事人必须依照合同约定的时间来履行合同，债务人不得延迟履行，债权人不得延迟受领。如果合同未约定履行时间，则双方当事人可随时提出或要求履行，但必须给对方必要的准备时间。

第四，履行地点适当。当事人必须严格依照合同约定的地点来履行合同。

第五，履行方式适当。履行方式包括标的物的履行方式以及价款或酬金的履行方式，当事人必须严格依照合同约定的方式履行合同。

（三）协作履行原则

协作履行原则是指在合同履行过程中，双方当事人应互助合作共同完成合同义务的原则。合同是双方民事法律行为，不仅仅是债务人一方的事情，债务人实施给付，需要债权人积极配合受领给付，才能达到合同目的。由于在合同履行的过程中，债务人比债权人更多地受诚实信用、适当履行等原则的约束，协作履行往往是对债权人的要求。协作履行原则也是诚实信用原则在合同履行方面的具体体现。协作履行原则具有以下几个方面的要求：

第一，债务人履行合同债务时，债权人应适当受领给付。

第二，债务人履行合同债务时，债权人应创造必要条件、提供方便。

第三，债务人因故不能履行或不能完全履行合同义务时，债权人应积极采取措施防止损失扩大；否则，应就扩大的损失自负其责。

（四）经济合理原则

经济合理原则是指在合同履行过程中，应讲求经济效益，以最小的成本取得最佳的合同效益。在市场经济条件下，交易主体都是理性地追求自身利益最大化的主体，因此，如何以最小的履约成本完成交易过程，一直都是合同当事人所追求的目标。交易主体在合同履行的过程中，应遵守经济合理原则是必然的要求。该原则一直为我国的立法所认可，如《纺织品、针织品、服装购销合同暂行办法》规定，供需双方应商定选择最快、最合理的运输方法。

（五）情势变更原则

合同有效成立以后，若非因双方当事人的原因导致合同基础的情势发生重大变更，致使继续履行合同显失公平的，当事人可以请求变更和解除合同。所谓情势，是指合同成立后出现的不可预见的情况，即"影响及于社会全体或局部之情势，并不考虑原来法律行为成立时，为其基础或环境之情势"。所谓变更，是指"合同赖以成立的环境或基础发生异常变动"。我国学者一般认为，变更指的是构成合同基础的情势发生根本的变化。在合同有效成立之后、履行之前，如果出现某种不可归责于当事人原因的客观变化，会直接影响合同履行结果，此时若仍然按原来合同的约定履行合同，则会给一方当事人造成显失公平的结果，这时，法律允许当事人变更或解除合同而免除违约责任的承担。这种处理合同履行过程中情势发生变化的法律规定，就是情势变更原则。

情势变更原则实质上是诚实信用原则在合同履行中的具体运用，其目的在于消除合同因情势变更所产生的不公平后果。第二次世界大战后，由于战争的破坏，战后物价暴涨，通货膨胀十分严重。为了解决战前订立的合同在战后的纠纷，各国学者特别是德国学者借鉴历史上的"情势不变条款"理论，提出了情势变更原则，并经法院采用作为裁判的理由，直接具有法律效力。我国法律虽然没有规定情势变更原则，但在司法实践中，这一原则已为司法裁判所采用。因此，情势变更原则既是合同变更或解除的一个法定原因，也是解决合同履行中情势发生变化的一项具体规则。

二、外包合同风险防范

尽管业务外包对金融机构有诸多益处，但是金融机构也必须面对外包业务的风险，合同风险就是其中之一。在金融服务外包过程中，发包方与承包方以及没有隶属关系的第三方服务机构之间必须签订外包协议，此类协议的有效期限较长，最长可达十年以上。在合同持续期间，业务需求和外部环境可能发生很大的变动，甚至有些变动是不能预料的，这些因素会给承包方带来一定的履约风险，假如承包方在这期间经营不善导致破产倒闭，双方合同无法正常履行，发包方面临业务无法正常开展的严重后果。因此，在外包过程中，应当尽可能降低承包方合同履约风险以及制定相关预防机制。

（一）外包合同内容规定应当考虑周全

为了让外包机构准确地掌握发包方对外包业务的期望和目标，发包方应当注意以下几点：合同具有一定的可行价值，且必须明确规范各方所应当承担的相关责任。像信息技术这样的外包业务合同，周期比较长，这就要求发包方在合同中对未来形势变化作出充分的预判，如双方可随时协商增添补充条款。

（二）合同必须做好约定

对人员、技术服务和维护均应有明确的协议。服务外包的成功与否，很大程度上取决于管理员或技术人员的稳定性。倘若一个服务商的管理层或技术人员经常出现调动或离职，肯定对发包方是非常不利的。新旧人员的业务熟练程度是否一致姑且不论，是否熟悉其外包业务具体情况是最大的问题。

（三）建立基本程序和反应机制

金融机构必须经过内部的适当授权程序，如银行内部监事会授权给外部服务外包企业。银行还要严格审查服务商的服务经验、经营范围、履行义务的能力，以及预测将来可能发展的变化等。金融机构不仅应在服务商不能履行合同时判断是否需要终止合同、提出索赔要求乃至进行法律诉讼，还应在服务商顺利履行合同时判断是否需要继续与其合作。

（四）人力资源管理问题需着重处理

人力资源管理问题是金融机构在外包过程中经常遇到的。员工往往因为金融机构实施服务外包而担心工作稳定性，这在一定程度上会导致员工情绪不稳，致使工作失误，降低工作效率。因此，在决定外包时，金融机构应该培训员工，让他们充分认识到外包的风险和益处，安抚员工情绪。同时，在外包合同中，应严格明确外包公司工作人员的资格和义务。

（五）制订可行的应急计划

业务外包使金融机构更多地依靠第三方服务提供商，如果第三方服务提供商不履行合同，而使业务中断，造成的后果非常严重。在这种预期下，金融机构应采用审慎的方法考察服务提供商，并根据服务提供商不履行合同的情况制订应急计划。

拓展阅读 4-1

F邮储银行外包合同执行阶段的风险识别

通过与F邮储银行管理层、人力资源部经理及各部门经理、人力资源管理学者以及智联招聘公司管理人员详细地分析F邮储银行人力资源管理外包业务的规划后，公司认为可以采取外包流程分析方法识别相关风险，具体的人力资源管理外包业务流程如图4-2所示。其中外包合同执行阶段风险包括企业文化融合风险、监督管理风险、职业道德风险、成本增加风险和机会丧失风险。

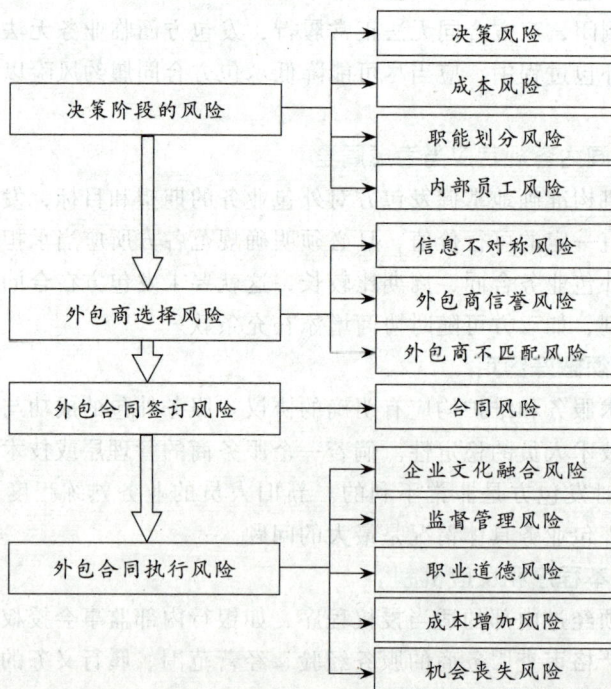

图4-2　F邮储银行外包业务流程风险

1.企业文化融合风险

F邮储银行在与外部企业进行融合的过程中，由于企业文化不同、管理方式不同、团队协作水平不同，因此有企业文化相冲突的风险。一旦发生企业文化冲突，外包人员将无法按照 F 邮储银行的要求工作，将会给人力资源管理外包工作带来麻烦。

2.监督管理风险

F 邮储银行与外包商合作时，外包商员工虽然接受 F 邮储银行的管理，但是这些人通常认为 F 邮储银行没有掌握其薪酬的发放和奖金的扣发，导致公司监管存在风险。

3.职业道德风险

在外包商提供人力资源管理服务的过程中，由于这些员工的专业能力、专业素养和文化修养不同，在工作中可能存在职业道德风险。比如一些员工出于投机心理，可能泄露 F 邮储银行的一些机密信息给竞争对手，使 F 邮储银行产生严重损失。

4.成本增加风险

F 邮储银行开展人力资源管理外包的目标是降低管理成本，但是由于外包合同执行存在很多隐性风险，也会导致成本增加。比如，随着劳动法的普及和健全，劳动监管部门要求各个单位都要实现同工同酬。这个时候 F 邮储银行不仅向外包人员支付与内部员工相同的薪酬，还要支付居间费用，从而使成本增加。

5.机会丧失风险

F 邮储银行将许多岗位外包之后，就无法培养自己的人才，产生依赖外包商的风险，丧失很多提升市场竞争力的机会，一旦外包合同执行结束，将导致 F 邮储银行的业务停滞不前。

资料来源：戴冰. F 邮储银行人力资源外包业务风险管理策略研究［D］. 福州：福建林业大学，2023.

任务三　外包合同终止与解除

一、合同终止

合同终止是指当事人双方在合同关系建立以后，因一定法律事实出现，使合同确立的权利与义务消灭。造成合同终止的原因一般有以下几个：

（1）合同因当事人双方全面履行而消灭。

（2）合同因情势发生变化，双方在不损害国家利益或社会公共利益的条件下达成协议，终止合同。

（3）合同因当事人一方或双方破产而终止。

（4）合同因混同而消灭。

（5）合同因法院判决或仲裁裁决而终止。

（6）合同解除。

二、合同解除

合同解除是指合同有效成立后，当解除条件具备时，因当事人一方或双方的意思表示，使合同关系归于消灭的行为。合同解除是合同终止的事由之一。

（一）合同解除类型

根据不同的标准，合同解除可以划分为不同的类型。

1.单方解除和协议解除

按照双方是否享有解除权，可以将合同解除划分为单方解除和协议解除。

第一，单方解除是指享有解除权的一方行使解除权将合同解除的行为。它不必经过对方当事人的同意，只要解除权人将解除合同的意思表示直接通知对方，或经过人民法院或仲裁机构向对方主张，即可发生合同解除的效果。

第二，协议解除是指当事人双方通过协商同意将合同解除的行为，它不以解除权的存在为必要条件，解除行为也不是解除权的行使。我国法律把协议解除作为合同解除的一种类型加以规定，理论解释也不认为协议解除与合同解除性质全异，而是认为仍具有与一般解除相同的属性，但也有其特点，如解除的条件为双方当事人协商同意，不得因此损害国家利益和社会公共利益，解除行为是当事人的合意行为等。

2.法定解除与约定解除

按照解除条件是否由法律规定，可以将合同解除划分为法定解除和约定解除。

第一，合同解除的条件由法律直接加以规定者，这种解除称为法定解除。在法定解除中，有的以适用于所有合同的条件为解除条件，有的则仅以适用于特定合同的条件为解除条件。前者称为一般法定解除，后者称为特别法定解除。中国法律普遍承认法定解除，不但有关于一般法定解除的规定，而且有关于特别法定解除的规定。

第二，约定解除是指当事人以合同形式，约定为一方或双方保留解除权的解除。其中，保留解除权的合意，称之为解约条款。解除权可以保留给当事人一方，也可以保留给当事人双方。保留解除权可以在当事人订立合同时约定，也可以在后面另订立保留解除权的合同。因为约定解除是根据当事人的意思表示产生的，因此具有较大的灵活性，在处理复杂的事务时，它可以更确切地适应当事人的需要。当事人采取约定解除的目的虽然有所不同，但都是考虑到当主客观上的各种障碍出现时，可以从合同的约束下解脱出来，为解除合同留有余地，以维护自己的合法权益。作为市场主体，为了适应复杂多变的市场情况，当事人有必要把合同条款规定得更细致、更灵活、更有策略性，其中应包括保留解除权的条款，使自己处于主动而有利的地位。

（二）合同解除条件

《中华人民共和国民法典》（以下简称《民法典》）规定，有下列情形之一的，当事人可以解除合同。

（1）因不可抗力致使不能实现合同目的。不可抗力致使合同目的不能实现，该合同便失去意义，应归于消灭。在此情况下，《民法典》允许当事人通过行使解除权的方，消灭合同关系。

（2）在履行期限届满前，当事人一方明确表示或以自己的行为表明不履行主要债务，此即债务人拒绝履行合同，也称毁约，包括明示毁约和默示毁约。作为合同解除条件，一是债务人有过错，二是拒绝行为违法（无合法理由），三是有履行能力。

（3）当事人一方迟延履行主要债务，经催告后在合理期限内仍未履行，此即债务人迟延履行。根据合同的性质和当事人的意思表示，履行期限在合同的内容中非属特别重要时，即使债务人在履行期届满后履行，也不致使合同目的落空。在此情况下，原则上不允许当事人立即解除合同，而应由债权人向债务人发出履行催告，给予一定的履行宽限期。债务人在该履行宽限期届满时仍未履行的，债权人有权解除合同。

（4）当事人一方迟延履行债务或者有其他违约行为致使不能实现合同目的。对某些合同而言，履行期限至关重要，如债务人不按期履行，合同目的即不能实现，于此情形，债权人有权解除合同。其他违约行为致使合同目的不能实现时，也应如此。

（5）法律规定的其他情形。法律针对某些具体合同规定了特别法定解除条件的，按照其规定执行。

此外，《民法典》还规定，对于以持续履行的债务为内容的不定期合同，当事人可以随时解除合同，但是应当在合理期限之前通知对方。这为当事人提供了一定的灵活性，以便在特定情况下能够及时调整或终止合同关系。

☑ 做中学 4-2

关于外包合同解除的条件，以下说法中正确的是（　　　）。

A. 当事人一方表示不满即可解除合同

B. 只有在合同双方协商一致的情况下才能解除合同

C. 当事人一方迟延履行主要债务，经催告后在合理期限内仍未履行，可以解除合同

D. 合同一经签订，便不可解除

（三）合同解除的程序

1.单方解除

单方解除指解除权人行使解除权将合同解除的行为，不必经过对方当事人同意，只要解除权人将解除合同的意思表示直接通知对方，或通过人民法院或仲裁机构向对方主张，即可发生合同解除的效果。单方解除合同的概念基于《民法典》的相关规定，其中明确了单方解除权的行使条件和程序。当合同中直接约定了单方解除权，或者根据法律规定的一方违约等情形，享有解除权的一方可以单方面解除合同。

《民法典》规定，合同单方解除权的行使期限一般是一年。《民法典》第五百六十四条规定，如果法律规定或者当事人约定了解除权行使期限，期限届满当事人不行使的，该权利消灭。如果法律没有规定或者当事人没有约定解除权行使期限，自解除权人知道或者应当知道解除事由之日起一年内不行使，或者经对方催告后在合理期限内不行使的，该权利同样消灭。

2.协议解除

协议解除的程序是指当事人双方经过协商同意，将合同解除的程序。其特点是：合同的解除取决于当事人双方意思表示一致，而不是基于当事人一方的意思表示，也不需要有解除权，完全是以一个新的合同解除原合同。它适用于协议解除类型，并且在单方解除中，只要解除权人愿意采取这种程序，法律也应允许并加以提倡。

由于协议解除程序是采取合同的方式，所以要使合同解除有效成立，必须有要约和承诺。解除合同的要约，其内容是要消灭既存的合同关系，甚至包括已经履行的部

分是否返还，责任如何分担等问题。它必须是向既存合同的对方当事人发出，并且要在既存合同消灭之前提出。承诺是解除合同的承诺，是完全同意上述要约的意思表示。

协议解除是否必须经过法院或仲裁机构的裁判，我国法律未作明确要求，允许当事人选择或者经过法院或仲裁机构的裁判，或者直接由双方当事人达成解除原合同的协议。当合同解除需经有关部门批准时，有关部门批准解除的日期即为合同解除的日期。当合同解除不需有关部门批准时，双方当事人协商一致之时就是合同解除生效之时，也可由双方当事人商定解除生效的日期。

3.行使解除权

行使解除权的程序必须以当事人享有解除权为前提。所谓解除权是指合同当事人可以将合同解除的权利。它的行使将发生合同解除的法律效果，因而它是一种形成权。解除权按其性质来讲，不需要对方当事人的同意，只需解除权人单方的意思表示，就可以把合同解除。解除权人主张解除合同，应当通知对方。合同自通知到达对方时解除。对方有异议的，可以请求人民法院或者仲裁机构确认合同的效力。法律、行政法规规定解除合同应当办理批准、登记等手续的，依照规定执行。

行使解除权的程序适用于不可抗力致使合同不能履行、当事人一方违约和约定解除等场合。在不可抗力致使合同不能履行的场合，解除权由双方当事人享有，任何一方都可行使。在当事人一方违约的情况下，解除权归守约方享有，不然会被违约方利用解除制度来谋取不正当利益。在约定解除的情况下，解除权归合同指定的当事人享有，既可以是一方当事人享有，也可以是双方当事人享有。

解除权对权利人而言是一种利益，这种利益是否被解除权人舍弃或推迟取得，只要无损于国家利益、社会公共利益，无损于对方当事人的合法权益，就应允许。所以，行使解除权具有自主性，主要表现为解除权人可以在合同解除与请求继续履行之间选择，解除权可以在特定期间的任何时刻行使，可以采取和对方当事人协商的方式等。

解除权行使采取双方协商的方式，在我国应予提倡，原因有以下三个：

第一，合同解除不会使双方当事人在物质利益上共同增加，而是彼增此消。单就这点来说，双方难以就合同解除及由此产生的返还财产、分担责任等达成协议，这也是法律应赋予有关当事人以解除权的重要原因。但是，当事人的特殊物质利益毕竟是以根本利益一致为前提的，双方没有不可调和的利害冲突。如果合同解除是为了维护国家利益，实现社会主义生产目的，那么双方宜互谅互让地将合同解除。

第二，协商的过程，是当事人双方明了事情原委和责任如何分配的过程。在此过程中，彼此了解到各自的困难，能够互谅互让，既解决法律后果问题，又解决思想认识问题，便于解决纠纷，减少诉讼。

第三，倡导协商方式符合民事诉讼法的调解原则，使实体法与程序法的规定更加统一。

双方协商的方式并不是解决权的丧失，恰恰相反，正是由于解除权的存在并发挥作用，才使协商一致解除合同的可能性大大增加。在很大程度上，无解除权的当事人之所以同意解除权人的意见，是因为即使不同意，解除权人也会依自己的意思表示将合同解除，并按法律规定或合同约定产生法律效果。

4.法院裁决

这里所说的法院裁决的程序，不是指在协议解除的程序和行使解除权的程序中当事人诉请法院来解除合同，而是指在适用情势变更原则解除合同时，由法院裁决合同解除的程序。由于适用情势变更原则解除合同，当事人无解除行为，只是由法院根据案件的具体情况和情势变更原则的法律要件加以裁决。因此，对这种类型的合同解除只能适用法院裁决的程序。

任务四　金融服务外包的基本原则

金融服务外包事务复杂，影响面广，不仅与外包双方相关，而且涉及监管层面。如果履约双方不尽责或者监管当局不对受监管实体进行有效监管，就可能带来金融风险，将会给金融体系和实体经济带来灾难。因此，金融业进行服务外包时应该更加严格和审慎，必须恪守相应的原则，受监管主体和监管当局都要履行相应的义务。

具体而言，受监管实体在开展金融服务外包时应遵循以下原则：

一、制定政策确保外包监管有效，明确治理结构及职责

在业务外包之前，受监管实体应制定有关外包决策的专门政策及标准，包括评估有关活动是否适用外包及在多大程度上适用外包。风险集中及外包业务的整体可接受水平等问题也必须予以考虑。如果受监管实体希望将某一业务外包，管理层需全面了解成本及收益状况，这要求管理层对该实体的核心能力、管理能力及弱点、未来目标等进行评价。受监管实体应制定相关政策以确保有效监管外包业务；在整个外包过程中及合同期间，受监管实体都应具有适当的治理结构，清晰界定自己的角色及职责。受监管实体应采取适当措施确保在母国及东道国都能遵守法律和监管要求。如果将某项业务外包会妨碍监管部门评价或监管受监管实体的业务，则该活动不能外包。受监管实体的董事会（或相当机构）要全面负责，确保受监管实体的外包决策及服务商的活动符合外包政策。另外，内部审计也有很重要的作用。

二、建立全面的外包风险管理程序，有效指导外包业务发展

评估监管实体的外包风险取决于如下因素：外包业务的范围及重要性、受监管实体的管理水平、外包风险的监控（包括对操作风险的一般管理）、服务商对潜在操作风险的管理与控制。

下列因素有助于受监管实体判断外包业务的重要性：若服务商未能完成外包任务而对受监管实体的财务、声誉及经营造成负面影响和潜在损失；外包业务对受监管实体遵守监管要求的影响；受监管实体中的外包业务与其他活动之间的关系；受监管实体与服务商之间的隶属或其他关系；服务商的受监管地位；选择替代服务商或将外包的业务改由内部机构承担的难度及所需时间；外包安排的复杂程度，如在多个服务商合作提供点对点外包服务的情况下，对风险进行控制的能力。数据保护、安全及其他风险可能因外包服务商所在地理位置而受到不利影响。为此，在评估及管理发生在境外的外包活动时，必须有专门的风险管理能力，以评估涉及政治及法治环境等方面的

国家风险。更一般地讲，全面性的外包风险管理流程包括：对外包安排的各个方面进行持续监控；指导受监管实体在应对意外事件时采取纠正措施的程序。

三、确保外包管理责任履行

受监管实体应确保外包管理既不能影响履行对客户及监管部门的责任，也不能损害监管部门的监管效能。外包安排不能影响客户对受监管实体的权利，包括客户根据有关法律获得适当赔偿的权利等。外包安排不应损害监管部门对受监管实体进行合理监管的能力。

四、尽职选择外包服务商

在选择服务商之前，受监管实体应制定标准以评估服务商是否具有有效、可靠及高标准履约的能力，及与特定服务商相关的潜在风险因素。受监管实体具体职责包括：

（1）选择合格且具有充分能力履行外包业务的服务商；

（2）确保服务商能理解及满足受监管实体在特定活动中的要求；

（3）确认服务商具有履行职能所需的稳健的财务状况。

在未完成以上准备工作之前，受监管实体不可将有关业务外包。如果服务商不能完成外包业务，则需通过其他途径来处理这些外包业务，但这样做可能会付出高昂代价。因此受监管实体也应考虑到由此带来的损失及业务中断的可能。将业务外包到境外，还会引起其他的问题。例如，在突发事件中，受监管实体难以及时采取适当对应措施。因此受监管实体的管理层应评估境外经济、法律及政治环境对服务商完成外包业务的不利影响。

五、与服务商应建立应急计划

受监管实体应制定关于应急计划的全面制度化的政策，每个外包合同都应有专门的应急计划。受监管实体应采取适当措施评估及解决因外包服务商业务中断或其他问题导致的可能后果。显然，这需要考虑外包服务商的应急计划、协调受监管实体与服务商的应急计划、制定外包服务商未履约情况下受监管实体的应急计划等。如果受监管实体及外包服务商缺乏全面应急计划而且外包业务反复出现问题，则可能导致意外的信息暴露、财务损失、错失商机及出现信誉与法律问题等。健全的信息技术安全是必不可少的。信息技术中断可能会损害受监管实体对其他市场参与者履行职责的能力、侵蚀客户的隐私权、损害受监管实体的声誉，并最终对受监管实体的整体操作风险状况造成不利影响。受监管实体应确保外包服务商具有保障信息技术安全及灾害恢复能力。应急计划必须包括替换表现欠佳的外包服务商的选择成本，即如果受监管实体不满意外包服务商的表现，可将其替换或自行承担此外包业务，甚至可取消此外包业务。这些做法代价高昂，往往是不得已而为之。当然，这些意外情况及相关成本应在协商过程中予以说明并在合同中明文规定。对现有的合同，这些条款应在合同延期时加以补充。

六、采取合同约束等适当措施，确保客户信息机密性

实施外包的受监管实体应采取适当措施保护客户的机密资料，并确保其不被滥

用。此类措施包括在与服务商的合同中约定禁止服务商或其代理人使用或披露受监管实体或其客户的专有信息（除非是约定服务且满足监管及法律所要求的条件）。根据监管及法律规定，受监管实体也应考虑是否有必要通知客户其资料可能被转移给了服务商。

七、监管部门应把外包业务作为对受监管实体评估的组成部分

监管部门应将外包业务作为其对受监管实体综合风险评估的组成部分，为评估及监控受监管实体的外包政策及外包风险管理流程，监管部门应能及时获得有关外包业务的账簿与记录及其他资料。受监管实体能直接获得这些资料，而监管部门也应能通过直接或间接渠道获取。这包括要求账簿及记录必须保存在监管部门所在的国家或外包服务商承诺将账簿与记录的原件或复印件交至监管部门。为确保从服务商取得外包业务的账簿、记录及相关信息，监管部门应考虑实施适当的规定及措施。

（1）在合同中规定受监管实体具有取得外包服务商处理外包业务的账簿与记录的权力与检查权力；

（2）获得任何子外包商的有关账簿与记录。合同还应规定，外包服务商应制备账簿、记录及其他资料，以便监管部门随时获取。

八、监管部门应全面认识外包业务风险

当有限数量（有时仅一个）的外包服务商为多个受监管实体提供服务时，操作风险相应集中，并可能带来系统性风险。另外，如果多个服务商的紧急业务援助人为同一援助公司（如同一受灾援助公司），当这些服务商都发生业务中断时，则该援助公司无法同时向这些服务商提供援助服务。

在公司通过业务外包来提高效率及实现规模经济的过程中，势必会出现一些风险集中问题。在评估及监控受监管实体的外包政策及风险管理流程时，监管部门应关注受监管实体业务集中产生风险的方式。有一些可以缓解风险集中问题的措施，其中最为重要的是受监管实体要制订合理的应急计划及其他方面的监管释缓措施，如实时监控、识别流程、适当的监管计划、风险评估等。

拓展阅读 4-2

外包人员违规访问致使 4 万条数据泄露，金融机构如何让数据不裸奔

【场景还原】某金融科技外包人员未授权访问客户数据库，致使大量敏感信息泄露

随着现代金融行业的迅猛发展，为聚焦主业、降低成本、提高效率，越来越多的金融机构将一些非核心业务委托给外包服务商处理，如标准化业务操作、软件开发和系统运维等，少数银行等机构甚至将产品与客户辅助营销、信用分析和调查等与银行核心业务具有较高关联度的辅助性操作也陆续外包。然而，一起来自金融监管部门的通报引起了某银行的警觉：某金融机构外包服务人员在运维系统过程中，未经授权访问并私自存储了客户数据库（其中包含大量客户姓名、身份证号等明文敏感个人信息），并将超 4 万条用户数据放在境外网站售卖。该金融机构因未尽到对客户敏感数

据的保护责任，引发消费者维权投诉，该机构也被监管通报要求限期整改并面临大额罚单。

这一事件暴露出金融行业科技外包场景下的诸多风险：外包人员角色复杂，流动性强，权限划分模糊，越权访问风险高；数据库敏感数据暴露广泛，缺乏统一的访问策略与动态脱敏机制；外包人员数据库账号混用、操作留痕不足，责任难以精准溯源；

【痛点聚焦】金融机构外包人员数据访问管控面临的四大挑战

通过与多家银行、证券、保险等金融机构交流合作，归纳出金融机构外包人员数据权限管控过程中最突出的问题：数据库共享账号滥用，专人专户难落地；非授权访问频发，敏感数据泄露风险；高危操作行为不可控，数据损毁风险剧增；安全审计能力断层，合规追溯难落地。

【原点方案】应对金融外包数据访问风险，建立体系化、可视化、可审计的安全管控机制

面对高频曝光的外包数据访问风险事件与日趋严苛的监管要求，金融机构迫切需要构建一套"可管、可控、可溯"的数据安全管理机制，覆盖从身份认证到访问授权、从动态脱敏到高危行为阻断、从全链路审计到持续风险监测的全流程能力。一体化数据安全平台（uDSP）以"数据库访问安全层"创新技术为基础，能够部署于外包人员常用的数据库工具与数据库之间，无需改造原有业务系统和访问习惯，即可在多个关键环节实现对外包访问行为的精细化管理与风险防控。

一体化数据安全平台（uDSP）从实际业务痛点出发，聚焦实名制访问控制、精细化权限划分、动态脱敏、透明加密、高危行为阻断与全链路审计等关键环节，为金融机构提供一体化的数据安全管理建设方案，实现金融科技外包数据使用过程精细化治理能力。在"服务可外包，责任不外包"的监管共识下，uDSP平台可帮助金融机构稳步提升对外包访问行为的感知、控制与溯源能力，既守住敏感数据安全底线，也为未来合规检查和安全运营提供有力支撑。

资料来源：原点安全. 外包人员违规访问致使4万条数据泄露，金融机构如何让数据不裸奔. [EB/OL]. [2025-06-26]. https://baijiahao.baidu.com/s? id=1835979018546482286&wfr=spider&for=pc

项目训练

一、单项选择题

1.金融服务外包合同类型不包括（　　）。

A.信息技术外包合同　　　　　　　　B.核心流程外包合同

C.业务流程外包合同　　　　　　　　D.知识流程外包合同

2.当外包合同评审不通过时，应当（　　）。

A.合同修订　　　B.合同签订　　　C.合同履行　　　D.合同终止

3.当事人应依据合同约定的标的、质量、数量，由适当主体在适当的期限、地点，以适当的方式全面完成合同义务的原则称为（　　）。

A.实际履行原则   B.适当履行原则   C.协作履行原则   D.经济合理原则

4.按照双方是否享有解除权，可以将外包合同划分为单方解除和（   ）。

A.协议解除   B.法定解除   C.约定解除   D.自动解除

5.（   ）必须以当事人享有解除权为前提。

A.协议解除的程序   B.单方解除程序

C.法院裁决   D.行使解除权的程序

二、判断题

1.在必要的情况下，金融服务外包合同可以不包括终止条款及执行终止规定的最短期限。   （   ）

2.金融服务外包合同当事人一方或双方破产是造成合同终止原因之一。   （   ）

3.解除权的存在是金融服务外包合同协议解除的必要条件。   （   ）

4.在履行期限届满之前，当事人一方明确表示或者以自己的行为表明不履行主要债务，此即债务人拒绝履行合同，当事人可以解除合同。   （   ）

5.为了便于监管部门的监管，外包业务应集中外包给少数几个外包服务商。   （   ）

三、简答题

1.金融服务外包合同分为哪几种类型？

2.金融服务外包合同签订有哪些步骤？

3.服务外包合同履行应当遵循哪些原则？

4.服务外包合同终止原因有哪些？

5.服务外包合同解除类型有哪些？

四、案例分析题

某银行（甲方）与一家金融科技公司（乙方）签订了为期三年的金融服务外包合同，约定乙方为甲方提供支付结算系统的技术支持与维护服务。合同执行两年后，甲方发现乙方在技术支持方面存在严重缺陷，导致支付系统频繁出现故障，影响客户体验及银行声誉。甲方多次要求乙方改进，但问题仍未得到根本解决。最终，甲方决定依据合同条款解除与乙方的外包合同，并要求乙方赔偿因此造成的损失。

根据上述资料，思考并回答：

1.试述解除合同的法律依据是什么？

2.依据我国《民法典》，分析本案例满足合同解除的哪一项情形。

3.结合案例说一说应如何避免类似的外包合同解除纠纷。

项目五

客户
服务技巧

学习目标

【知识目标】

1.了解客户服务管理；

2.了解服务工作所面临的挑战；

3.了解压力、压力源、压力管理的概念；

4.了解预防工作压力的有关知识；

5.理解客户服务的类型及主要特征；

6.理解客户服务的价值；

7.掌握客户服务技巧；

8.掌握疏导工作压力的方法。

【技能目标】

1.能明确客户服务的目标；

2.能定位与区分客户；

3.能树立提供优质客户服务的理念；

4.能进行自我压力管理。

【素养目标】

1.弘扬爱岗敬业精神，增强社会服务意识，能够充分运用客服管理专业知识开展社会实践活动、从事客服岗位工作；

2.坚持马克思主义人民观和以人为本思想，秉持"匠心服务"行动标准，积极践行责任意识和家国情怀，并关注服务创新；

3.增强忧患意识与危机意识；

4.坚持知己知彼，勇于开拓创新。

项目思维导图

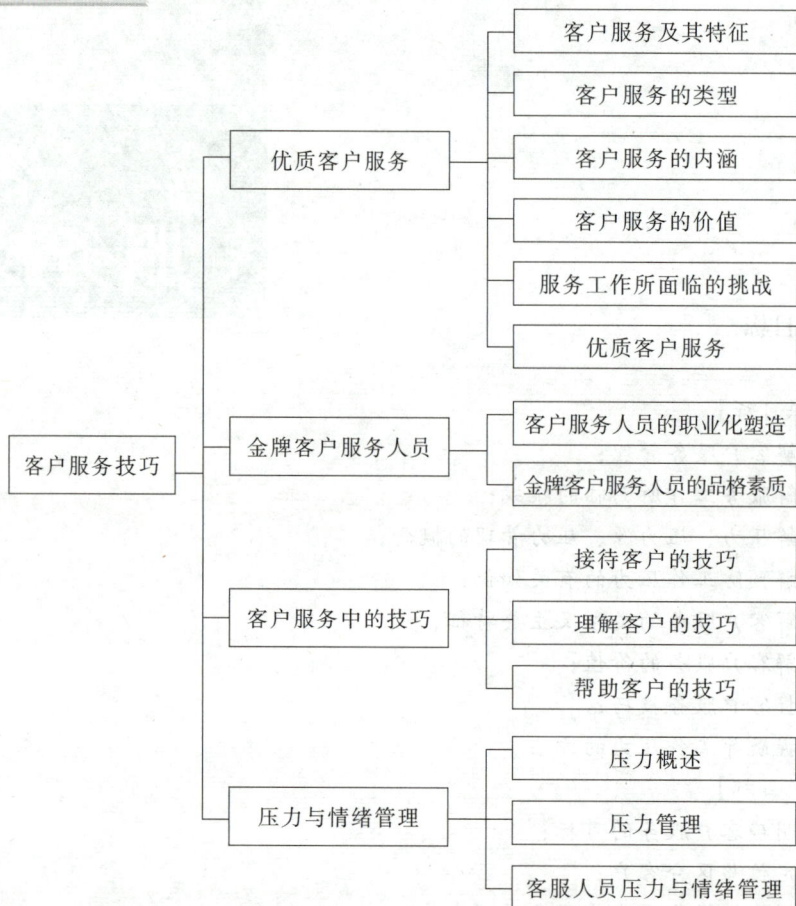

```
                                        ┌─────────────────────┐
                                        │   客户服务及其特征   │
                                        ├─────────────────────┤
                                        │   客户服务的类型     │
                                        ├─────────────────────┤
                      ┌──────────────┐  │   客户服务的内涵     │
                      │  优质客户服务 │──┤                     │
                      └──────────────┘  │   客户服务的价值     │
                                        ├─────────────────────┤
                                        │  服务工作所面临的挑战 │
                                        ├─────────────────────┤
                                        │   优质客户服务       │
                                        └─────────────────────┘
                                        ┌─────────────────────┐
                      ┌────────────────┐│ 客户服务人员的职业化塑造│
┌──────────────┐      │ 金牌客户服务人员│┤                     │
│ 客户服务技巧 │──────┤                ││ 金牌客户服务人员的品格素质│
└──────────────┘      └────────────────┘└─────────────────────┘
                                        ┌─────────────────────┐
                      ┌──────────────┐  │   接待客户的技巧     │
                      │ 客户服务中的技巧│┤   理解客户的技巧     │
                      └──────────────┘  │   帮助客户的技巧     │
                                        └─────────────────────┘
                                        ┌─────────────────────┐
                      ┌──────────────┐  │   压力概述           │
                      │ 压力与情绪管理│──┤   压力管理           │
                      └──────────────┘  │ 客服人员压力与情绪管理│
                                        └─────────────────────┘
```

案例导入

满意的服务，迎来了回头客

2023 年 5 月 8 日，某银行分行营业部大堂经理李斌接到一位老客户的电话，说她的到期存款是在某邮政储蓄所存的，有 10 万元，想取出来买该行的理财产品，由于金额较大，询问工作人员能否派车接她。原来，这位老客户是一位 77 岁的老人，早在 2022 年 10 月 8 日，老人就购买了该行 5 万元钱的理财产品。当时，老人不敢自己坐车拿着钱来银行，就打电话问银行是否可以派专车接她。当时正好该分行营业部总经理在大堂值班，接到电话后，马上开车将老人接到行里，帮她购买了理财产品。老人对那次服务感到非常满意。这次老人又想购买该行的理财产品，于是在第一时间打电话给银行询问是否可以派车接她。大堂经理得知老人是邮政储蓄存款后，马上建议道："我们银行附近 50 米内有一家邮政储蓄的网点，取款可以通存通兑，我今天先给您预约上，明天您来了以后，我陪您一起去取款。"老人欣然接受。

第二天，大堂经理陪同老人到邮政储蓄网点取出现金，来行里购买了 10 万元理财套餐。老人说，11 月她还有一笔到期的存款，到时候如果有理财产品，就让工作人员通知她。另外，老人还说，她在其他银行的存款，一旦到期也全部转到该银行。

资料来源：王鸿发，周芷梅. 银行客户服务理念与方法［M］. 北京：经济管理出版社，2023.

思考与讨论：

1. 什么是客户服务？
2. 什么是优质客户服务？

任务一　优质客户服务

在传统观念中，服务是服务行业特有的劳务过程，只有服务行业才需要重视和提供各种服务形式，制造业只要负责生产和质量，不需关心销售和服务。但在市场经济条件下，服务与有形产品越来越难以区分，它们通常结合在一起进入市场。现代管理学中的服务理念非常广泛，服务不再是服务行业所特有的，任何一个行业都可以有服务。

一、客户服务及其特征

客户服务是致力于使客户满意并继续购买公司产品或服务的一切活动的总称。客户服务的定义为：企业在适当的时间和地点，以适当的方式和价格，为目标客户提供适当的产品或服务，满足客户的适当需求，是企业和客户的价值都得到提升的活动过程。

开展客户服务工作必须考虑客户在时间和地点上的便利性，提供的服务必须以客户能接受的方式进行，收取的服务费用必须是客户能够接受的、公平的，为客户提供的产品或服务必须能满足客户实际和适当的需要，最终为客户提供优质的、令客户满意的服务，使企业和客户的价值都得到提升。因此，一个完整的客户服务过程具有如下特征：

1.利他性

为集体或他人利益实现而提供支持和帮助才是服务，为自己工作不能称为服务。

2.无形性

服务是一种行动、过程及其中所表现的精神因素，服务不是指提供给客户的产品本身，而是指客户获得这些产品的环境、条件、劳务等。

3.过程性

服务是由一系列活动所构成的过程，客户在整个消费过程中无时无刻不在体验企业的服务，因此服务讲究流程的顺畅、过程的完整和客户的整体体验。

4.不可分割性

服务与产品的生产和消费过程是不可分割的，是同时存在、同时发生的，它贯穿于产品的生产、销售和使用的全部环节之中。例如，在生产环节对产品质量的监控就是服务精神的体现，离开了产品质量的保证，服务做得再好也是枉然。服务也不可能与产品的提供相分离，在交通、运输、通信、教育、商业、金融、旅游等所有服务行业中，提供客户所需物品（包括信息）的过程就是服务。

5.互动性

服务是企业在与客户的双向互动中实现的，客户或多或少地参与了服务的生产和消费过程。如商业服务主要是客户在购买和使用企业产品的过程中发生的，饮食服务是在客户进餐消费过程中实现的。离开客户的参与，服务就无法完成。

6.时效性

客户在购买和使用企业产品和服务的同时就在享受企业的服务。当客户提出服务要求时，企业能够作出及时的响应，这样的服务效果最佳；滞后的服务，其效果则会大打折扣。

7.有价性

客户服务不同于志愿服务，不是免费的。企业需要资源的支撑来完成服务过程，如人员、货物、环境、基础设施、信息系统及其他有形资产等。客户总是在直接或间接地支付服务的费用。

拓展阅读 5-1

致力于个性化服务，汇丰银行独具一格

汇丰银行总行设在中国香港地区，是我国香港地区最大的商业银行，汇丰银行所提供的个性化服务令人印象深刻。

（1）环境设置的个性化。汇丰银行不像大多数银行，用厚厚的玻璃窗隔开营业员与客户，再通过扬声器来沟通，因为这种做法会让客户觉得别扭。汇丰银行大多是完全敞开式的。

（2）人员安排的个性化。到汇丰银行开户，除了可以看到清晰的标志牌之外，还会有人亲切地引导客户到前台登记排号，然后到等候区喝咖啡等待。洁净的地毯、柔软的沙发、优雅的环境布置，这一切真正让客户体验到了做"上帝"的感觉。

（3）客户沟通的个性化。在为个人客户提供一对一服务时，汇丰银行的服务经理会营造出轻松的沟通气氛，详细了解客户的工作和财务状况而不像查户口，让客户在未选择汇丰银行之前，先交朋友。服务经理还会分析不同客户的性格特征，更好地提供有针对性的服务，使客户的问题迎刃而解，需求也得到有效满足。而对于企业客户，汇丰银行会安排客服人员和专业化的产品团队共同为客户提供服务。客服人员从维护与客户的长远关系入手，挖掘客户深层次的需求，然后将客户需求及时传达给产品团队，精准地进行产品定位，从而为客户提供灵活的服务方案。

（4）产品设计的个性化。除了与客户进行个性化沟通之外，汇丰银行提供的也是个性化的产品。一个综合的账户可以集存款、买卖股票、信贷、人寿保险、网上理财等服务为一体，为客户量身打造一份专业的理财计划。

以人性化沟通和个性化服务的理念去经营企业是营销服务的最高境界，也是汇丰银行在服务界始终为人称道的根源所在。

资料来源：赵溪.呼叫中心运营管理基础［M］.北京：清华大学出版社，2019.

二、客户服务的类型

根据不同的标准，可以对客户服务进行不同的分类。

（一）按照服务的时间分类

售前服务，指企业在销售产品前为客户提供的一系列活动，主要包括市场调查、产品咨询、品牌文化的宣传、销售环境的布置等。

售中服务，指在产品交易过程中企业向客户提供的服务，主要包括接待客户、为客户传授专业知识、帮助客户选择产品、满足客户的合理需求等。

售后服务，指凡与所销售产品有连带关系并有益于客户使用的所有服务，主要包括送货、安装、退换、保养、维修、技术培训以及客户跟踪服务、客户管理等。

（二）按照服务的性质分类

技术性维修服务，主要指企业提供与产品的效用有关的技术支持，如企业向客户提供产品安装、维修、调试及其他技术指导等。

非技术性服务，指企业为客户提供的与产品效用无直接关系的服务活动，如产品的宣传、咨询、传输、送货等。

（三）按照服务的地点分类

定点服务，是指企业在固定地点建立服务点进行客户服务，如生产企业设立覆盖地域的产品售后服务点、企业各地的产品销售网点等。

流动服务，是指企业定期或不定期地向客户提供服务，比如上门回访客户、开展客户调研活动和产品展示活动等。

（四）按照收费情况分类

免费服务，指在服务过程中不直接向客户收取费用的服务，如产品的售前服务无法向客户收费，售中、售后的大部分服务也不会收费。需要说明的是，这些服务并非完全免费，实际上费用已计入产品成本。

收费服务，其实纯服务行业的服务都是收费服务，客户需要直接支付服务费用，如交通、运输、电信、教育、金融、旅游、餐饮服务等；涉及产品的维修、安装等售后服务，有时候也要根据情况收取一定的人工费用和材料成本费用。

（五）按照服务的基本特性分类

服务的基本特性有两个：一是程序特性，指每个企业都应具备一套特定的服务流程；二是个性特性，指客户服务人员个人独特的服务形式。这些基本特性实际上决定了客户服务的质量水平，客户服务由此可分为以下几种类型：

漠不关心型：企业无组织、无标准、服务程序混乱，客服人员表现为缺乏热情、对客户冷淡疏远。

按部就班型：企业程序特性很强、按法规办事，但客服人员对工作不感兴趣、麻木乏味、缺乏个性特征。

热情友好型：客服人员表现为友好可亲、关心得体；但提供服务的企业无序混乱，整体客户服务意识不强，客户投诉不能得到圆满解决。服务人员虽然愿意帮客户解决问题，但解决客户纠纷时需要企业各个部门的大力支持，与企业的经营理念、企业文化密切相关。

优质服务型：企业服务程序及时、有效、规范，客服人员有良好的素质，重视客户、关心客户。

三、客户服务的内涵

很多企业都有一套提供客户服务的独特方式，有些企业仅仅提供服务，这种类型的企业有银行、信用联盟、咨询公司、网络服务提供商、公用事业公司、呼叫中心、经纪业务公司、医院、运输公司等。有些企业既销售产品也提供服务，如汽车经销商。

实际上，客户服务内涵非常丰富，包含诸多内容：客户关系管理、服务文化、客户维护、客户关系生命周期、客户满意、客户忠诚、客户投诉、客户抱怨、客户流失、客户期望、服务补偿、客户服务质量管理等。

有一种观点认为，客户服务实际上是一种员工能力，它通过员工为内部客户和外部客户销售产品和提供服务时所具备的知识水平、能力高低和工作热情度等体现出来。

在企业运营过程中，需要深刻理解客户服务的内涵，建立以客户资产为中心的发展战略，涵盖组织、流程、人员管理、技能、技术的多个方面：客户服务、客户关系、客户分析、客户发展、客户体验、客户互动、客户洞察、客户关怀、客户获取、客户满意、客户忠诚等。

四、客户服务的价值

客户服务中心属于服务业，服务业有一个特质，就是不管工作人员情绪如何，其工作职责就是引导和安抚客户的情绪。即使觉得客户在无理取闹，工作人员仍旧需要调整自己的情绪，微笑着对客户说："我很理解您的感受。"

(一) 客户服务价值的4个层次

客户服务价值的4个层次为：基本需求、期望需求、渴望需求、"意料之外"的需求。

1.客户的基本需求

在各行各业，客户对服务都有基本需求。例如，在饭店就餐，客户的基本需求就是能够"吃饱"。依据马斯洛需求层次理论，只有满足客户基本需求后才能谈及满足客户更高层次的需求。

2.客户的期望需求

管理大师波特在《竞争论》一书中认为，企业要想具有战略上的竞争力，有3种途径：一是低成本，二是差异化，三是专一化。其中，差异化意味着满足客户更高层次的需求。

满足客户期望需求的方法是掌控客户的期望值。由于不同人对同一件事的期望会有不同，企业首先要确认自身服务在行业中的位置，是处于平均标准之上还是平均标准之下；其次要学会控制标准，因为服务是有成本的，任何企业都不能无限制地为客户提供服务。企业不仅要为客户服务，更要让客户感觉到服务的价值。

3.客户的渴望需求

与基本需求、期望需求相比，客户的渴望需求是更高层次的需求。例如，客户花15元买了一碗面条，能够吃饱是基本需求，吃饱后要求喝水和餐巾纸是期望需求，希望服务员关心问候则是渴望需求。渴望需求有两个标准：第一，如果企业不提供，客户也能够接受，不会非常不满意；如果企业满足了客户的此类需求，客户会感觉非常开心。

当客户产生渴望需求时，即使企业确实无法满足，也要采用正确的应对之策，即满足客户的情感需求。在服务过程中，企业必须仔细观察并满足客户的情感需求。

每个人心中都有3种情感需求，分别是尊贵感、安全感和认同感。

（1）尊贵感。每个人都有对尊贵感的需求。满足客户的尊贵感需求，需要做到两点：第一，重视；第二，让客户感知企业能提供优质的解决方案。

（2）安全感。客户在获得服务的过程中有对安全感的需求。所以，企业要尽可能为客户提供妥帖周到的服务，仔细探寻和记录并认真回应客户的需求信息，这样才能满足客户的安全感。

（3）认同感。企业要想得到客户的认同，就必须认同客户。因此，企业在与客户沟通时，应当认识到客户对认同的需要，当客户投诉或提出一些要求时，第一句话一定要说"是的"、"对"或者"好的"，表现出愿意倾听的姿态，让客户在心理上得到满足。

4.客户"意料之外"的需求

在吃饭时，"吃饱"是基本需求，"喝水"是期望需求，"问候"是渴望需求，这些都是客户能够想到的，而海底捞为客户合唱生日歌、举灯牌，则满足了顾客"意料之外"的需求。

提供"意料之外"的服务有两种方式：第一种方式是提供物质，比如降价、返券等。这种方式采用过几次后，客户就会将其变为期望需求或渴望需求，一旦得不到满足，就会很不满意。所以，满足客户"意料之外"的需求时，要采用第二种方式——用心，即标准化与人性化相结合。

由此可见，要想给客户带来感动，关键在于用心。实现标准化后，仍旧需要用心去做，否则就会引起客户的不满。

（二）提升客户体验维系客户

1.客户需求

企业提供服务需要建立在对自己的客户深度了解的基础上，明确在提供服务的各个不同的环节，客户想要什么、客户需要什么、不同的客户有哪些差异、客户对于服务有什么抱怨、客户对于服务有什么样的期待。对于这些需求，企业需要进行定期整理与归纳，这样有助于提升服务水平。

2.服务流程

企业提供更多的细节化、个性化的服务来满足不同的客户需求，让客户的感受更完美，这些都是维护客户的有效手段。

3.品牌核心

服务提供者需要明确企业品牌的核心，让品牌价值表现在各个方面，让客户在体验中爱上品牌、认可品牌，成为忠诚的客户。

4.现实感受

在享受服务的过程中客户，会有一种现实的感受，这种感受是多维的：眼见的或耳闻的、服务过程中体验到的或相互之间交流所得。这种多维的现实感受需要企业精心去研究，找准每一个环节的发力点，做得更好，做得更有特色。

5.在线信息

在客户亲自体验各种产品与服务之前，他对于企业的印象主要来自在线信息，这是服务企业需要重点发力的地方。企业通过在线信息打造良好形象，这也是吸引客户的第一步。

6.创新突破

这是一个讲究有趣创新和追求新鲜感的客户体验的时代，大胆的创新应成为企业下一个阶段努力的目标。企业往往只要在一个创新点上成功了，就能大幅提升客户体验，提高效益。

拓展阅读 5-2

服务创新实现客户满意

火锅连锁企业"海底捞"将创新精神融入普通的火锅行业，创造了奇迹。一时间，各行各业掀起了一股向海底捞"学管理""学营销""学服务"的热潮。"海底捞"俨然不再只是一个火锅店的代名词，转而成为一种现象。重庆市火锅协会会长、小天鹅集团总裁何永智也发出号召：我们要学习"海底捞"的创新措施，提升重庆火锅产业的消费附加值和重庆火锅的整体档次。

"海底捞"之所以取得如此巨大的成功，正是得益于其核心技术——以顾客至上为准绳的服务创新。

"海底捞"有一套专属创新服务。例如，客人入座后，服务人员会立即送上围裙、手机套，就餐期间还会有服务人员不时奉上热毛巾。

在"海底捞"，客人能真正体会到"上帝的感觉"，这让"海底捞"的客人蜂拥而至。"海底捞"的北京分店大部分时间能保持每晚高达5~6桌的翻台率，支撑这种翻台率的就是"海底捞"独特的等位模式，提前预订或者两三个小时的等位时间已经成为"海底捞"的特色之一。

等待原本是一个痛苦的过程，"海底捞"却用一套免费服务把这变成了一种愉悦体验。例如，有些门店设"麻将专区""掼蛋专区"，将地方性棋牌游戏融入等位区，顾客可组队竞技（严禁赌博），用游戏冲淡等待时长；有些门店推出"洗发服务"，200捞币（消费1元=1捞币）可兑换，延伸了"边等边变美"的场景。即使是提供免费服务，"海底捞"也绝不糊弄了事。例如，只要客人打个喷嚏，服务人员便会请厨房做碗姜汤送上；孕妇到"海底捞"就餐会获赠特制的泡菜；如果某位客人非常喜欢店内的某类免费食物，服务人员也会主动为其打包一份带走……这就是海底捞的"粉丝"们所享受的"花便宜的钱买到星级服务"的全过程。

可以说，"海底捞"的这种用户体验创新是一场对传统的标准化、单一化服务的颠覆性革命，而这种颠覆式服务正是一种难能可贵的创新。

资料来源：清水均. 客户服务培训法［M］. 北京：电子工业出版社，2016.

五、服务工作所面临的挑战

服务工作是一项与人打交道的工作，因为想把产品卖出去，就要去了解、挖掘客户的需求，最终促成客户的购买。随着人们消费心理的日益成熟、市场机制的日益完善、产品市场的日益丰富，市场的天平已经由卖方向买方倾斜。目前，服务工作面临着越来越多的挑战，具体来讲有：

（一）同行业竞争加剧

企业越来越重视客户服务。在过去，企业提高核心竞争力的做法包括：注重产品的售后服务问题；延长产品的保修期；增加对客户的承诺等。而在今天，随着服务标准的日益完善，企业还要为客户提供个性化的服务，尽量满足不同类型客户的不同需求，这已经成为提高企业竞争力的必然趋势。

（二）客户期望值的提升

很多企业都越来越明显地感觉到，他们一直致力于提升服务质量和产品质量，而产品价格随着竞争的加剧在不断下降，客户得到的各种实际利益也越来越多，但是，客户的满意度没有相应地提升，客户投诉的数量在悄悄地增长，客户的要求也变得越来越难以满足。也就是说，客户的期望值在一天天地不断提升，这恰恰是同行业竞争的日益加剧所造成的。

（三）不合理的客户需求

客户的一些不合理需求也是服务工作面临的挑战之一。不合理的客户需求是超出行业标准的客户要求。例如，某产品过了保修期后，客户还要求对产品进行保修；在IT行业中，客户在发出订单之前，要求做测试版本。

☑ 做中学 5-1

1.下列属于客户的不合理需求的有（　　　）。

A.在手机的保修期间由于自己的不小心而摔掉了一块漆，要求换手机

B.要求把按键式电话机的保修期从3个月延长到3年

C.在买了某品牌西服后，回家发现尺码不对，要求退换

D.在抽油烟机的保修期内，要求客户服务人员免费清洗抽油烟机

（四）客户需求波动

客户的需求可能会因为季节等因素的变化而产生波动。现在很多员工都处于高负荷的工作环境之下，有时一个人干两个人的活，因为客户的需求时常波动。

（五）服务失误导致的投诉

进行客户服务时，难免会接到客户的投诉，客户服务人员可以使用一些技巧去化解客户的各种抱怨，帮助客户解决问题。在投诉处理过程中，那些由于服务人员的原因而造成的投诉是难以解决的。例如，客户反馈收到的商品型号与订单不符，客服甲

核查后确认是仓库发错货，却声称："这是仓库的问题，您找他们处理。"

因为服务失误给客户所带来的损失是无法弥补的，这时，对客户服务人员而言好像就只剩下道歉了。但是，并不是所有的客户都会接受客户服务人员的道歉，他们可能还需要赔偿，这是非常棘手的问题。如何才能更有效地处理好因服务失误导致的投诉，是摆在客户服务人员面前的另一个巨大的挑战。

（六）服务技巧不足

通常服务人员的服务能力在于迅速了解客户的需求和解决客户的问题。有的服务人员只能倾听客户的诉求却缺乏提问的技巧，而有的客户对自己的问题和抱怨又阐述不清，导致服务人员难以弄清客户的真正需求，更别说帮助客户解决问题了。

对部分行业的服务状况有所了解后会发现一个现象：在企业中，往往新员工的服务态度是最好的，但是在处理投诉问题时就明显力不从心；而老员工的工作和态度有时虽然没有新员工积极，但是他们在处理客户投诉方面的诸多棘手问题时有着明显的优势。这是因为他们有丰富的经验，沟通技巧和解决问题的能力都强于新员工。

因此，服务能力不足，是许多企业和服务人员面临的一大挑战，我国企业和服务人员也是如此。

六、优质客户服务

服务人员每天都要接待客户，随时和竞争对手抗衡。只有那些能给客户提供优质服务的企业，才能在激烈的市场竞争中站稳脚跟。优质客户服务是指在特定的场合运用一定的手段为客户提供帮助，最大限度满足客户需求，为客户创造价值并带来愉悦体验的活动。

服务的对象是人，通过为客户解决问题来实现，但服务的目的不仅是解决问题，还需要满足人的心理感受。优质客户服务的标准如下：

（一）对客户表示热情、尊重和关注

优质服务首先是个态度问题，要求对客户热情，要尊重和关注客户。这个要求相对而言比较简单，但它是几乎所有企业都需要改进的问题。到今天为止，客户对于企业服务投诉最多的依然是服务态度问题。"顾客是上帝"，对于服务工作来说更是如此。只有客服人员充分尊重客户和客户的每一项需求，并以热情的工作态度去关注客户，客户才有可能对服务满意，企业才能在竞争中占据有利的地位。因此，优质客户服务首先要求客服人员持续地、始终如一地热情对待客户，尊重和关注客户。

（二）帮助客户解决问题

客服人员解决问题的能力是客户服务的根本。要做到优质服务，企业就必须为客户解决问题，因为客户最根本的目的就是妥善地解决问题。因此，才会有客户在投诉时这样说："你光说对不起有什么用？现在先告诉我你怎样解决我的问题。"客服人员必须牢记：在客户服务中，帮助客户解决问题永远是第一位的。

（三）迅速响应客户的需求

客户的问题一般都会得到解决，但解决问题的快慢给客户带来的感受有天壤之

别。客户在享受服务的时候，都很关心服务的效率。他们希望得到高效快捷的服务。不是明天，而是马上！因此，服务的响应速度是考评服务质量的重要指标。特别是在产品同质化的今天，你能够提供的服务，你的竞争对手同样也可以提供，而有机会超越对手的就是服务的响应速度。

（四）始终以客户为中心

客户服务人员在为客户提供服务的过程中，是否始终都以客户为中心，是否始终关注客户的心情、需求，这也是非常重要的。

始终以客户为中心不能只是一句口号或是贴在墙上的服务宗旨，而应是一种具体的实际行动和带给客户的真实感受，如为客户倒上一杯水，真诚地向客户表示歉意，主动帮助客户解决问题，在客户生日寄上一张贺卡或打电话问候，在客户等候时为客户准备书刊以消磨时间等。

（五）持续提供优质服务

做一件好事很容易，难的是做一辈子好事。对企业来说也是如此，可以为客户提供一次优质的服务，甚至一年的优质服务，难的是为客户提供长期的、始终如一的高品质服务。但如果某个企业真的做到了这一点，它就能逐渐形成自己的品牌，就能在同行业的竞争中取得相当大的优势。

（六）设身处地地为客户着想

做到始终以客户为中心的前提是设身处地地为客户着想。作为一名客户服务人员，能经常地换位思考是非常重要的。设身处地地为客户着想就是站在客户的角度去思考问题、理解客户的感受、知道客户最需要的和最不想要的是什么。只有这样，才能为客户提供优质服务。

（七）提供个性化的服务

每个人都希望获得与众不同的"优待"。如果能让客户得到与众不同的服务和格外的尊重，就会使客户服务工作顺利地开展。个性化的服务是指对客户的一些特殊的个性化要求也依然能及时满足。

如果一家企业的客户服务人员能同时做到以上七点，那么他所提供的服务就是货真价实的金牌服务。

任务二　金牌客户服务人员

一、客户服务人员的职业化塑造

客户服务人员的外表形象对其工作的开展有很大影响。一名优秀的客户服务人员外表形象应该是什么样的？他的整体形象又应该是什么样的？他应掌握哪些服务技巧？又应从哪些方面去塑造客户服务人员的职业化形象呢？

（一）标准的职业形象

客户在接受客户服务人员的服务时，通常首先通过其外表形象来判断客户服务人员的职业素养。如果客户服务人员有整洁的仪表和整齐的着装，就会给客户带来一种愉快的感受，也就能使服务工作顺利地开展下去。

（二）标准的服务用语

服务用语可以让客户感觉到客户服务人员的优秀。服务用语应是很专业的语言，而不是一些基本的礼貌用语，如"你好，欢迎光临，谢谢"等。

当客户进餐厅时，有服务员过来倒茶水，可能有这样几种情况：①一句话也不说，直接倒了一杯茶水；②服务员走过说："来，给您倒点水！"这是命令性的；③服务员走过说："来，先生，给您加一点儿水好吗？"这就变成了请求式的。客户会感觉哪种好呢？

标准、请求式的服务用语，往往能带给客户尊贵的体验，让客户觉得他就是上帝。使用请求式的服务用语，是客户服务人员职业素养中非常关键的一点。在服务时，客户服务人员应不断地暗示自己：我是一名服务者，我对面的是我的上帝。

如果服务人员在跟客户说的每一句话后面都加上一句，"你看这样可以吗，你看这样好吗"，客户就会觉得服务人员是一个很谦虚的人，觉得自己得到了尊重，他会回报给服务人员更多的尊重，这是一种相互的关系。

（三）专业的服务技巧

专业的服务技巧包括专业知识、沟通和服务的技巧、投诉处理的技巧。例如，基于经验和专业知识，预判服务过程中可能出现的问题或客户可能的困惑，提前准备解决方案或进行说明；超越客户明确提出的要求，通过观察和沟通识别其潜在或未来的需求；运用语言、语调和积极态度引导客户情绪向积极方向转化等。

（四）标准的礼仪形态

标准的礼仪形态包括客户服务人员的站姿、坐姿和其他身体语言。很多服务人员在上岗之前都要接受商务礼仪方面的培训，包括如何递交和收取客户的名片、跟客户交谈、落座等。

二、金牌客户服务人员的品格素质

客户服务人员的外在表现必须有内在的东西做支撑，这种内在的东西就是客户服务人员的品格素质。那么一名金牌客户服务人员需要具备哪些品格素质呢？

（一）注重承诺

在人与人的交往过程中，彼此信任是使交往能长期、稳固地持续下去的一个重要因素，在职场中更是如此。客户服务人员在与客户的交往的过程中，必须信守承诺、说到做到。

（二）有一颗宽容的心

在面对一些不讲理的或脾气暴躁的客户时，客户服务人员要能够理解和体谅客户，要学会换位地思考，用一颗宽容的心开展工作。

（三）谦虚诚实

客户服务人员在面对客户时，要使用服务用语来体现他的谦虚诚实。如果客户服务人员表现出自大、狡猾，那么客户就会对公司和产品失去信心，就不会再来购买产品，同时也会影响其他潜在客户，甚至对整个公司的形象产生不利的影响。

（四）有同理心

同理心是指能设身处地地站在别人的角度来思考问题，能够真正理解别人的想法。如果客户服务人员有同理心，经常站在客户的角度想问题，不仅能给客户提供优质的服务，而且会使客户觉得贴心，他就会经常来消费。

（五）积极热情

谁也不愿意和哭丧着脸或板着脸的人交往。客户也希望为他服务的人员能给他带来快乐。如果客户服务人员本身是一个积极快乐的人，就会让客户觉得接受他的服务是一种享受。

（六）服务导向

服务导向是指一种与工作没有关系的、乐于为别人提供帮助的意愿。如果一个从事服务工作的人，没有服务导向或服务导向不够强，却选择了这个职业，那就会很痛苦。因为他不愿意帮助别人，他每一次为客户提供服务都会觉得非常难受。如果他本人是一个有着很强服务导向的人，他会发现服务是一件非常幸福的事情，因为他每次都能通过帮助别人而感到快乐。

任务三　客户服务中的技巧

实际上，服务的过程就是一个服务接待的过程，这个接待过程被分为接待客户、理解客户、帮助客户，到最后留住客户。一个客户服务人员应学习很多技巧：接待客户、理解客户的需求、降低客户的期望值、为客户提供帮助；客户满意后，跟客户告别、建立客户关系，获得再次合作的机会等。

一、接待客户的技巧

客户对服务的感知，就是觉得服务好或不好，在很大程度上取决于一开始接待服务的质量。回忆自己作为客户时，不管是去商场买东西，还是去餐厅吃饭，或去维修中心，你希望在需要服务时得到什么样的接待？

（一）接待客户的准备

客户在接受某项服务时，最基本的要求就是客户服务人员能关注他的需求；在不需要接待时，客户就希望客户服务人员不要去打扰他。客户服务人员要想展示出良好的服务技巧，就必须做好充分的准备工作，具体来说有以下两个方面：

1.预测客户的三种需求

客户服务人员在接待客户之前，应先预测一下客户可能有哪些方面的需求，再分别做好准备。一般来说，客户一般有以下三种需求：

（1）信息的需求。

这实际上是客户需要帮助。例如客户去餐厅吃饭，那么他想知道该餐厅都有什么菜、哪道菜是招牌菜、哪道菜的口味最好、多长时间能够端上来、价格是多少等，这些都称为信息需求。

为了满足客户的信息需求，客户服务人员要不断地充实自己的专业知识，对产品信息了如指掌，这样才能为客户提供这种令人满意的服务，才能满足客户对信息的需求。

（2）环境的要求。

例如，在天气很热时，客户希望房间里很凉爽；如果需要等候很长时间，客户会需要一些书刊来消遣等。这些都是客户对环境的需求。

（3）情感的需求。

客户都有被赞赏、同情、尊重等情感需求，客户服务人员需要去理解客户的这些情感。例如，客户可能会跟你讲：你看我这么一大把年纪了，跑到你这儿来，来回坐车就得倒三趟，以后如果能在电话里解决就好了。或者客户说：这么大热的天，到你们这儿来，我骑车已骑了半个小时，浑身都湿透了。这时，如果服务人员能跟客户说：今天天气是很热，我给您倒一杯水吧。客户听了心里就会舒服很多。这就叫作情感需求。

满足客户的这种需求的难度很大，这就需要客户服务人员有敏锐的洞察力，能够细致耐心地观察客户的这类需求并加以满足。

2.做好准备工作

客户服务人员在认识到客户的三种需求以后，就应该根据这些需求做好相应的准备工作。如果客户服务人员能根据本行业的特点做好以下三方面的准备工作，在真正面对客户的时候，就有可能为客户提供满意的服务：

（1）职业化的第一印象。对客户来讲，他非常关注服务人员的形象。对客户服务人员来讲，其穿着打扮都体现其专业性，最好让客户一眼就能判断出职业，甚至是职业水准。如去医院看病，医生办公室门一开，通常就能看出来，这个人是教授、实习医生，还是护士。因此，客户服务人员在欢迎客户时一定要呈现出职业化的第一印象。

（2）欢迎的态度。态度决定了客户对于整个服务的感知，欢迎的态度对客户来说常重要。服务人员在一开始以怎样的态度接待客户，将决定整个服务过程的成败。所以，客户服务人员在欢迎客户时，一定要发自内心地微笑，热情问候，以欢迎的态度对待客户。

（3）关注客户的需求，就是上面说的要关注客户的信息需求、环境需求、情感需求。

（4）以客户为中心。客户服务人员应该以客户为中心，时刻围绕着客户，如果旁边有别人呼唤，必须先跟客户说"非常抱歉，请您稍等"，然后才能去说话，一结束马上就接着为客户服务。让客户觉得服务人员比较关注他，以他为中心，这一点是非常重要的。

二、理解客户的技巧

客户服务人员接待客户以后，接下来要了解客户有什么需求。具体来说，在整个理解客户阶段，客户服务人员需要具备三大技巧，那就是倾听、提问和复述。

第一，倾听。客户服务人员应微笑目视客户倾听，对对方所说的话给予恰当的及时回应，或点头、或微笑，必要时还要对客户提到的问题做记录。

第二，提问。客户服务人员应善于运用提问的技巧，准确地提出问题，迅速发现客户的需求。

第三，复述。客户服务人员在整个谈话过程结束后，对客户谈到的问题做一下复述，以确认明白了客户的需求，从而提供更优质的服务。

（一）倾听的技巧

1.倾听的定义

倾听是一种情感活动，它不仅是耳朵听到声音，还需要通过面部表情、肢体语言以及用语言来回应对方，传递给对方一种你很想听他说话的感觉。因此我们说倾听是一种情感活动，能够给予客户充分的尊重、情感的关注和积极的回应。

2.听事实和情感

倾听不但要听清楚客户在讲什么，而且要给予客户受尊重的感觉，那么倾听时都要听什么呢？对客户服务人员来说，需要听两点：

第一，听事实，即听清楚对方说什么。要做到这一点，客户服务人员必须全神贯注。

第二，听情感。与听事实相比，更重要的是听情感。客户服务人员在听事实的同时，还应该考虑客户的感受是什么，需不需要给予回应。

甲对乙说："我昨天看中一套房子，决定把它买下来。"乙说："哦，是吗？在哪儿呢？恭喜你呀。"甲看中了房子，想买下来，这是一个事实；乙问房子在哪，这是对事实的关注，"恭喜你"就是对甲的情感关注。

甲把事实告诉乙，是因为他渴望与乙分享他的喜悦和欢乐，而乙应对这种情感加以肯定。对于客户服务人员而言，就是运用倾听的技巧，通过面部表情、肢体语言，给予客户恰当的及时回应。例如，客服人员对客户说："现在你就是这方面的专家，你真的是很内行。"这就是对客户的一种情感关注。而在这种关注之前，客户服务人员在听到客户谈话时应该分辨出哪些是情感的部分、哪些是事实的部分。

3.提升倾听能力的技巧

第一，永远都不要打断客户的谈话。无意识地打断是可以接受的，有意识地打断是绝对不允许的。无意识地打断客户的谈话是可以理解的，但也应该尽量避免；有意识地打断别人的谈话，对于客户来讲是非常不礼貌的。当你有意识地打断一个人说话以后，你会发现，你就好像挑起了一场战争，你的对手会以同样的方式来回应你，最后你们的谈话可能变成吵架。因此，有意识地打断是绝对不允许的。

第二，清楚地听出对方的谈话重点。当你与对方谈话时，如果对方正确地理解了你谈话中的意思，你一定会很高兴。

能清楚地听出对方的谈话重点，也是一种能力。并不是所有客户都能清楚地表达自己的想法，特别是在心怀不满、受情绪的影响的时候，经常会有"语无伦次"的情况出现。因此，服务人员除了要排除外界的干扰和杂念、专心致志地倾听以外，还要排除对方说话方式的干扰，总结重点。

第三，适时地表达自己的意见。谈话必须有来有往，服务人员要在不打断对方谈话的原则下，适时表达自己的意见。这样做可以让对方感受到你始终都在注意地听，而且听明白了。这样还可以避免走神或疲惫。

第四，肯定对方的谈话价值。在谈话时，即使是一个小小的价值，如果能得到肯定，讲话者的内心也会很高兴，同时对肯定他的人必然产生好感。因此，服务人员在谈话中，一定要用心地去找客户的价值，并加以肯定和赞美，这是获得对方好感的一大绝招。比如客户说："我们现在确实比较忙。"服务人员可以回答："您坐在这样的领导位子上，肯定很辛苦。"

第五，配合表情和恰当的肢体语言。与人交谈时，对对方活动的关心与否直接反映在你的脸上。光用嘴说话还难以形成气势，所以可以配合恰当的表情，用嘴、手、眼等各个器官去说话。但不可过度卖弄，如过于丰富的面部表情、手舞足蹈、拍大腿、拍桌子等。

第六，避免虚假的反应。在对方没有表达完自己的意见和观点之前，不要做出"好！我知道了""我明白了""我清楚了"等反应。这样空洞的答复反而会妨碍服务人员认真倾听客户的讲话或阻止客户的进一步解释。

在客户看来，这种反应等于在说"行了，别再罗嗦了"。如果服务人员恰好在他要表达关键意思前打断了他，被惹恼的客户可能会大声抗议："你知道什么？"那就弄巧成拙了。

（二）提问的技巧

客户服务人员在倾听的过程中，应该迅速地识别客户需求。如果客户的需求不明确，客户服务人员必须帮助客户发掘需求，通常情况下是通过提问来实现。

客户服务人员提出的问题是有针对性的，帮助客户判断他的需求是什么。优秀的客户服务人员往往通过几个问题就能迅速找到客户的核心需求究竟在哪里。

1.开放式问题的使用技巧

开放式问题就是让客户比较自由地把自己的观点尽量都讲出来。这种提问的方式可以帮助客户服务人员了解情况和事实。比如病人去医院看病时，医生问他哪里不舒服，这就是一个开放式问题。开放式问题可以帮助客户服务人员了解客户的需求，了解问题出在哪里。

一般来说，在服务一开始时，客户服务人员使用的都是开放式问题。但对于开放式问题，客户的回答也是开放的，很多时候会耗费大量时间。因此，客户服务人员还需要使用封闭式问题进行提问。

2.封闭式问题的使用技巧

封闭式问题可以帮助客户进行判断，客户只需要回答是或者不是。封闭式问题需要客户服务人员本身具有很丰富的专业知识。大量使用封闭式问题有一个前提，就是所有的回答都是肯定的。如果所有的回答都是肯定的，那么客户就会觉得服务人员非常专业，有非常准确的判断能力。

3.运用提问技巧解决客户的需求

在提问技巧中，开放式和封闭式两种问题都很必要，一般情况下如何使用呢？通常是先提一个开放式问题：有什么需要我帮忙吗？然后马上转入封闭式问题。两种提问技巧交互使用，可以迅速地判断出客户的需求所在。如果客户服务人员能够成功地运用封闭式问题，快速找出客户的需求，那么说明他的经验非常丰富，具有很高的职业素养。

（三）复述的技巧

复述包括两个方面：一方面是复述事实，另一方面是复述情感。这与倾听的内容是相同的，因为复述就是把听到的内容重新叙述出来。

1.复述事实

（1）复述事实的目的。

复述事实的目的就是彻底地分清责任，客户服务人员先向客户确认自己所听到的是否正确，如果客户说对了，那以后出现问题的责任就不在客户服务人员身上了。

（2）复述事实的好处。

① 分清责任。服务人员通过复述向客户进行确认，印证所听到的内容。如果客户没有提出异议，那么如果后续出现问题，责任不在服务人员。

② 提醒作用。复述事实还可以提醒客户是否有遗忘的内容，是否有其他问题需要解决。当服务人员复述完后，可以问客户还有没有要补充的，如果客户说没有了，那就可以进入解决问题的阶段了。

③ 体现职业化素质。复述事实不仅能体现出服务人员的专业素养，更能让客户感觉到对方是在为自己服务。这种感觉是很重要的，在一定意义上满足了客户情感的需求。

2.复述情感

复述情感就是对于客户的观点给予认同，比如，您说得有道理、我理解您的心情、我知道您很着急、您说得很对等，这些都叫作复述情感。在复述的过程中，复述情感的技巧最为重要，应用时也非常复杂。服务人员在日常工作中，要不断地总结和提炼提问的技巧。

三、帮助客户的技巧

金牌客户服务的关键是有效地帮助客户解决问题，满足客户的需要。

（一）向客户提供信息和选择

1.提供信息和选择

客户服务人员应为客户提供更多的解决方案、更多的方法。客户服务人员在为客户提供服务时，应提供两套以上解决方案，让客户根据自身的实际情况去选择一套最适合自己的方案。

2.设定客户的期望

客户服务人员在提供服务之前，需要知道哪些客户期望是可以满足的，哪些客户期望是不能满足的；哪些客户期望是可以放弃的，而哪些客户期望是不可以放弃的。这样，客户服务人员在面对客户时，就能根据不同客户的不同期望进行最恰当的处理。

客户服务人员的工作内容不仅包括满足客户的期望，更重要的是拒绝客户的期望。与满足期望相比，拒绝期望更需要应用技巧。客户服务人员在拒绝客户期望时，要表现出这样一种态度：我真的很想帮助你，我也很理解你的心情，很理解你的要求，你是合理的。但是由于种种原因，我不能满足你的要求，我只能把你的愿望向上级反映，让上级来解决这个问题。作为客户服务人员，能够竭尽全力做的也许只能是这一点。

3.达成协议的技巧

在一些重大服务活动中，比如对大客户的服务或是面对一些严重的投诉，客户服务面临的实际问题已经上升到谈判的级别，双方只能通过谈判来达成谅解。这就要求客户服务人员或者服务主管、服务经理有很强的关于期望谈判的技巧。

（二）了解客户的期望

1.不合理的期望

很多不合理的客户期望都来源于个人的需要，而这些期望通常是很难被满足的。很多不合理的客户要求在现在看起来是不合理的，但是在将来也许有可能会变成合理的。

对企业来说，判断客户的期望是否合理要看行业标准，超过行业标准的期望都被称为不合理的期望。但是企业坚持行业标准的话，他的产品就没有竞争优势，如果他对客户这些不合理的期望不加重视，而竞争对手抢先满足了客户的这些不合理需求，那么对手企业势必能在竞争中以绝对的优势获胜。

2.期望的排序

有时客户明知道自己的期望是不合理的，但他也会争取一下；而有时客户根本就不知道自己的期望是不合理的，这时需要客户服务人员来告诉他哪些是合理的、哪些确实是不合理的。这时客户服务人员需要对客户的期望进行排序，因为客户的期望可能有很多，但是这些期望一定有主有次、有顺序。服务人员要分清哪些对于客户来讲是最重要的，哪些对于客户来讲是有可能放弃的，从而有针对性地处理客户的期望。

（三）应对不同类型客户的服务技巧

1.沉默型客户的服务技巧

沉默型客户也可称为"非社交"型客户，他们沉默寡言，在社交中属于倾听者，不轻易发表自己的观点，也不轻易批驳对方的观点。

对待这种客户可以采取以下方法：

（1）诱导法。对沉默型客户可以采用诱导法。服务人员对性格内向的客户可以采用不断发问的技巧，鼓励对方回答问题，只要客户开口，就可根据他的回答来准备对策。例如，"你觉得呢？""像这样的机会真的不多，您说是吧？"

（2）沉默对沉默。对待沉默型客户不妨采用沉默的方式。对方沉默，服务人员也要沉默，这样一来对方就不得不开口说话，一旦开口，你就前进了一步，使对方顺应你的提议。

（3）捕捉客户的真实意图。成功地与沉默型客户进行交易，关键看服务人员能否捕捉到客户的真实意图，掌握客户心理是成功交易的根本保证。

（4）循循善诱，让客户打开心扉。服务人员对于不爱说话的客户要循循善诱，针对客户关心的事情去询问他的意见，热心地给予同情和理解，让客户消除警戒心理。

对待沉默型客户应该注意，不要总是滔滔不绝地说服或自顾自地介绍产品，一定要充分照顾对方的感受，利用各种技巧引导对方开口。

2.健谈型客户的服务技巧

在客户服务工作中，经常会遇到很健谈的客户，对待这类客户可以采取以下方法：

（1）"不怕苦""有耐心"。接待这种客户，信息服务人员要做到"不怕苦"，表现出充分的"耐心"。

（2）适当倾听、适时赞美。对待健谈的客户要适当地赞美，迎合客户的爱好，多倾听，听得越充分、赞美越到位，与客户的关系就会越近。与这种类型的客户打交道还要适当抓住交流的主动权，要充分引导客户。配合对方的愉快心情把话题尽快转入正题，以讲趣味故事的方式吸引对方，抓住主动权。因为健谈的人一般也都希望别人和他一样侃侃而谈，幽默风趣。

（3）限制交谈时间。对待健谈型客户要限制交谈时间，尽量不要占用过多的通话时间，除非客户的要求未得到响应。实践证明，客户的很多决策行为并不会随着时间的推移而改变，其决策行为在交谈开始几分钟内就已经确定。有时候长时间交谈也不一定会有成效，这不仅打击客户服务人员的积极性，也会耽误与其他客户交流的时间。因此，对待健谈型客户要把握好交谈时间，既要让他畅所欲言，又要限制谈话时间；在服务的过程中掌握主动权，讲究策略。

任务四 压力与情绪管理

一、压力概述

（一）压力的概念

"压力"的概念来源于物理学。《现代汉语词典》对"压力"的定义为：一是指物体承受的与表面垂直的动力，二是指制服人的力量，三是指承受的负担。心理学上的压力指由于环境或自身原因引发的一种身心紧张的状态。压力是判定一个事件具有危险性、挑战性或对人自身构成危害的过程，也是人们对这个事件作出生理、情绪、认知或者行为反应的过程。适当的压力是做事的推动力，可以增强积极性；但过度的压力则需谨慎应对，可能会给身心健康带来损害，影响工作效率。

对于压力，主要观点有3种：刺激式、反应式和交互式。

1.刺激式

刺激式压力观点将压力看作环境的刺激，强调社会与外在环境变化对个人的影响。基于刺激式压力的研究主要关注的是压力事件的性质。

2.反应式

在反应式压力观点中，压力是个人对不良环境的反应。反应式压力研究的焦点是压力反应方式，而非压力的性质。

3.交互式

交互式压力观点主张压力是人与外界环境动态交流系统中的一个部分，强调人与环境的互动关系。在外界环境事件的影响下，人是居于统治地位的主角，整个互动的过程是连续而非独立的，当个人认为该事件非自己能力所及或危及自己的利益时，压力就会产生。所以，压力是"压力源"与"压力反应方式"的互动结合。

（二）压力的产生与来源

压力是心理压力源和心理中压力反应共同构成的一种认知和行为体验过程。压力（stress）是一个外来词，有"紧张、压力、强调"等意思，压力会影响人们的身心健康，早已被公认。压力的公式如下：

压力=应激

应激是个体面临或者察觉（认知、评价）到环境变化，压力源对机体有威胁或挑战时，作出的适应和应对的过程。

那么压力是怎么产生的呢？我们来看一个例子：一杯重量为500克的水，相信大家都可以拿起来。问题在于能拿多久，拿一分钟，各位一定觉得没问题；拿一个小时，可能觉得手酸；拿一天，可能得叫救护车了。

产生压力的原因有很多，如工作时间太长、遭遇挫折、家庭危机、疾病打击、贪欲过高等。如果能够凭自己的能力去完成一项任务，压力就会自然降低。例如，你知道工作一个通宵就可以处理完积压的文件，你就会积极去做。但如果你根本不知道领导会多加多少文件给你，无法有准确的预期，压力就会非常重。要做自己能力范围之外且要依赖其他人才能做的事，人们就会感到有压力。

压力的轻重由每个人的能力而定。适应能力强的人，可以应付复杂而繁重的压力。聪明的人比资质一般的人，更容易感到压力的存在。主要是聪明的人容易就一件事产生较广而更远的联想，而愚笨者往往想不到太远的事情，因而压力较轻。谚语"难得糊涂"说得就是这个道理。

缺乏信心也会导致压力的增加。如考试时，有充分准备的学生，若缺乏自信的话，压力会比没有准备的学生更重。焦虑和精神压力直接影响思维。相反，没有充足准备的学生，也有一定的压力，其中掺杂了自责的成分，压力就分散了。

被人过分期望或信任，也是造成压力的因素。在办公室中，上司的要求越高，下属的压力就越重；在人际关系里，亲人的期望、朋友的希冀，都会加重心理压力。例如单位有一个较高职位的空缺，整个办公室的人都认为你是最佳人选。在领导未宣布人选之前，你的压力不单是来源于自己，还来源于同事。因此，被人太过看好，也会产生压力。

对于能力不及的事，人们就会产生焦虑、期望、不安。长期处于这种心态之中，精神压力会愈来愈重，后果将会很严重。

以下是导致精神紧张的因素，也是造成压力的原因，如图5-1所示。

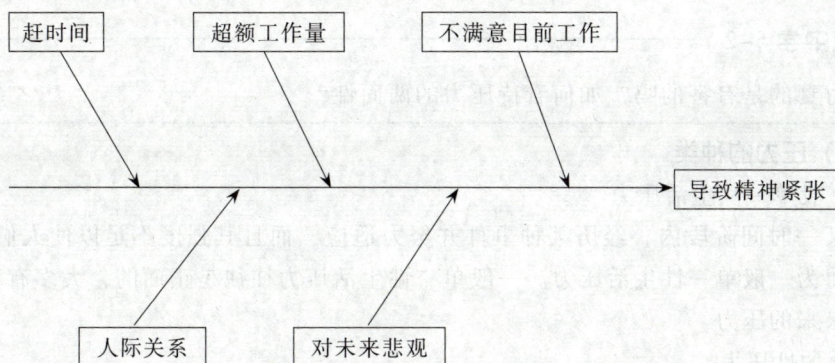

图5-1　造成压力的原因

1.赶时间

交通堵塞、闹钟失灵或超出时间可控范围以外的事，都会让人产生压力。特别是在"千金一刻"的现代社会，迟到是严重的过失。由于怕迟到而时刻看表，是都市人情绪紧张的表现。

2.人际关系

人际关系不佳将直接或间接影响工作进度，而且害怕一旦发生意外，无人帮忙。

3.超额工作量

怎样努力也做不完的工作，令人失去自信，变得沮丧。

4.对未来悲观

忽然失去伴侣或工作不稳定，使人对未来失去信心，产生忧虑情绪。

5.不满意目前工作

有许多人做着自己不喜欢的工作。规律而枯燥乏味的工作，使人感到郁闷。

压力是当你所拥有的与你所向往的东西之间有差距时，你所经历的一种感受，见表5-1。差距越大，这件事对你来说就越重要，压力的潜在可能性也越大。用公式表示为：

（向往-拥有）×（重要系数）=潜在压力

表5-1　　　　　　　　　　　　压力的潜在表现

你所向往的	你所拥有的
可靠的工作	企业合并和缩减人员
健康的体魄	令你十分痛苦的溃疡
做好工作	对你不满意的上司
良好的人际关系	与同事的紧张关系

压力实际上是一种复杂的感情、心理与精神上的反应。它能激起人体许多系统活力，全身范围内的刺激包括肾上腺素和其他激素被释放，心跳加快、血压升高、呼吸变快、肌肉变紧、酸味物质进入胃中，一些大脑功能开始工作，另一些大脑功能则停止工作。

☑ **做中学 5-2** --

压力真的是有害的吗？如何看待压力的两面性？

（三）压力的种类

1.一般单一性生活压力

在某一时间阶段内，经历某种事件并努力适应，而且其强度不足以使人们崩溃，这类压力为一般单一性生活压力。一般单一性生活压力往往是正面的，大多有利于人们应对未来的压力。

2.叠加性压力

叠加性压力分为同时叠加性压力和继时叠加性压力两种。

在同一时间内有若干可构成压力的事件发生，此时所体验的压力称为同时叠加性压力。

两个以上能构成压力的事件相继发生，前者产生的压力效应尚未消除，后继事件的压力又已发生，此时所体验的压力称为继时叠加性压力。

3.破坏性压力

破坏性压力又称极端压力，包括战争、大地震、空难以及被攻击、被绑架、被强暴等。破坏性压力可能会导致创伤后压力失调（PTSD）、创伤后压力综合征等后果。创伤后压力失调是指在强烈的压力经历过去一段时间后才出现的压力反应，是一种延缓压力反应，常见情绪沮丧、做噩梦、注意力难以集中以及人际关系疏远等。压力的种类如图5-2所示。

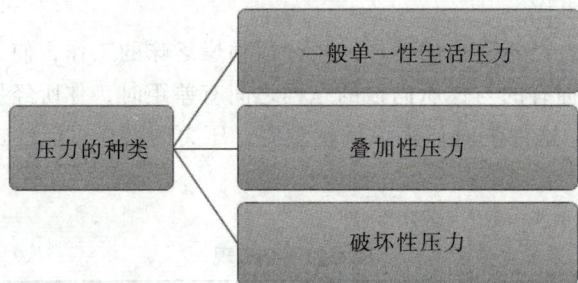

图5-2 压力的种类

（四）客服人员的压力分析

1.客服人员压力来源

随着客户数量不断增加，呼叫中心客服人员所承担的服务任务越来越繁重，越来越复杂。客户满意度指标要求越来越高，而平均每通电话处理时长却越来越短，就是说，客服人员要在尽可能短的时间里达到满意度指标或者产品推广指标。

一位客服人员曾这样说道："这份工作让我感到窒息，每天都有可能受到责备或责骂，一天中空闲时间很少，总是被客户投诉。刚结束这段通话，不知道下一个接听的是什么情景。我们很理解客户的心情，但是谁又能理解我们的心情呢！"

客服人员需要对客户使用产品或者接受服务过程中遇到的问题作出答复。大多数顾客都是在有问题或者有情绪的时候找客服，客服成了顾客首选的出气筒，很可能会受到言语甚至精神上的伤害。客服人员的压力主要是受到顾客情绪的影响，时间长了会导致其对公司的不信任。另外，为了完成工作，客服人员有时候又不得不违心地维护自己所供职的公司或者单位。

作为企业重要的服务窗口，客服人员承载了企业与客户的直接对话工作，其服务态度及水平代表了企业品牌与形象，而客服人员的心理压力又直接影响其服务态度和水平，因此了解客服人员情绪和压力状况尤为重要。呼叫中心客服人员心理压力的形成主要有客户因素、管理因素、家庭生活因素、职业发展因素、人际关系因素等。

（1）来自客户的压力。

随着客户数量的增长、客户的需求日益多样化和维权意识的提高，客服人员的压力也越来越大。客服人员每天接听各类咨询电话，聆听各种不同的声音，处理不同的客户投诉，还经常遭到客户毫无缘由的质问与指责、抱怨和不理解，有的客户甚至出言不逊，用语言攻击侮辱客服。从事客服工作，最累的不是身体而是心理，客服人员每天都在承受着很大的压力和委屈。

（2）来自管理的压力。

为实现管理目标，客服人员需要面对各项服务考核指标，包括话务量、接通率、投诉量等。全业务运营企业的各类产品、资费众多，客服人员的业务知识能力直接与客服人员的薪酬考核挂钩，客服人员还要面对各类集训及考核的通关考试，如业务测试、星级考试等。这种来自外部监管机构和上级部门的各项严格考核，也会让客服人员感受的压力与日俱增。

（3）来自生活家庭的压力。

呼叫中心员工大多年纪偏轻，甚至有很多是刚毕业就来到呼叫中心，角色转变还不彻底，容易对呼叫中心工作的认识出现偏差；有些员工家庭和个人情感遇到困惑，得不到及时排解和释放；还有家人和朋友的误解，认为这份工作"没前途"。这些都是影响呼叫中心员工心理压力和情绪的重要因素。

（4）来自职业发展的压力。

有些员工对职业发展比较担忧，不明确职业发展方向，认为上升通道有限。加上企业经营管理体制改革带来一些不确定因素，员工对自身岗位的稳定性有较多担忧，员工的思想压力及包袱很重。

（5）来自人际关系紧张的压力。

有些员工由于某种原因，与同事或领导发生了矛盾和冲突，造成一定程度上的紧张关系，从而产生了心理压力。

2.压力对客服人员的影响

在工作和生活中，压力无处不在。急剧变化的外部环境和工作本身都对客服人员提出了巨大的挑战。应付这种挑战，可以通过多层次、多渠道的学习和实践来提高客服人员的知识和技能水平；更重要的是，客服人员必须在心理上做好准备，改变自身的工作态度、提高情绪控制能力、有效缓解生活和工作中的压力。前者与思维智力有关，后者则更多地需要情绪智力的参与。

在平均年龄21～25岁的客服群体中，心理不成熟是引发其工作压力的重要原因之一；单调枯燥的工作和客户负面情绪的堆积，是引发压力的另一个重要原因。压力本身并不是一件坏事，适度的压力可以排除心中的空虚和郁闷，给人以向上的力量，有利于提高工作效率和学习效率；过度的压力则给人带来苦恼，使人产生生理、心理以及行为失调反应，甚至在日常活动中产生焦虑、沮丧、注意力不集中、自我评价过低、工作效率差、工作失误增加等现象，导致对工作的不满、对组织的不满，最终逃离组织。工作压力越大的员工其离职意愿及行为越强烈，直接影响服务水平，进而影响客户的感知，最终伤害企业的品牌形象，严重影响企业的健康发展。

二、压力管理

职业压力管理，是指企业为增进员工的身心健康和绩效而对内部员工进行心理预防和干预的一系列措施。通常，这种管理体系以企业为核心，但又更注重企业中的个体性。完整的职业压力管理方案包括压力评估、组织改变、宣传推广、教育培训、压力咨询等内容。

美国职业压力协会是一个研究压力的专业机构，专门研究压力给企业、社会带来的一系列问题，同时给企业提供指导。我国香港和台湾等地区的职业安全健康机构定期发布职业压力管理的研究报告和指导方案，推动职业压力管理的开展，而我国内地（大陆）的职业压力管理尚处于萌芽状态。一些在华跨国公司较早地开始关注职业压力与心理方面的问题，通用电气、思科、郎讯、可口可乐、三星等公司邀请培训师在企业广泛开展此类培训。目前，国内一些优秀的企业也开始实施职业压力管理。

职业压力管理的内容包括三个部分。压力源：针对造成问题的外部压力源本身去处理，即减少或消除不适当的管理和环境因素。压力反应：处理压力所造成的反应，即情绪、行为及生理等方面症状的缓解和疏导。个体特质：改变个体自身的弱点，即改变不合理的信念、行为模式和生活方式等。

（一）压力管理的作用

职业压力管理并不能彻底消除工作压力，只是起到调节作用，如缓解、抑制、分散，并使员工形成一种积极、乐观向上的心态。在这个管理体系当中，更多的是运用心理学和医学的方法对企业员工进行心理疏导，以专业的方式从不同层次和角度来缓解压力，避免压力对企业、个人带来不良的影响。

1.有利于提高工作效率

员工如果经常由于感受到压力而处于忧虑和筋疲力尽的状态，必然会影响其工作效率。而压力管理有利于减轻员工过重的心理负担，保持适当的压力状态，从而使员工提高工作效率，进而提高整个组织的绩效。

2.化解企业潜在风险

职业压力管理从表面上看和企业的效益并没有多大的直接关联性，而其实质上起到了化解企业潜在风险的作用。员工因压力、情绪而影响工作，使得企业频繁更换员工，不利于企业的成长，而且还存在成本问题。职业压力管理可以科学合理地缓解、弱化这些问题，将企业的风险降到最低。

3.有助于企业发展

职业压力管理的核心就是减轻员工的压力和心理负担对其造成的不良影响。企业在知悉员工压力并以管理的方式进行疏导时，对于员工的内心感受、压力源、见解甚至意见都会采取正确的态度来对待，这无疑对企业的良好发展起到助推作用，促进了企业管理的良性循环。最重要的是，职业压力管理在相当大程度上延长了企业的生命周期，能够充分体现以人为本的管理理念，有利于构建良好的企业文化，增强企业的凝聚力和提高员工的忠诚度。

（二）压力管理的策略

1.个体层面

（1）对压力源进行预估。在工作过程中，员工要做好个人的职业生涯规划，熟悉企业文化或内在潜规则，对可能出现的压力做好评估和预测，增强工作积极性，保持乐观的态度。这样可以有效地降低压力，以减轻外界因素可能导致的压力。

（2）改变不良的认知方式。一个人的心态与思维方式很大程度上决定了他对某一事物的态度和看法。乐观、积极、自信的人面对挑战会适当地调整自己的行为，缓解压力，迎难而上；而悲观、消极的人遇到困难会犹豫徘徊、焦躁不安；更有甚者，会终日忧郁，不能自拔。员工应客观地评价自己，在尊重事实的基础上，通过认知调节，变压力为动力，不断进取。

（3）合理安排时间。员工应合理安排自己的工作和生活，努力使自己有效地工作、有规律地生活，处理好工作与家庭的关系。在工作中常用的时间管理方式包括：在明确长期、中期和短期目标后，首先列出每天要做的事；其次根据重要程度对所要做的事进行排序；然后根据排序情况进行日程安排；最后在自己最有效率的时间段内完成最重要的工作。

（4）释放压力。释放压力的方式很多，倾诉是释放压力十分有效的方法。通过向他人倾诉，员工可以获得一定程度的帮助和支持，从而调节紧张的情绪，慢慢恢复自信。此外，员工还可以通过放松训练法、生物反馈训练法等心理训练方法消除压力。

2.组织层面

（1）普及压力管理知识。企业可为员工订阅有关压力管理的期刊、书籍，开设宣传专栏，有条件的企业还可开设相关课程或定期邀请专家做讲座、报告，使员工了解压力的严重后果、症状信号及自我调整的方法等。

（2）规范管理制度。角色模糊、角色冲突往往是由企业的规章制度不够完善、岗位职责界定不清造成的。为避免员工因工作目标不明确、职责划分不清而造成的工作压力，企业应建立、健全各项管理制度。

（3）提供员工援助计划。员工援助计划是通过专业人员对组织的诊断、建议和对员工及其直属亲人提供专业指导、培训和咨询，帮助解决员工及其家庭成员的各种心理和行为问题，提高员工在组织中的绩效，改善组织氛围和管理。员工援助计划的核心是通过对员工深层的关怀来提升员工的能力。

（4）公平的内部竞争机制。许多压力尤其是工作方面的心理压力，来源于企业内部的不公平竞争机制。这种不公平的内部竞争机制既不利于员工的身心健康，也不利于企业的可持续发展。因此，企业只有建立公平的内部竞争机制，包括薪酬激励分配机制、晋升筛选机制等，才能有助于减轻企业员工的心理压力。

（5）有效疏导压力。组织应充分认识到员工有压力、有不满是十分正常的现象，组织有责任帮助他们调节情绪。员工只有将满腹的情绪发泄出来，心理才能得以平衡，情绪才能达到平稳。因此组织管理者应该开发多种发泄渠道，如通过组织聚会、周末酒会、旅游等多种形式释放员工压力。针对特殊员工应采取特殊措施，如可以为双职工提供帮助，使夫妻成为处理工作和家务的有效合作者。

（6）建立有效沟通机制。沟通是缓解压力的有效途径。企业要建立有效的横向沟通渠道和纵向沟通渠道。横向沟通主要是员工之间的沟通，可以使员工之间加强联系，彼此了解，相互信任；纵向沟通主要是上下级之间的沟通，可以使员工更好地了解高层管理人员，也可以使高层管理人员更好地了解下属，使他们相互之间建立信任和融洽的关系。这样，高层管理人员在做工作时就更有效。同时，有效的沟通渠道可以使员工及时了解企业的状况及外部环境变化，从而及时作出调整，变被动为主动，达到减轻压力的目的。

（三）压力管理的具体措施

企业领导和人力资源管理者应该充分关心、关注、调查和分析员工体会到的压力源及其类型，从组织层面上拟订并实施各种压力减轻措施，有效管理、减轻员工压力。

1.改善组织的工作条件和环境

改善组织的工作环境和条件，可以减轻或消除工作条件差给员工带来的压力。如关注噪声、照明、装饰等环境因素，给员工创造一个赏心悦目的工作空间，有利于使员工适应工作环境，提高员工的安全感和舒适感，减轻压力；开辟专门的聊天室、24小时开放的休息室等供员工休息和闲聊；确保员工拥有做好工作的良好工具、设备，及时更新陈旧的计算机、复印机、传真机等；开办职工俱乐部，让员工在工作之余，有机会和自己的同事、领导一起娱乐，加深彼此之间的感情，减少敌对和防范情绪；管理人员应定期或不定期地与自己的下属谈话，了解其思想动态，及时为其减压。制定一些人性化的管理措施，创造开放、公正的沟通环境，营造一种相互真诚关心的企业氛围，对于企业的压力管理也是必需的。

2.建立轻松和谐的企业文化氛围

企业向员工提供压力管理的信息、知识。企业可为员工订购有关保持心理健康与卫生的期刊、杂志，让员工免费阅读。这也能体现企业对员工成长与健康的真正关心，使员工体会到关怀与尊重，从而也会成为一种有效的激励手段，激发员工提高绩效进而提高整个组织的绩效。

企业可开设宣传专栏，普及员工的心理健康知识，有条件的企业还可以开设有关压力管理的课程或定期邀请专家作讲座、报告。企业可告知员工例如压力的严重后果、代价（如疾病、工作中死亡、事故受伤、医疗花费、生产率下降而造成潜在收入损失等），压力的早期预警信号（如生理症状、情绪症状、行为症状、精神症状），压力的自我调适方法（如健康食谱、有规律地锻炼身体、学着放松和睡个好觉、发展个人兴趣爱好等）等知识，让员工筑起"心理免疫的堤坝"，增强心理"抗震"能力。

为员工提供保健或健康项目，鼓励员工养成良好的、健康的生活方式。如有的企业建立专门的保健室，为员工提供各种锻炼、放松的设备，还有一名专职的健康指导员负责监督锻炼计划和活动。美国一些著名公司还为有健身习惯的员工发放奖金，鼓励员工健身。通过健身和运动，员工不仅保持了生理健康（这是心理健康的基础），还可以释放和宣泄压力。

企业可聘请资深专业人士为心理咨询员，免费向承受压力的员工提供心理咨询，使员工达成一种共识："身体不适，找内科医生；心理不适，找心理医生。"心理咨询在为员工提供精神支持与心理辅导、帮助其提高社会适应能力、缓解心理压力、保持心理健康方面十分有效。

3.在组织制度、程序上帮助减轻员工压力

在人力资源招聘中，注意识别人力资源的特点，选拔与工作要求（个性要求、能力要求等方面）相符合的人才，力求避免员工上岗后因无法胜任工作而产生巨大心理压力的现象。

在人力资源配置中，力求人与事的最佳配置，并清楚地定义在该岗位上员工的角色、职责、任务，以减轻因角色模糊、角色冲突等引起的心理压力。

在人力资源培训中，培育员工提高处理工作的技能（如撰写公文或报告、工作陈述、新技能等），使其工作起来更得心应手，减轻压力；进行员工时间管理培训（按各项任务的紧急性、重要性区分优先次序、计划好时间），消除时间压力源；培训员工的沟通技巧等，消除人际关系压力源等。

在职业生涯规划中，帮助员工改善思维，抛弃不切实际的期望值太高的目标，而建立现实乐观的SMART式的发展目标：Specific（特定的、适合自己的），Measurble（可衡量的），Achievable（可实现的），Realistic（实际的），Time-based（基于时间的）。

在人力资源沟通中，领导者或管理者应向员工提供组织有关信息，及时反馈绩效评估的结果，并让员工参与与他们息息相关的一些决策等，使员工了解企业正在发生什么事情，他们的工作完成得如何等，从而增加其参与感，减轻由于不可控、不确定性带来的压力；各级主管应与下属积极沟通，真正关心下属的生活，全方位了解下属在生活中遇到的困难并给予尽可能的安慰、帮助，减轻各种生活压力源给员工带来的种种不利影响，并缩短与下属的心理距离。

在保障制度上，完善员工保障制度，向其提供社会保险及多种形式的商业保险，增强员工的安全感和较为稳定的就业心理，减轻其压力。

向员工提供有竞争力的薪酬，并保持企业内部晋升渠道的畅通等，有利于帮助减轻或消除社会压力源给员工带来的压力。

（四）员工自我解压的方法与技巧

1.员工自我减压的方法

员工自我减压可以从下面4个方面进行：

（1）面对压力，不逃避压力。

因为每个人都会有压力，都会"升职到自己不能胜任的位置"，所以我们必须勇

敢去面对。如果我们一遇到压力就逃避、就放弃，那么不但不利于压力的排除，同时还会养成胆小、懦弱、自卑的不良心理。

（2）正确地评估自己的优点缺点。

很多人对自己没有信心，主要是没有看到自己的优势，而总是只看到自己的缺点。当然，认识自己是个很难的过程，苏格拉底的至理名言"认识你自己"至今还镌刻在古希腊阿波罗神庙前的石碑上。

（3）树立学习的标杆，抛弃攀比的心理。

每个人都应该和自己的过去比较，看看自己的能力是否在提高，自己的思维方式是否在进步，而不是与成功的人攀比。别人的成功说明他的能力、思想、素质、机遇已经走在你的前面，与其去攀比，还不如把他作为自己的学习标杆，观察别人身上有哪些优点，去学习进而一步一步提高。这个在管理上叫"标杆"管理。

（4）自己"减压"。

学会释放自己的情绪。释放情绪的方法很多，如和知心朋友喝酒、聊天；几个人一起郊游一天，周末看个通宵电影等，都可以释放自己的情绪，舒缓压力。

2.员工自我解压的具体技巧

（1）一次只担心一件事情。

当多项任务或问题涌来时，主动暂停，深呼吸，然后快速评估，列出当前所有担忧事项，按紧急或重要程度明确优先级，再选择其中最重要或最紧迫的一项，将全部注意力和精力投入其中，暂时将其他事项"搁置"在清单上，并告诉自己稍后处理。

（2）每天集中精力几分钟。

每天集中精力几分钟，如现在的工作就是把这份报告打印好，其他的事情一概抛在脑后，不去想。在工作的间隙，你也可以花上20分钟的时间放松一下，仅仅是散步而不考虑你的工作。

（3）说出或写出来你的担忧。

记日记或与朋友一起谈一谈，至少你不会感觉孤独而且无助。美国的医学专家曾经对一些患有风湿性关节炎或气喘的人进行分组，一组人用敷衍的方式记录他们每天做的事情，另外的一组被要求每天认真地写日记，包括他们的恐惧和疼痛。结果研究人员发现，后一组的人很少因为自己的病而感到担忧和焦虑。

（4）不管你有多忙碌，一定要锻炼。

研究人员发现在经过30分钟的脚踏车的锻炼后，被测试者的压力水平下降了25%。因此员工自我解压可以去健身房，快走30分钟，或者在起床时进行一些伸展练习等。

（5）享受按摩的乐趣。

不只是传统的全身按摩，还包括足底按摩、修指甲或美容，这些都能让你的精神松弛下来。

（6）不要太严肃。

不妨和朋友一起说个笑话，大家哈哈一笑，气氛活跃了，自己也放松了。事实上，笑不仅能减轻紧张情绪，还会增强人体的免疫力。

（7）不要让否定的声音围绕自己。

老板也许会说你这不行、那不行，实际上自己也是有着许多优点的，只是老板没发现而已，所以千万不要让那些否定的声音"得逞"。

（8）让自己彻底放松。

读一篇小说，唱一首歌，品一杯茶，或者干脆什么也不干就坐在窗前发呆。这时候关键在于你内心的体味，是一种宁静和放松。

（9）至少记住今天发生的一件好事情。

不管你今天多辛苦，多不高兴，回到家里，都应该把今天的一件好事情同家人分享。

三、客服人员压力与情绪管理

（一）客服中心压力管理方法

客服人员从业人群普遍年纪轻轻，职位较低，均属于公司内基层管理人员或普通员工。这个人群的压力本身就具有与其他层级人员具有不同的特点。

大多呼叫中心对客服人员的服务水平的要求都是非常严格的，而且多数都遵循着这样一个理念——"让客户听得见你的微笑"，并以此为标准，如为每一个工作台配置一面小镜子，仿佛时刻都在提醒着客服代表——"你，微笑了吗？"但是微笑不是想有就有，对于心里有压力的客服人员来说，微笑更是难得一见。

企业如果不对客服人员的心理压力加以科学、正确引导，会直接抑制客服人员的创造性和积极性，破坏团结精神和集体观念，涣散团队合力，严重伤害客服人员和企业之间的感情，不仅影响到个人心态，而且对整个企业的管理效益都将产生较大的影响。面对客服人员不良的负面情绪和心理压力，呼叫中心的管理人员应该及时给予关注、干预和疏导，有效地防止其扩散和蔓延，以免影响团队的整体绩效。呼叫中心管理人员需要及时针对心理压力出现的种种问题加以研究，将客服人员心理压力的调适与缓解纳入企业的常规工作，积极提高客服人员心理素质和加强培养抗压、自控能力。具体方法如下：

1.加强心理素质的培养和训练，增强心理承受能力

解决心理压力的根本途径是培养客服人员良好的心理素质和增强职工的心理承受能力，而要做到这些，最直接的做法是通过加强心理知识的普及和宣传，让客服人员了解心理发生变化的规律以及心理的调适方法，在遇到心理压力时就能恰当地进行自我调适，通过情绪转移、自我宣泄、改变认识、寻求支持等方式将压力转化为动力，学会自我放松，提高承受能力。

2.建立心理疏导机制，定期进行心理疏导

心理压力的科学引导与释放，对心理健康发展是必需的。客服人员心理压力的形成，有的可以通过自身的努力来得到缓解释放，有的却由于自身认识的局限而难以解决。那么，心理引导机构的引入就能及时根据客服人员的心理状况加以适当的心理疏导，以减少心理焦虑的发生，对于企业来说，可通过建立心理咨询室、开通心理热

线、开设心理信箱、推荐知心姐姐或哥哥等方式加强客服人员的心理引导。

3.让员工积极参与管理

客服人员对工作目标、工作预期、上级对自己的评价等问题会有一种不确定感，因此，如果管理人员让客服人员参与一些重大事项的决策，可增强客服人员的参与感，帮助员工减轻角色压力，有些现代企业运用的半自治小组、持续改进小组、质量圆桌会、员工提案制度等都是很好方法，其最终目的都是授权员工，让他们参与到实际的管理工作中来，并让他们感觉到管理工作中有自己贡献的一份力量。客服人员在自己参与和有把控的环境中，心理的冲突自然会减少很多，压力感自然也会下降。

4.明确客服人员职业发展保障计划

明确客服人员职业发展保障计划，可大大消除客服人员的不安全感和压力。适时与客服人员讨论职业机会、培训、个人发展需要等问题，传递组织的关注并让客服人员明确企业发展将给自己职业发展带来的机会，以及客服人员未来可能的定位。这样的沟通不仅减轻了客服人员的心理压力，更重要的是降低了客服人员因职业发展中心理压力过大而产生的人员流失。

5.加强客服人员工作技能培训

技能培训可使客服人员有充分的能力胜任各种工作要求，如沟通技巧的培训、系统实操的训练等，帮助客服人员克服工作中的困难。另外，企业要从硬件和软件上不断改进，对客服人员的工作进行支持。通过这些措施使客服人员自身的竞争力得到增强，其自信心也将随之增加，强烈的心理压力也会得到缓解。

6.善待客服人员，认真倾听客服人员的心声，加强沟通

客服人员是公司的内部客户，也是"上帝"，同样需要关怀和爱护。充分了解客服人员的心理需要，通过一定的管理机制加以合理满足，如班务安排，作息时间灵活调整。及时处理客服人员反映的热点、难点、疑点问题，把落实企业各项工作的过程转变成经常与客服人员进行沟通的过程，用高度的热情去关心客服人员，不能忽略有利于员工的"小事"。让客服人员感受到企业的关心和爱护，减少畏惧感和心理逆反，为客服人员创造宽松的心理环境。

面对客服人员的负面情绪和心理压力，管理人员应该及时给予关注、干预和疏导，有效地防止其扩散和蔓延，以免影响团队的整体绩效。可以采取落实员工关爱计划，跟踪式、渗透式的思想教育，有目标、有重点的情绪压力管理培训和心理辅导等措施。然而更为重要的也是最为直接的途径，则是帮助和引导员工提高自身压力管理能力。

（二）客服人员自身减压方法

对一个高效运转的呼叫中心来说，压力的存在是一个十分正常的现象。除了公司要采取一系列的方法来帮助员工减轻压力外，客户服务人员自身也要善于缓解由于发怒的客户而引起的压力。

1.电话沟通时的减压方法

做到吐字清晰。客户正在气头上时，本来注意力就不在倾听上，如果客服人员说话含混不清，会加剧客户和客服人员的对立情绪。所以，对待发怒的客户，客服人员

更应当做到吐字清晰。

　　尽量让对方把话说完。无论客户的意见是否正确，客户服务人员都要把声音放缓，语速放慢，尽量引导对方把话说完。

　　适当地控制。对无休无止、说个不停、愤怒不已的客户要适当地加以控制。客服人员可以趁对方换气时说一些积极的话来接过话题，如"您对我们公司这么关注，真的让我们很感动"或"您的时间一定很宝贵，我想……"另外，还可以找机会引出一些轻松的话题，以缓解对方的愤怒情绪。

　　让客户知道客服人员的重视。在倾听客户说话时，客服人员应该主动认真，并不断有所表示，让客户感受到重视。但这种表示最好不要用"好，好，好……""对，对，对……"等词语，以免让正在气头上的客户接过去说"好什么"或"不对"。正确的表达可以是"我知道""我理解"或"我了解"。

　　不要提出让客户道歉或认错。即使是客户出言不逊，也不要提出让他道歉或认错，因为这样做无助于你控制对话过程从而解决问题，相反会引起更大的麻烦。

　　为客户解决实际问题。在不违反公司规定的前提下，客服人员要按公司的业务流程规范，为客户解决实际问题，并在此过程中向客户不断表示"我非常理解您的心情""我一定竭尽所能替您解决这个问题"。

　　电话沟通时的减压方法，如图5-3所示。

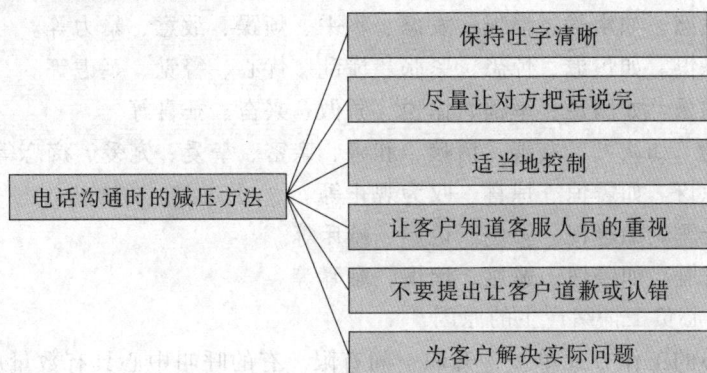

```
                                      ┌────────────────────────┐
                                      │    保持吐字清晰          │
                                      └────────────────────────┘
                                      ┌────────────────────────┐
                                      │  尽量让对方把话说完       │
                                      └────────────────────────┘
                                      ┌────────────────────────┐
                                      │    适当地控制            │
┌────────────────────┐               └────────────────────────┘
│  电话沟通时的减压方法  │──────────   ┌────────────────────────┐
└────────────────────┘               │  让客户知道客服人员的重视  │
                                      └────────────────────────┘
                                      ┌────────────────────────┐
                                      │ 不要提出让客户道歉或认错   │
                                      └────────────────────────┘
                                      ┌────────────────────────┐
                                      │   为客户解决实际问题       │
                                      └────────────────────────┘
```

图5-3　电话沟通时的减压方法

2.放下电话后的减压方法

　　首先，放下电话后，客服人员需要轻松一下，然后继续接听下一个电话。客服人员可以走到户外，看看远景或近物，伸伸腰，踢踢腿，做个深呼吸。特别是客服人员在刚上班时就碰到发怒的客户，更要离开座位活动一下，然后让自己重新开始，千万别让这个电话影响了一天的情绪。其次，客服人员要学会忘记，别在脑海中重现一些不愉快的过程。另外，不要和同事诉苦。如果客服人员有一肚子苦水，可以找主管倾诉，这样会使客服人员对这件事有一个正面的回顾，从而减轻压力。

3.下班回家后的减压方法

　　下班回家后，客服人员可以通过读书来减轻工作压力，因为一本好书常常可使人心胸开阔、气量豁达。饮食方面，要少吃辛辣食物，更能帮助保持心态平和。睡眠方面，要保证每天睡足7~8小时。运动方面，散步、慢跑、跳健身操都有助于情绪稳定。另外，客服人员还可以经常对自己大声说"我很优秀""帮助客户就是帮助我自己"，必要的自我肯定同样是减压的好方法。

视频5

长期处于压力
下身体会
怎样？

（三）客服人员情绪管理

1.情绪的定义

专家对"情绪"二字没有共同的表述，我们可以暂且采纳以下定义：情绪是"心灵、感觉或感情的激动或骚动，泛指任何激烈或兴奋的心理感受并经由身体表现出来的状态"。

从心理学上讲，情绪是指身体对行为成功的可能性乃至必然性在生理反应上的评价和体验，包括喜、怒、忧、思、悲、恐、惊7种。普通心理学认为情绪是伴随着认知和意识过程产生的对外界事物的态度，是对客观事物和主体需求之间关系的反应，是以个体的愿望和需要为中介的一种心理活动。情绪包括情绪体验、情绪行为、情绪唤醒和对刺激物的认知等复杂成分。

在每天的生活中，我们都有意无意地受到情绪的控制。它既能使人精神焕发、充满激情、思维敏捷、干劲倍增，又能使人萎靡不振、情绪低落、思路阻塞、消极懈怠。

2.情绪的分类

人类的情绪有数百种，可以分为如下几类：

第一，愤怒。如生气、愤恨、发怒、不平、烦躁、敌意、暴力等。

第二，恐惧。如焦虑、惊恐、紧张、慌乱、忧心、警觉、疑虑等。

第三，快乐。如满足、幸福、愉悦、骄傲、兴奋、狂喜等。

第四，爱。如认可、友善、信赖、和善、亲密、挚爱、宠爱、痴恋等。

第五，惊讶。如震惊、惊喜、叹为观止等。

第六，厌恶。如轻视、轻蔑、讥讽、排斥等。

第七，羞耻。如羞愧、尴尬、懊悔、耻辱等。

3.呼叫中心员工情绪产生的原因

呼叫中心的工作方式单一，升职空间有限。有的呼叫中心具有数量庞大的员工，一般按15∶1的比例来配置员工和班组长，晋升的机会很少；加之多数企业对呼叫中心的重视不够，所以呼叫中心员工在晋升空间、薪酬体系、福利待遇上比其他部门都差很多，整个团队构架非常凌乱。更有些企业认为，呼叫中心的工作是最没有技术含量的工种。种种行业误区导致了整个行业的员工职业自豪感和归属感不强，人员流失量大，很难点燃工作热情，也就很难提升客户满意度。

一个新业务推出后，会有大量用户致电咨询，客服人员要把同一个业务不断地重复推荐给用户。起初还能热情洋溢地介绍、推荐，几个小时下来，客服人员连显示器都不用看了，闭上眼睛就能畅所欲言。对于客户而言，他的每一通电话都是"新"来电；而对客服人员而言，受理的每一通电话都是"旧"业务。如果再遇上客户不能理解，重复咨询，客服人员的情绪就会明显表现在语气中，会出现如拖腔、语调上扬、分贝突然增大、称谓后缀、反问、避答、缺乏主动性等语气，表现在行为上则会注意力不集中、摔鼠标、情绪失控等，还可能出现口误。情绪具有传染性，如果没有及时调控好，这种消极、厌烦的情绪会在短时间内传染给周围的同事，导致工作现场的气氛紧张、压抑。

部分客户非正常的业务咨询导致客服人员出现负面情绪。客户咨询的有些问题与公司业务毫不相关，甚至有些客户在通话中谩骂、挑衅客服人员，或者长时间不挂电话，询问私人问题等。而呼叫中心的员工基本都是年轻人，心理年龄不成熟、阅历浅、经验少、很容易被客户纠缠得不耐烦，导致情绪失控。而这种情绪一旦传递给客户，客户感觉不被重视、不被尊重、不被理解后便会引发投诉。更可怕的是，有的客户没有任何反感的意思表示，而是在通话结束后将这种体验化为"抗体"，以后再次拨打呼叫中心的热线时，便像是重温这种感觉。大部分客户为了使自己处于强势地位，往往更主动地表现出反感，在与客服人员通话时，通过夸大曾经受到的"不公平"待遇，来满足自己的心理平衡。在与周围人描述时也会放大事实，一传十、十传百，使企业的形象受到极大的损害。

有些客服代表会把因私人问题引起的情绪带到工作中来。在纽约的某家酒店有句标语"When you come to hotel, please lock your emotion at home."意思是说当你来酒店工作时，请你把情绪锁在家里，这说明员工带着情绪上班将会影响工作效率。

公司的软硬件环境也可能引起客服人员的负面情绪。硬件环境主要是指工作现场的环境布置，如绿色植物过少、设施有故障、座席出现问题（电脑死机，耳麦不能正常通话）等。例如，在梅雨时节，如果天花板渗水，水滴在阳台上溅起水花，这种情况肯定会使客服人员分心，影响接线效果和应答能力，同时这种情绪还会传递给周围的其他客服人员，形成连锁反应。软件环境主要是指企业文化的建设，这也是影响员工情绪、造就员工品格的重要原因。良好的企业文化可以造就员工良好的品格，是衡量道德的准绳，评价是非的标准，是降低企业管理内耗的润滑剂。

4.客户服务中情绪控制的重要性

客服人员每天上班，付出最大的劳动力不是体力上的，也不是脑力上的，而是情绪上的。客服人员在和客户的沟通中，常常会遇到一些比较难以应对的客户，如客户要求很苛刻或无礼、态度粗鲁、说脏话等，能够较好地进行情绪控制的客服人员就会始终保持温和的态度，很稳重，不会和客户有摩擦或冲突；有些客服人员性子比较急，容易冲动，就会很容易和客户发生矛盾，这就难免会受到客户的投诉。即使是受到客户的投诉，情绪稳定的客服人员也会把它作为自己成长的一个契机，吸取教训和经验，不断改进；而情绪不稳定的客服人员就接受不了，从而产生抵触心理，越来越不喜欢这份工作。因此，控制情绪，保持情绪稳定，对于从事客户服务工作的人是非常重要的。

5.呼叫中心情绪管理的意义

客服人员的工作情绪分为积极、正面的情绪和消极、负面的情绪。当客服人员处于积极正向的情绪状态时，通过声音传递给客户的不仅仅是积极、主动的声音，更是对自身产品的信心和自豪感。正面的情绪带给客户的是愉悦的体验和满意的服务；而消极、负面的情绪将传递客服人员自身的疲惫、压力甚至烦躁，客户感受到的是推诿、不耐烦等不良服务，负面情绪不仅降低了客户的满意度，也同时影响现场团队的士气。因此，在对呼叫中心员工进行电话礼仪和服务技巧培训的过程中，主管经常会要求客服人员每天做到：满负荷情绪付出。满负荷情绪付出是指客服人员每天从呼出的第一个电话开始，持续到服务的最后一个电话为止，都是同样的情绪饱满度，态度都是同样的谦和，声音都是同样的甜美。

客服人员服务热情饱满的好处很多。良好的工作热情是公司对呼叫中心职责的要求，它是增强客户忠诚度的灵丹妙药。只有当客服人员情绪稳定良好的时候，服务质量才会逐步提高，工作的效率也会加倍提升，从而达到客户满意度的提升。

6.呼叫中心情绪管理的方法

（1）引导正面情绪。

优秀的管理者不要吝惜自己的表扬，只有正面地鼓励客服人员才会产生正面的效果。当一名客服人员销售或服务表现优秀时，管理者可以当时给予表扬，以充分调动员工积极性；还可以制定企业内部的鼓励方法，有效地引导正面情绪，调动客服人员参与的积极性，充分体现客服人员的主人翁地位。

（2）发挥主管的感染力。

当一个小组或团队连续多次达不到目标，或经常被组织变化所困扰时，负面情绪自然就会产生。此时主管的精神面貌可以决定整个队伍的士气。如果主管和客服人员一起怨天尤人，那么整个团队的负面情绪常会积重难返。所以主管的心理承受能力应是最强的，他要比下属更正确地看待问题，更主动地带领大家走出困境。主管要发挥感染力需要做到以下几点：

①监听电话时，发现某个员工接到影响情绪的电话，在情绪还没明显变化之前，就先行处理，走过去告诉他"没什么大不了""还好吧""需要我做什么"等，给予关心或解决问题的建议。

②平时哪怕只在走廊擦肩而过，发现员工情绪低落或有非正面的情绪时，也要及时处理，可以拍拍肩膀或拥抱，告诉他可以休息一下。

③关注员工的细微要求，实行弹性管理，如可以允许员工换班、有原因的迟到、有需要的早退等，把关心落到实处，让每位员工感受到爱和温暖，带着幸福的微笑安心工作。

④帮助团队中的每个成员看到幸福的未来，帮助团队中的每个成员持续提升工作能力，帮助团队中的每个成员不断成长和进步，这能使他们对工作充满信心，不断地调整自己的心态，积极地面对工作和生活中的挫折和障碍。作为主管，还要抽出时间定期与客服人员谈谈职业生涯规划并给出建议。

（3）招聘合适的客服人员。

呼叫中心在招聘客服人员时要进行一系列的测试观察，其中很多问题可以围绕着毅力、心理承受能力来设计。这些问题可以使面试官了解到应聘者眼中的最大成就和困难，并观察其受到突然指责后的反应等，以便挑选出能正确处理情绪的应聘者。

（4）调节"情绪周期"。

除了每天日常工作中的情绪会变化外，很多人都会有明显的"情绪周期"。特别是所谓的"down time"，即情绪低沉期，短则一天，长则可达数天。通常的做法是给客服人员多些鼓励，同时多施加些压力；变通的做法是可以让其休息一下，不接电话而换个岗位，比如做一些整理数据、质量监督的工作。如果是一个平时表现优秀的员工，甚至可以让其专门辅导表现差的或新来的员工，不要认为员工不接电话就是公司的损失，一个情绪低沉的员工接电话带来的损失比不接电话要大得多。

（5）多鼓励员工，营造和谐气氛。

管理者进行及时而且具体的鼓励和表扬可以营造积极的团队氛围，提升士气。好的团队氛围会使身在其中的每个成员都无形中感受到积极向上的力量，潜意识的心理暗示也是正面的，这样员工在工作时才会充满激情，投诉率低，客户体验良好。

在公众场合，如每周一例会中对员工进行鼓励和表扬，表扬整个小组或某个团队某位员工的良好表现。每个人都渴望被关注和被重视，这样的行为会使每个人都精神振奋，因为相信自己也能表现良好从而得到关注和重视。

（6）关注员工的表现。

关注进步的员工，哪怕他今天表现得不够好，但比昨天好，也一定要鼓励和表扬。

注意倾听客服人员的心声，尤其是其在接听电话过程中遇到挫折感到沮丧时。真正创造一个全面沟通的环境，让他们把心里话讲出来。一定要发挥主管的表率作用。一些常用的鼓励动作包括一个紧紧的拥抱，一个肯定的微笑，一张鼓励的字条，一封温馨的邮件。

（7）创造有激情的团队。

经常性的团队建设、野外活动对于员工情绪的管理也是有效的方式。

呼叫中心的管理工作是一份潜移默化的工作，需要一点一滴地积累，需要对员工进行情感投资和个性化关怀，当然这必须依赖于关键职能岗位的共同努力，树立全方位情绪关怀的管理文化的理念。作为主管应当经常问自己："我们了解我们的每一位员工吗？"具体包括以下问题：

员工为什么开心，为什么不开心？

怎样的成长背景和家庭环境造就了员工现在的性格？

怎么能使员工感到快乐？

用什么样的方式来梳理员工的情绪？

员工最近的生活是什么样的状况？发生了怎样的变化？

哪些因素会使员工不开心？

面对这些因素，如何调整心态？如何激励员工前进？

什么样的工作前景和生活前景对员工具有吸引力？

满意的员工会带给客户满意的服务，正向的激励能激发员工的工作热情。企业要建立、健全优秀员工评价体系，星级员工评价体系以及优秀员工周等激励办法，通过精神激励手段，改善员工的心理状态，加强职业认同感和对客户的亲切感，改善工作环境，营造积极进取、乐于服务、争当服务明星的良好氛围。呼叫中心的管理是一项需要高情商的工作，管理者本身的行为和情绪表现以及观察情绪、鼓励情绪、引导情绪的能力直接影响到员工情绪管理的实施效果。

7.呼叫中心员工自身情绪管理四步法

员工情绪管理四步法的内容如图5-4所示。

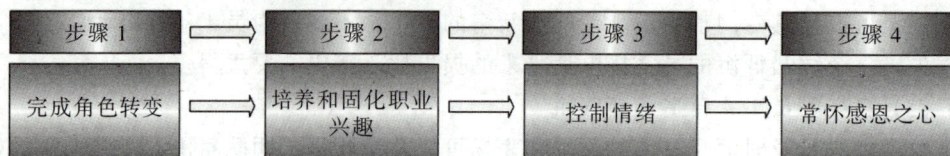

步骤 1		步骤 2		步骤 3		步骤 4
完成角色转变	⇒	培养和固化职业兴趣	⇒	控制情绪	⇒	常怀感恩之心

图5-4　员工自身情绪管理四步法

第一步：尽快完成角色转变，做一名合格的员工。

进入呼叫中心的员工，一般可分为两类，一类是刚走出校门的应届毕业生，另一类则是具有一定从业经验的重新择业人员。学生的角色转换，重点是建立行为规范、培养职业习惯。从学生到职业员工，起步的基础一定要夯实，要确定思维模式，规范行为举止，学会承受压力，勇于承担责任。重新择业人员的角色转换，重点是改变原有工作习惯，适应呼叫中心的职业要求。这种改变和适应，需要一个过程，必须从内心深处进行重新定位，将自己的言行统一到新的职业规范上来。完成角色转换，是保持良好状态、做好服务工作的前提，也是进行情绪和压力管理的基础。

第二步：培养和固化对呼叫中心的职业兴趣，相信机会存在于工作实践当中。

树立正确的职业观，塑造高尚的职业道德。要明白职业不分贵贱的道理，做到干一行爱一行，通过自己的努力，逐步养成对本职工作的浓厚兴趣。事实上，只要带着兴趣去工作，就能发挥自己的最大潜能，创造更好的工作业绩，就能在工作中不断增加知识和技能的积累，不断提高综合素质。要踏踏实实做人，兢兢业业做事。正如乔布斯在斯坦福大学演讲时所说："你不能预先把点点滴滴串在一起，唯有未来回顾时，你才明白那些点点滴滴是如何串在一起的。要相信在工作中的每一点积累，都是通向美好未来的铺路石，在看似平凡的岗位上，同样可以演绎精彩的人生。"

第三步：懂得控制情绪，适时释放压力。

面对瞬息万变的社会环境、紧张繁忙的工作状态，每个人都会或多或少地产生负面情绪，形成或轻或重的心理压力。要学会自我调控、自我减压。如果认为"我就是这样的脾气，改不了"，那就大错特错了！有了情绪和压力并不可怕，因为情绪是可以控制的，压力也是可以释放的。试着找出适合自己释放压力的方法，例如换个角度看问题，转移注意力，可以采取体育运动、欣赏音乐、阅读书籍等方式；适度宣泄、找人倾诉也是不错的办法。其实，当烦恼和压力来临时，我们可以作出多种选择：面对压力调整心态，你就有了释放压力的武器；面对压力绝不气馁，你就有了战胜压力的勇气；能把压力变成动力，你就赢得了职业的成功。相反，绕过压力选择逃避，你就会成为职业生涯的逃兵；如果把压力当成负担，从此一蹶不振，那你就会失去在锻炼中成长的机会。

第四步：常怀感恩之心，学会沉淀自己。

常怀感恩之心，是做人的基本修养之一。不仅要感谢父母，还要感谢客户、感谢公司、感谢朋友和同事，当然，也不要忘了感谢自己。懂得感恩才会更懂得理解，多一分理解，就会少一分烦恼，情绪和压力自然就会离你远去。做人还要勿忘初心，要时常回忆一下第一次接听电话时，客户的包容、耐心、鼓励、支持……因此，我们没有理由不去善待客户。拨打电话的客户都是需要帮助的，依赖就是一种信任，我们应该感恩客户对我们的依赖和信任。实现自己的职业理想，其实不一定非要轰轰烈烈，把工作价值最大化就是职业生涯的最高境界，要在繁杂的环境中学会沉淀自己。

8.客服人员积极心态的培养

积极向上的心态对提升工作效率和营造良好工作氛围起着极其重要的作用。积极心态的塑造可建立积极的价值观、获得健康的人生和释放强劲的影响力。例如，电话订货中心的第一线员工在长期进行枯燥和乏味的话务工作后，心态很容易发生变化，这就需要其不断调整心态并培养积极向上的心态。表5-2为被动消极和主动积极的心态对照表。

表5-2　　　　　　　　　　　被动消极和主动积极心态对照表

被动消极	主动积极
我已无能为力	试试看有没有其他可能性
我就是这样一个人	我可以选择不同的作风
他使我怒不可遏	我可以控制自己的情绪
他们是不会接受的	我可以采取有效的表达方式
我被迫	我能选择恰当的响应
我不能	我选择
我必须	我情愿
如果	我打算

不少客服人员心态非常不好，有"做一天和尚，撞一天钟"的想法，从没有想过进取和上进。原因不外乎以下三个方面：一是觉得工作单调乏味；二是觉得工作前途渺茫；三是觉得自己在公司前程黯淡，因为绝大多数客户服务人员都是聘用工，与公司其他岗位的正式工在各方面有很大差别。

公司的人力资源部门要为客服人员制定职业生涯规划并创造更加合理的晋升通道，客服人员自身也要主动调整心态并尽快在工作中体现价值。客服人员应该面对现实，把目前的工作环境当作培养和锻炼自身能力的平台，努力去获取更多的知识并不断加强技能训练，即使本公司的制度始终得不到改善，拥有一身过硬的本事以后也能在其他公司体现人生价值。呼叫中心是一份非常有前途的职业，它在欧美发达国家的很多领域被广泛使用，而在国内却刚刚起步。正因为刚刚起步，所以呼叫中心的管理人才非常缺乏，而呼叫中心的大多数管理人才又是从呼叫中心的客服人员中培养和锻炼出来的。所以，客服人员不要过多考虑公司怎样对待自己，而要为自己的前途和职业生涯着想。你选对了职业，现在应该是学习和完善自身的时候。

项目训练

一、单项选择题

1.（ ）是指运用语言和文字阐明自己的观点、意见或抒发感情的能力。

A.沟通能力 B.倾听能力 C.表达能力 D.社交能力

2.（ ）是能够在适当的时候运用不同的提问技巧了解客户需要或控制对话方向。

A.语音表达能力 B.意见征求能力 C.业务处理能力 D.情绪控制能力

3.（ ）是指客户对一个产品（或服务）的可感知的效果与他的期望值相比较后所形成的感觉状态。

A.客户满意度 B.客户满意 C.客户精神满意 D.客户视觉满意

4.（ ）是让客户针对某个主题明确地回答"是"或"否"，或是在提供的回答中任选其一的提问。

A.开放式提问 B.封闭式提问 C.引导式提问 D.非引导式提问

5.下列不是理性地对待客户给予的压力的是（ ）。

A.态度平和 B.保持冷静 C.虚心好学 D.言语冷淡

二、判断题

1.我们自然而然地学习倾听，训练没有必要。 （ ）

2.边听边阅读这种技巧很少有人能有效地应用。 （ ）

3.倾听是一种主动行为。倾听需要我们参与和投入其中。 （ ）

4.性格对倾听能力基本没有影响。 （ ）

5.感情常常比语言本身更重要，我们必须寻找信息下面的感情，它们常常是更真实的信息。 （ ）

三、简答题

1.简述一个完整的客户服务过程具有哪些特征。

2.简述客户服务有哪几种类型。

3.简述金牌客户服务人员需要具备哪些品格和素质。

4.简述客服人员压力来源。

5.试述企业领导和人力资源管理者从组织层面上可以采取哪些措施来减轻员工压力。

四、案例分析题

仔细阅读以下关于压力的两个小故事，并谈谈你对压力的理解与领悟。

故事一：有一位老师正在给学生们上课，大家都认真地听着。只听老师问道："各位同学，你们认为这杯水有多重？"说着，老师拿起一杯水。有人说200克，也有人说300克。"是的，它只有200克。那么请问，你们可以将这杯水端在手中多久？"老师又问。很多人都笑了，200克而已，拿多久又会怎么样！

  老师没有笑，他接着说："拿一分钟，各位一定觉得没有问题；拿一个小时，可能觉得手酸；拿一天呢？一个星期呢？那可能得叫救护车了。"大家又笑了，不过这回是赞同的笑。

  老师继续说道："其实这杯水的重量很轻，但是你拿得越久，就觉得越沉重。这如同把压力放在身上，不管压力是否很重，时间长了就会觉得越来越沉重而无法承担。所以，我们所承担的压力应该在适当的时候放下，好好休息一下，然后再重新拿起来，如此才可承担更久。"

  说完，教室里一片掌声。

  故事二："在生命中，当一只猛虎（压力）接近你的时候，我们可以选择转身逃跑，但是这样老虎很有可能咬到我们的屁股。我们可以对着老虎惊声尖叫，而那样我们的脑袋很有可能会被咬掉。我们也可以保持镇定，给老虎一个深情的拥抱！（大家知道，老虎也需要爱）当我们勇敢地去拥抱猛虎的时候，我们会发现它（压力）是一个强有力的盟友！"

项目六

客户沟通技巧

学习目标

【知识目标】

1.熟悉客户沟通的概念；

2.明晰提升沟通流畅程度；

3.掌握沟通技巧；

4.了解谈判技巧。

【技能目标】

1.能够根据不同方式提升沟通流畅程度；

2.掌握沟通的要素、目的、原则；

3.能够熟练运用谈判技巧。

【素养目标】

1.培育学生诚实守信、爱岗敬业的社会主义核心价值观；

2.关注时事，关心时事，以国家发展为己任，运用所学解决实际问题的能力；

3.培养学生自强不息、厚德载物的意识和家国情怀。

项目思维导图

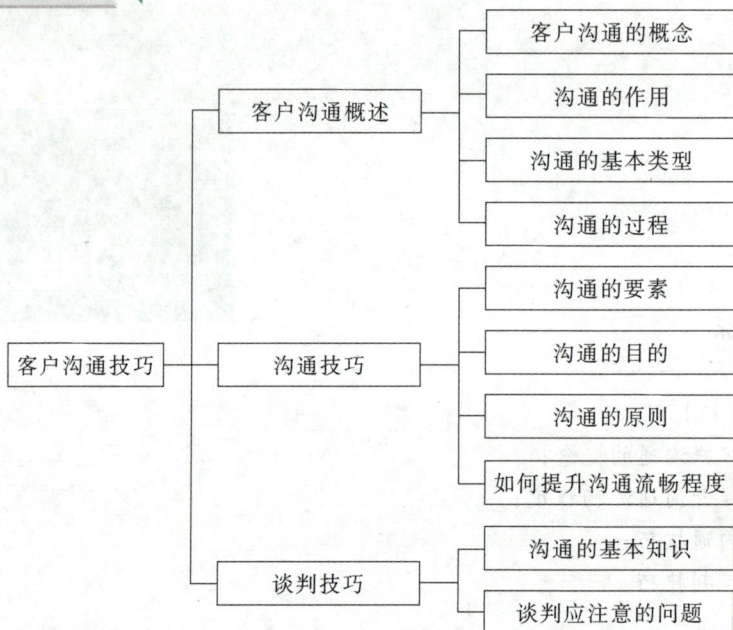

```
                                          ┌─────────────────┐
                                          │  客户沟通的概念  │
                                          ├─────────────────┤
                         ┌─────────────┐  │   沟通的作用    │
                         │ 客户沟通概述 ├──┼─────────────────┤
                         └─────────────┘  │  沟通的基本类型  │
                                          ├─────────────────┤
                                          │   沟通的过程    │
                                          └─────────────────┘
                                          ┌─────────────────┐
                                          │   沟通的要素    │
                                          ├─────────────────┤
            ┌─────────────┐  ┌─────────┐  │   沟通的目的    │
            │ 客户沟通技巧 ├──┤ 沟通技巧 ├──┼─────────────────┤
            └─────────────┘  └─────────┘  │   沟通的原则    │
                                          ├─────────────────┤
                                          │如何提升沟通流畅程度│
                                          └─────────────────┘
                                          ┌─────────────────┐
                         ┌─────────────┐  │  沟通的基本知识  │
                         │  谈判技巧   ├──┼─────────────────┤
                         └─────────────┘  │ 谈判应注意的问题 │
                                          └─────────────────┘
```

案例导入

善言和善劝

1939 年 10 月 11 日，美国经济学家、总统罗斯福的私人顾问亚历山大·萨克斯，受爱因斯坦的委托，在白宫同罗斯福进行了一次具有历史意义的会谈。萨克斯的目的是说服总统重视原子弹研究，抢在纳粹德国前面制造原子弹。他先向罗斯福面呈了爱因斯坦的长信，继而又读了科学家们关于核裂变的备忘录。但总统听不懂深奥的科学论述，反应冷淡。

总统说："这些都很有趣，但政府现在干预此事还为时过早。"萨克斯讲得口干舌燥，只好告辞。罗斯福为了表示歉意，请他第二天共进早餐。

萨克斯的劝说失败了，他犯了一个错误，科学家的长信和备忘录不适合总统的口味。鉴于事态的重大，未能说服罗斯福的萨克斯整夜在公园里徘徊，苦思冥想说服总统的良策。

第二天，萨克斯与罗斯福共进早餐。萨克斯尚未开口，总统就以守为攻说："今天不许再谈爱因斯坦的信，一句也不许说，明白了吗？"

"我想谈点历史，"萨克斯说，"英法战争期间，拿破仑在欧洲大陆上耀武扬威，不可一世，但在海上作战却屡战屡败。一位美国的发明家罗伯特·富尔顿向他建议，把法国战舰上的脆杆砍掉，撤去风帆，装上蒸汽机，把木板换成钢板。"

萨克斯很悠闲地拿起了一片面包涂抹果酱，罗斯福也知道他在吊自己的胃口，问："后来呢？"

"后来，拿破仑嘲笑了富尔顿一番：'军舰不用帆？靠你发明的蒸汽机？哈哈，简直是开玩笑！'可怜的年轻人被轰了出去。拿破仑认为船没有帆不可能航行，木板换成钢板，船就会沉。"萨克斯开始用深沉的目光注视着总统，"历史学家们在评论这段历史时认为，如果拿破仑采纳了富尔顿的建议，那么，19世纪的历史就得重写。"

罗斯福沉思了几分钟，然后取出一瓶拿破仑时代的白兰地，斟满，把酒杯递给萨克斯："你胜利了！"

资料来源：侯清恒. 疯狂谈判 [M]. 北京：中华工商联合出版社，2008.

思考与讨论：

亚历山大·萨克斯运用了什么沟通方式？

任务一　客户沟通概述

一、客户沟通的概念

什么是沟通？国内外的学者做过许多阐述。《大英百科全书》认为，沟通是"若干人或者一群人互相交换信息的行为"。《韦氏大词典》认为，沟通就是"文字、文句或消息之交流，思想或意见之交换"。拉氏韦尔（Harold Lasswell）认为，沟通就是什么人说什么，由什么线路传至什么人，达到什么结果。西蒙（H. A. Simon）认为，沟通可视为任何一种程序，借此程序组织中的成员，将其所决定的意见或前提，传送给其他有关成员。哈贝尔（Saundra Hybels）在《有效沟通》中指出，沟通是人们分享信息、思想和情感的任何过程。这种过程不仅包括口头语言和书面语言，也包括形体语言、个人的习气和方式、物质环境——即赋予信息含义的任何东西。纽斯特姆（John W. Newstrom）在《组织行为学》中把沟通定义为信息在人与人之间的传递。同时认为，沟通是一种通过传递观点、事实、思想、感受和价值观而与他人接触的途径。沟通的目标是使接收者理解信息的含义。当沟通有效时，它在两个人之间建立了一座桥梁，使他们能够共享情感和知识。通过运用这座桥梁，双方能安全地消除误解。

由上述不同的定义可见，沟通的含义是丰富而复杂的。在英文中，"沟通"（communication）这个词既可以译作沟通，也可以译作交流、交际、交往、通信、交通、传达、传播等。这些词在中文中的使用尽管会有些细微差异，但它们从本质上都包括了信息交流或交换，其基本含义是与他人分享共同的信息。同时，由于沟通过程中对象的不同，沟通可以有三种表现形式：

人—人沟通，例如领导与员工的沟通。

人—机沟通，例如将人的语言转为机器语言。

机—机沟通，例如电传打字机。

上述三种都是沟通双方发送和接受信息的过程，只是由于沟通参与者的类型不同而表现出不同的特点。所以，本项目将沟通定义为：沟通是凭借一定符号载体，把信息、思想和情感在个人或群体间传递的过程。

沟通是人与人之间、人与群体之间思想与感情的传递和反馈的过程，以求思想达成一致和感情的通畅。沟通作为人类社会行为中的基本行为，是人类社会之所以成为人类社会，并不断发展进步的动力因素之一。没有沟通，就没有真正意义上的人类社会；没有沟通，人类社会的文明进步不可能达到今天这种惊人的水平和高度。

客户沟通是指信息在个体或机构之间，以及机构内外之间的传递过程，或是客户服务人员通过将自己的思想与客户的思想互相交换，使双方相互了解并协调行动的一个过程。

据国际权威机构调查：对客户服务不满意，造成94%的客户离去；没有解决客户的问题，造成89%的客户离去；每个不满意的客户，平均会向9个亲友叙述不愉快的经验；在不满意的用户中有67%的用户要投诉；较好地解决用户投诉，可挽回75%的客户；及时、高效且表示出特别重视，尽最大努力去解决客户投诉，可挽回95%的客户。

"细节决定成败"，一句问候，一声关怀，一些看上去微不足道的情感沟通不仅能拉近与客户的距离，融洽彼此的关系，更能赢得客户的理解和支持。

做中学 6-1

沟通有哪三种表现形式？金融服务外包降低企业经营成本主要体现在哪几个方面？

二、沟通的作用

在群体和组织中必须进行各种形式的沟通，沟通可以增进相互了解，及时传达信息，沟通可以排除交流障碍，获得相互的理解和信任。同时，沟通可以把组织整合成一个整体，产生统一的行动。

在组织管理活动中，沟通的作用表现在以下几个方面：

（一）沟通可以控制群体和组织中个人的行为

例如，当工作群体中某个人工作十分勤奋使其他人相形见绌时，其他人会通过非正式沟通的方式控制这种行为。又如，当社会群体中某人违反公认的习俗时，其他成员将通过各种非正式的沟通渠道对这类行为进行谴责。而在正式的组织中，沟通同样可以实现控制功能。员工们必须遵守企业中的等级和正式的指导方针。例如，他们与直接主管交流工作中的不满，按照岗位说明书工作，遵守公司内部的规章制度等。

（二）沟通是组织内部联系的纽带和桥梁

任何一个组织都有自己的结构和构成要素。只有通过沟通组织成员之间才能交流信息。信息沟通也是组织的黏合剂，它将组织内各部门、各要素、各层次、各环节都连成一个整体，做到既分工又协作，统一协调去实施企业决策，实现组织目标。戴比·阿克利认为，在一个群体中，要使每个群体成员能够在一个共同目标下协调一致地努力工作，就绝对离不开有效的沟通。C. L. 巴纳德认为，组织是由三个要素构成的：组织目标、组织成员的协作愿望和信息，由这三个要素构成的有机体在管理中起核心作用。好的组织目标是重要的，但只有通过组织与成员之间充分的信息沟通，才能变为成员为实现目标而努力协作的愿望。

（三）沟通是组织决策的前提和基础

沟通为个体和群体提供决策所需要的信息，使决策者能够确定并评估各种备选方案，权衡各方利益，从而作出正确的选择。H. A. 西蒙于20世纪60年代提出了"管理就是决策"的精辟论述。他认为企业的所有成员都是决策者，成员的行为是受自己决策支配的。只有通过组织影响，即组织通过向成员传递、沟通与决策有关的知识、信息，影响各层、各部门成员的决策行为，才能使组织成员的决策合理并统一到实现组织目标上来。

（四）沟通可以激励员工

沟通可以通过以下途径来激励员工：明确告诉员工应该做什么，怎么做，达不到标准怎么改进。具体目标的设置、实现目标过程中的持续反馈以及对理想行为的强化过程都有激励作用，而这些过程都需要沟通。随着社会的发展，人们开始由"经济人"向"社会人""自我实现的人"转换。人们不再是一味追求薪金、福利等物质待遇，而是要求能积极参与企业的决策，满足自我实现的需要。良好的组织沟通，尤其是畅通无阻的上下沟通，可以起到振奋员工士气、提高工作效率的作用。良好的沟通使员工能够自由地和其他人，尤其是管理人员谈论自己的看法，从而激发他们工作的积极性和创造性。员工对于本企业有着深刻的理解，他们往往最先发现出现的问题和症结所在，有效的沟通机制使企业各阶层能分享他们的想法，并考虑付诸实施的可能性，这是企业创新的重要来源之一。E. 梅奥等人创立的人群关系理论认为企业的员工不是孤立的个人而是集体中的一员，其需要动机并不限于经济方面，因此管理必须重视人际关系与领导行为对员工情绪的影响，要求管理者学会上下沟通和人际的沟通，包括与非正式组织的沟通。

（五）沟通提供了释放情感的有效机制

人的社会性决定了其要参与政治、经济、文化等方面的活动，通过这些社会活动，表达个人的思想、情感和态度。对大多数人而言，社会群体和工作群体是主要的社交圈子，成员可以通过群体间的沟通来表达自己的满足感和挫折感。因此，沟通是一种宣泄情感的情绪表达机制，并满足人们的社交需要。

三、沟通的基本类型

根据不同的分类标准，把沟通划分为不同的类型。

（一）根据沟通时是否出现信息反馈可以分为双向沟通和单向沟通

双向沟通是指有反馈的信息沟通，如讨论、面谈等。在双向沟通中，信息的发送者可以检验信息的接收者是否能够正确地理解信息。而单向沟通则是指没有反馈的信息沟通，例如书面指示等。

在管理实践中，双向沟通和单向沟通各有不同的作用。一般情况下，在要求信息的接收者接收的信息准确无误或处理重大问题时，适合用双向沟通；而在强调工作速度和工作秩序，或者执行例行性公务时，适合用单向沟通。与单向沟通相比，双向沟通更有利于加强组织或群体成员之间的联系合作，激发员工参与管理的热情。

（二）根据信息载体的不同可以分为言语沟通和非言语沟通

言语沟通建立在语言文字的基础上，可以分为口头沟通和书面沟通两种形式。非语言沟通是指通过某些媒介（如身体语言、姿势、面部表情等）而不是通过讲话或文字来传递信息。言语沟通和非言语沟通是人际沟通的主要形式。

（三）根据沟通途径的不同可以分为正式沟通和非正式沟通

正式沟通是指组织中依据规章制度规定的原则进行的沟通。例如组织间的公函来往、组织内部的文件传达、召开会议等等。按照信息流向的不同，正式沟通又可以细分为向下沟通、向上沟通、横向沟通等几种形式。与正式沟通不同，非正式沟通是指在组织或群体内部通过非正式渠道传递信息，它的沟通对象、时间及内容等各方面都是未经计划和难以辨别的。这两种沟通形态的划分，对于研究组织或群体沟通具有重要意义。

（四）按照沟通主体的不同可以分为人际沟通、群际沟通、组织沟通

人际沟通是指人和人之间的信息与情感传递的过程，它是群体沟通和组织沟通的基础。群体是组织的基本组成部分，群体之间的信息传递与交流形成了群际沟通。组织沟通是指涉及组织特质的各种类型的沟通，它以组织内的人际沟通和群体沟通为基础，一般包括组织内部沟通和组织外部沟通。组织外部沟通可以细分为组织与顾客、股东、上下游企业、社区、新闻媒体等之间的沟通；组织内部沟通包括组织中的人际沟通、群体沟通、组织成员或群体与组织间的沟通、组织成员与群体间的沟通等。

四、沟通的过程

沟通的过程是指两个或两个以上的传递和交流信息或建立理解的社会过程。沟通发生之前必须存在一个意图，我们称之为"要被传递的信息"。它通过一定的过程传送给接收者，接收者把接收到的信息再传送转译给他人。图6-1描述了沟通的过程。

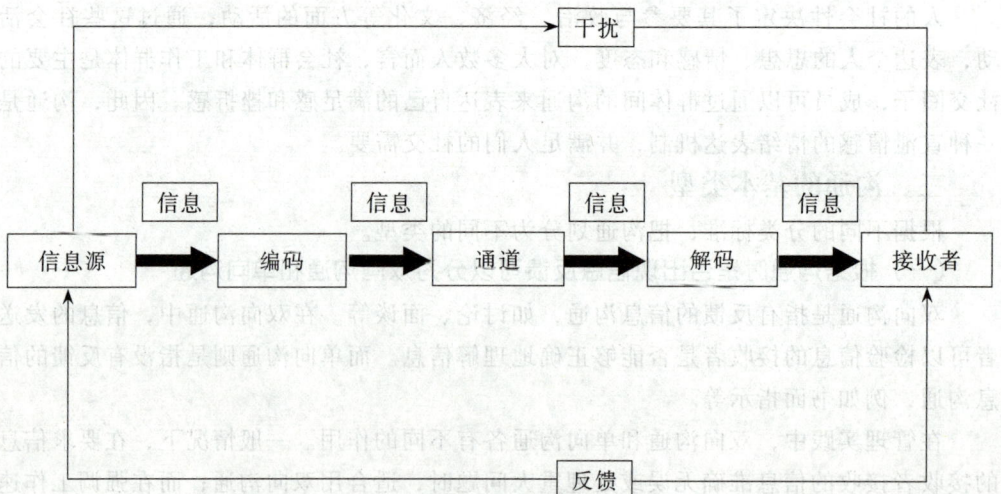

图6-1 沟通的过程

如图6-1所示，沟通的过程主要包含以下八种要素：①信息；②信息源（发送者）；③编码；④通道；⑤解码；⑥接收者；⑦干扰（噪声）；⑧反馈。

沟通过程是人、信息、环境的集合。上述信息沟通过程模型包括发送者与接收者、通道与干扰、反馈等要素，以及两个黑箱操作过程（一个是发送者对信息的编码过程，另一个则是信息接收者对信息的解码过程）。这两个子过程之所以被视为黑箱

过程，是因为我们无法监测而且难以控制，这是人脑的思维和理解过程。前者是反映事实、事件的数据和信息如何经过发送者的大脑处理、理解并加工成双方共知的语言的过程，而后者是接收方如何就接收到表述数据和信息的语言，经过搜索大脑中已有的知识，并与之相匹配，从而将其理解，还原成事实、事件等的过程。

由此可见，貌似简单的沟通过程事实上存在很多环节，这些环节都有出现问题的可能性，从而影响沟通目的的实现。两个人或更多人之间准确的信息交流只有在双方共享或分享经验、感知、思想、事实或感情时才会发生。存在于个人内部和外部的某些因素往往会使人产生不准确的感知，并导致不理想的信息交流。但是，这并不一定需要双方个人之间的观点、意见完全一致，只要这些对立的观点是按照原义被传递、接收和理解了，就完成了个人之间的信息交流。

任务二　沟通技巧

案例导入

电话销售员的成功沟通技巧

在某电商公司担任销售员的小李总是能够成功地与客户建立起良好的关系，并完成销售任务。一次，他接到了一个来自潜在客户的电话咨询，对方表达自己对产品的兴趣，但对价格表示疑虑，并希望能够获得优惠。接下来，小李通过以下几个沟通技巧成功地与客户建立起有效的沟通和合作，并顺利完成了销售任务：

首先，小李能够倾听客户的需求并积极回应。在电话中，小李用心地聆听客户的疑问和要求，不急于打断或贬低客户的观点。在客户说完后，小李进行了一个简单的总结，以确保他正确理解了客户的需求。这样一来，小李向客户传达了他重视客户的信息，增强了客户对他的信任感。

其次，小李能够以积极的态度来回应客户的负面情绪和异议。在电话中，客户表达了对产品价格的疑虑，并希望能够获得更多的优惠。小李没有轻率地回答或推托，而是以积极、平和的语气回应客户。他解释了产品的市场定价原则，并耐心地回答了客户的问题。此外，小李还主动提供了一些与产品相关的附加价值，如服务和售后支持，进一步提高了客户对产品的认可度。

最后，小李能够将重心放在与客户的共同利益上。在谈判价格的过程中，小李没有仅仅关注于自己的销售任务，而是将客户的利益放在首位。他提供了一些灵活的解决方案，例如分期付款、附加赠品等，以满足客户的需求，并与客户达成了一个双方都满意的协议。通过关注客户的利益，小李成功地建立了与客户的合作关系，同时也实现了自己的销售目标。

通过以上案例，我们可以看出，沟通技巧对于销售员在与客户的交流和合作过程中起着重要的作用。首先，倾听并积极回应客户的需求，能够增强客户对销售员的信任感。其次，以积极的态度回应客户的负面情绪和异议，能够化解潜在的冲突，促进双方的合作。最后，关注共同利益，能够建立起双赢的合作关系，从而实现销售目标。

在现实生活中，良好的沟通技巧不仅对于销售员是必需的，对于我们每个人都是至关重要的。通过倾听、积极回应和关注他人的需求，我们能够在与他人的交流中建立起良好的关系，并达成更好的合作。因此，我们应该不断提升自己的沟通技巧，以更好地与他人沟通和合作，获得更多的成功和满意。

资料来源：佚名. 有关沟通技巧的案例［EB/OL］.［2023-10-09］. https://wenku.baidu.com/view/10a42e20383567ec102de2bd960590c69fc3d83a.html.

思考与讨论：

小李为什么能成功地与客户沟通？

一、沟通的要素

沟通的要素，有助于保证沟通的准确性，促进相互理解。主要有以下这些：

（一）信息

信息源把人们头脑中的想法进行编码从而生成信息（information），信息实际上是一个从编码器中输出的物理产品。当我们说话的时候，说出的话是信息；当我们写作的时候，写出的内容是信息；做手势的时候，胳膊的动作、面部的表情是信息。信息受到3个因素的影响：用于传递意义的编码或信号群、信息本身的内容以及我们对编码和内容的选择与安排。

（二）信息源

信息源主要是指信息的发送者（sender）。发送者的功能是产生、提供用于交流的信息，他是沟通的初始者，具有主动地位。发送者对沟通的效果具有很大影响，他要受到4个条件的制约影响。首先，发送者的技能会对沟通产生影响。一个人的沟通技能通常包括听、说、读、写以及说服别人的技能。例如，教科书的编者如果缺乏必要的技能，他写出的书就无法被学生理解。其次，态度也会对沟通产生影响。我们每个人对许多问题都抱有倾向性，使我们在沟通时受到这些态度的影响。再次，沟通活动受到知识水平的制约。我们不能与人沟通他人不知道的东西。如果我们的知识太广博，我们与之沟通的信息接收者不能理解我们的可能性就会增加。很明显，一个人对他所涉及的领域的知识拥有程度会影响着他选择信息的形式和内容。最后，就像态度会影响行为一样，我们所处的文化环境也会影响我们的行为，不同文化中的人们对符号的含义理解也会存在差异。

（三）编码

编码（encoding）是发送者把自己的思想、观点、情感等信息根据一定的语言、语义规则翻译成可以传送的信号。编码是信息交流和人际沟通中非常重要的一个环节，如果该环节出现问题的话，那么整个信息交流过程则会变得混乱不堪。发送者的语言水平、表达能力和知识结构对其编码能力有着重要影响。

（四）通道

通道（channel）是指传送信息的媒介物，它由信息源选择。信息源必须确定何种通道是正式的，何种通道是非正式的。正式通道是由组织建立的，它主要传递那些与工作相关的活动信息，并遵循着组织中的权力网络；而对于个人或社会的信息，在组织中一般通过非正式通道传递。

视频6

金融服务外包
沟通技巧

不同的信息内容要求选择不同的传递通道。政府工作报告就不宜通过口头形式而应采用正式文件作为通道；邀请朋友聚会如果采用备忘录的形式就显得不伦不类。有时人们可以使用两种或两种以上的传递通道。如双方可以先口头达成一个协议，然后再以书面认可。再如对于某些重要的信息如中层管理人员的绩效评估与奖励，管理者往往采取多种通道包括书面报告、小组评议和直接沟通等形式，以免信息传递过程中的噪声干扰和信息"失真"。由于各种通道都各有利弊，因此，正确选择合适的通道对有效的沟通是十分重要的。

（五）接收者

接收者（receiver）是信息所要传送的客体。他在沟通中处于被动的位置。与信息的传送者一样，接收者同样受到自己的技能、态度、知识和文化系统的限制。一个人的知识、态度和文化背景不仅影响着他传送信息的能力，也影响着他接收信息的能力。

（六）解码

解码（decoding）就是把所接收的信号翻译、还原为原来的含义。理想的沟通应该是发送者的信息经过编码与解码两个过程后，接受者形成的信息与发送者发送的信息完全吻合，也就是说，编码与解码完全"对称"。"对称"的前提条件是沟通双方拥有类似的知识、经验、态度、情绪等，如果双方对信息符号及信息内容缺乏共同经验，则容易缺乏共同的语言，从而使编码、解码过程不可避免地出现误差。在管理实践中，发送者的思想、观点、情感与接受者的思想、观点、情感完全一致的理想状态是很难做到的，一般而言，对信息的解码越接近发送者的原意，沟通就越有效。

（七）反馈

沟通过程的最后一环是反馈（feedback）。如果沟通信息源对他所编码的信息进行解码，信息最后又返回到信息源，这就意味着反馈。反馈对信息的传送是否成功以及传送的信息是否符合原来意图进行核实，它可以确定信息是否被正确理解了。在得到反馈之前，我们无法确认信息是否已经得到有效的编码、传递和解码。如果反馈显示接受者接受并理解了信息的内容，这种反馈称之为正反馈，反之则称之为负反馈。通过反馈，个人之间的交流变成一种双向或多向的动态过程。

对管理者来说，沟通的反馈可能具有多种形式。在面对面的情境中，言语的交流可能带来直接的反馈，而不赞成或迷惑的表情则可能产生间接的反馈。一般而言，发送者与接受者在面对面的情境中有大量的反馈机会，这使我们有机会知道他人是否理解并领会信息所传达的意思。例如，辅导学生的教师能很容易地通过学生的面部表情发现他是否疑惑不解，也能通过他坐立不安的行为觉察到他开始厌烦。然而，在一个报告厅里的演说者很难从所有听众那里察觉这种反馈，可能他面前的听讲者注意力集中，但是后排的人可能却在悄悄打瞌睡。总之，参与交流的人越少，接收反馈的机会就越大。

（八）干扰

干扰（noises）是指妨碍沟通的因素，它存在于沟通过程的各个环节，并有可能造成信息的失真。信息沟通过程中的干扰因素，主要有以下方面：

（1）作业环境的噪声或妨碍思路形成的不良的环境条件。例如，车间主任在一线给工人现场布置任务，轰鸣的机器声可能会影响工人对信息的接收。

（2）编码和解码时采用的信息符号系统的差异。例如，因发送者和接收者使用不同的用语、标志和符号而造成的译码误差。

（3）传递通道中因联络状况不善受到的干扰。

（4）双方个性特点如气质、性格、能力等会影响沟通的顺利进行。

（5）地位级别所造成的心理落差和沟通距离。

（6）动机和各种成见可能妨碍对信息内容的理解。

此外，社会、文化和经济的因素，以及组织的结构形式、管理模式等都会影响信息的沟通。

二、沟通的目的

人际沟通的目的是与客户之间达成共识，如图6-2所示。

图 6-2　沟通的目的

三、沟通的原则

（一）准确性原则

当信息沟通所用的语言和传递方式能被接收者所理解时，才是准确的信息，这个沟通才有价值。沟通的目的是使发送者的信息能够被接收者理解，这看起来很简单，但在实际工作中经常会出现接收者对信息缺乏足够理解的情况。信息发送者的责任是将信息准确表达出来，这就要求发送者有较高的语言或文字表达能力，并熟悉沟通对象所用的语言。这样才能克服沟通过程中的各种障碍，避免表达不当、解释错误、传递错误等情况。

（二）完整性原则

主管人员在组织内部位于信息交流的中心，他们对组织内部的信息沟通承担更大的责任。组织中的主管人员为了达到组织目标，要实现和维持良好的合作，他们之间就要进行沟通，以促进相互了解。在管理实践中，信息沟通的完整性在很大程度上取决于主管人员对下级工作的支持力度。但是在实际工作中有些上级主管忽视了这一点，往往越过下级主管人员直接向基层工作人员发指示、下命令，使下级主管人员处于尴尬境地，这样做违背了信息沟通的完整性，影响了沟通的效果。

（三）及时性原则

在沟通过程中，不论是主管人员向下级传递信息，还是下级主管人员或员工向上沟通信息及横向沟通信息，除注意到准确性、完整性原则外，还应该注意及时性原则。这样可以使组织新近制定的政策、组织目标、人员配备等情况尽快得到下级主管人员或员工的理解和支持，同时可以使主管人员及时掌握其下属的思想、情感和态度，从而提高管理水平。在实际工作中，信息沟通常因发送不及时或接收者的理解、重视程度不够，而出现事后信息，或从其他渠道了解信息，使沟通渠道起不到正常的作用。当然，信息的发送者出于某种意图（例如物价上涨时调整员工的心理承受能力），而对信息交流进行控制也是可行的，但在达到控制目的后应及时进行信息的传递。

（四）非正式组织策略运用原则

非正式组织策略运用原则是指，当主管人员使用非正式的组织来补充正式组织的信息沟通时，能产生最佳的沟通效果。非正式组织传递信息的最初原因是有一些信息不适合于由正式组织来传递。，所以在正式组织之外，有非正式组织传达并接收信息，以辅助正式组织做好协调工作，共同为达到组织目标而努力。一般来说，非正式渠道的信息对完成组织目标有不利的一面。但是，小道消息盛行，也反映了正式渠道的不畅通。因而加强和疏通正式渠道，在不违背组织原则的前提下，尽可能通过各种渠道把信息传递给员工，是防止那些不利于或有碍于组织目标实现的小道消息传播的有效措施。

（五）谈论行为不谈论个性

谈论行为就是讨论一个人所做的某一件事情或这件事所做的行为过程。在工作中，有些职业人士严格遵循了这个原则，就事论事地沟通，可能显得有一丝冷淡。其实这恰恰是一个专业沟通的表现。如果在沟通中不能保持中立和客观，就事论事谈问题，就很容易陷入负面情绪，或者引起争论甚至争吵。不因为某个行为而评判人的个性，陷入争辩"谁对谁错"的黑洞，引发个人攻击的不满情绪。

（六）要明确沟通

在沟通的过程中，信息一定要非常明确，让对方有准确的唯一的理解。在沟通过程中有人会说一些模棱两可的话，就像经理会拍着你的肩膀说："某某，你今年的成绩非常好，工作非常努力"。听起来好像是在表扬你，但是接下去他又说一句："明年希望你要更加地努力。"这句话好像又在鞭策你，说你不够努力。这就使人不太明白：他到底是什么意思？所以，沟通中一定要明确，努力了就是努力了，缺乏努力就是缺乏努力，明确沟通。

（七）积极聆听

确定信息内容：什么事情（what）？什么原因（why）？什么时间（when）？什么地点（where）？什么人（who）？什么方式（how）？

☑ 做中学 6-2

沟通的原则有哪些？

拓展阅读 6-1

良好沟通实践

良好沟通是项目管理中取得成功的关键因素之一。在实际项目中，有许多成功的案例展示了良好沟通实践对项目的积极影响。

1. 亚马逊：推动项目合作和协调

亚马逊作为全球知名电子商务巨头，其项目涉及多个部门和团队之间的合作和协调。亚马逊在项目中实践了开放透明的沟通文化，鼓励团队成员积极交流和分享信息。通过定期的团队会议、即时通信工具和内部社交平台，亚马逊确保项目团队之间及时传递信息、共享进展和解决问题。这种良好的沟通实践促进了团队之间的合作，提高了项目执行效率。

2. 谷歌：鼓励开放和创新的沟通文化

谷歌是全球领先的科技公司，其项目涵盖了各种创新性的科技产品和服务。谷歌推崇开放和创新的沟通文化，鼓励团队成员自由交流和分享想法。谷歌的团队会议和头脑风暴活动经常采用开放的讨论模式，鼓励所有团队成员分享自己的观点和创意。这种开放和创新的沟通文化激发了团队的创造力，推动了项目的不断发展和改进。

3. 特斯拉：高效协作的团队沟通

特斯拉是一家知名的电动汽车制造商，其项目需要多个部门和团队之间高效协作。特斯拉采用了高效的团队沟通方式，以确保项目进展顺利。特斯拉的团队成员经常使用即时通信工具和在线协作平台，以便随时交流信息和解决问题。此外，特斯拉还定期召开团队会议，以协调不同团队之间的合作。这种高效的团队沟通实践帮助特斯拉在项目中取得了显著的成果。

良好沟通实践是项目管理中取得成功的关键因素之一。亚马逊、谷歌和特斯拉等公司的典型案例展示了良好沟通实践在项目中的重要作用。通过开放透明的沟通文化、鼓励创新和分享、高效的团队沟通方式，这些公司实现了团队之间的协作和合作，推动了项目的进展和发展。这些成功案例为其他项目提供了宝贵的借鉴和启示，也强调了在项目管理中重视良好沟通实践的重要性。

资料来源：佚名. 良好沟通实践的典型案例［EB/OL］.［2023-08-01］. https：//baijiahao.baidu.com/s？id=1773079972665676284&wfr=spider&for=pc.

四、如何提升沟通流畅程度

（一）提升彼此之间的认同感

造成沟通不畅的最基本原因是沟通双方之间的彼此抵触，因此要提升沟通的流畅程度，首先就是要提升沟通双方之间的认同感。认同障碍是指传递者和接收者之间因为某种原因造成的信息不对称、信息失真而导致沟通失败的情况，主要表现为你不喜欢他，不认同他，看到的都是他的缺点，你很难用平常心去与他沟通。造成认同障碍的原因包括：嫉妒、自满、骄傲、自卑、恐惧、猜疑、看不惯等。

（二）提升语言表达的准确程度

沟通双方主要通过语言来表达各自的想法和意愿，因此提升语言表达能力，才能有效降低彼此之间的理解障碍。理解障碍是你觉得你清楚表达了你的意思，但是对方并不理解。

例如：（下划线为发重音的地方，请体会不同重音下，语言含义）

我没说是他吃了我的午餐。

<u>我</u>没说是他吃了我的午餐。

我<u>没</u>说是他吃了我的午餐。

我没说是<u>他</u>吃了我的午餐。

我没说是他<u>吃了</u>我的午餐。

我没说是他吃了<u>我</u>的午餐。

我没说是他吃了我的<u>午餐</u>。

（三）降低信息传递中的信息失真

语言信息在沟通者之间传递是有一定信息量的损失的，正常的信息传递的损失程度如图6-3所示。我们在进行信息传递和沟通的时候，要想降低信息的损失量，最好要多进行反馈和沟通。

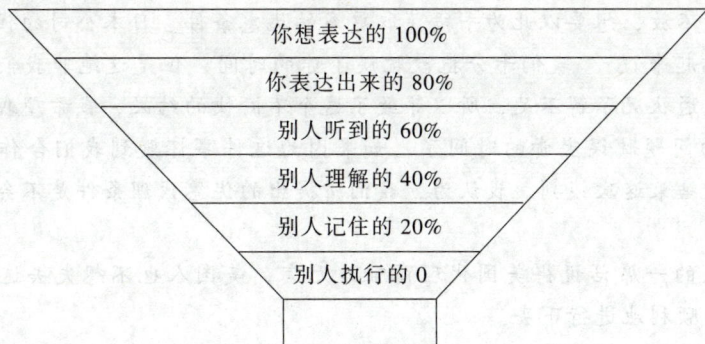

你想表达的100%

你表达出来的80%

别人听到的60%

别人理解的40%

别人记住的20%

别人执行的0

图6-3　失真与偏差

☑ **做中学 6-3**

提升沟通流畅程度的方式有哪些方面？金融服务外包降低企业经营成本主要体现在哪几个方面？

任务三　谈判技巧

拓展阅读 6-2

谈判技巧

巴西一家公司到美国去采购成套设备。巴西谈判小组成员因为上街购物耽误了时间。当他们到达谈判地点时，比预定时间晚了45分钟。美方代表对此极为不满，花了很长时间来指责巴西代表不遵守时间，没有信用。这样下去的话，以后很多工作很难合作。对此巴西代表感到理亏，只好不停地向美方代表道歉。谈判开始以后似乎还对巴西代表来迟一事耿耿于怀，弄得巴西代表手足无措，说话处处被动。无心与美方代表讨价还价，对美方提出的许多要求也没有静下心来认真考虑，匆匆忙忙就签订了合同。等到合同签订以后，巴西代表平静下来，头脑不再发热时才发现自己吃了大亏，上了美方的当，但已经晚了。

这个是一个挑剔式开局策略的运用，在一开始的时候对对手的某项错误或礼仪失误严加指责，使其感到内疚，从而达到营造低调气氛，迫使对方让步的目的。本案例中，美国谈判代表成功地使用挑剔式开局策略，迫使巴西谈判代表自觉理亏，在来不及认真思考的情况下匆忙签下对美方有利的合同。

需要注意的是，这是一个关于国际关系的商务谈判，在谈判之前应该了解对方的文化，并且应该想好一旦迟到的情况下如何应对。接下来另一个事例，同样是面对这种迟到的情况，日本的谈判代表是这样做的：

日本有一家著名的汽车公司在美国刚刚"登陆"时，急需找一家美国代理商来为其销售产品，以弥补他们不了解美国市场的缺陷。当日本汽车公司准备与美国的一家公司就此问题进行谈判时，日本公司的谈判代表路上塞车迟到了。美国公司的代表抓住这件事紧紧不放，想要以此为手段获取更多的优惠条件。日本公司的代表发现无路可退，于是站起来说："我们十分抱歉耽误了你的时间，但是这绝非我们的本意，我们对美国的交通状况了解不足，所以导致了这个不愉快的结果，我希望我们不要再为这个无所谓的问题耽误宝贵的时间了，如果因为这件事怀疑到我们合作的诚意，那么，我们只好结束这次谈判。我认为，我们所提出的优惠代理条件是不会在美国找不到合作伙伴的。"

日本代表的一席话说得美国代理商哑口无言，美国人也不想失去这次赚钱的机会，于是谈判顺利地进行下去。

资料来源：佚名. 谈判技巧［EB/OL］.［2023-04-20］. https: //graph. baidu. com/build/question?questionID=1498422159258108272&token=DbyrDvOrzGrRnGQc7%2FXoq4bBCgzDEy9yXLY51Aqe8sM%3D.

一、沟通的基本知识

沟通是有诀窍、有技巧的。掌握语言沟通的诀窍，必须反复练习、总结，不断借鉴。因此，在金融外包服务中必须随时注意沟通技巧的运用，以便准确地把握对方的行为与意图。

（一）"听"的技巧

"听"是我们了解和把握对方观点和立场的主要手段与途径。美国科学家富兰克林曾经说过，"与人交谈取得成功的重要秘诀，就是多听，永远不要不懂装懂。"作为一名商务谈判人员，应该养成有耐心地倾听对方讲话的习惯，这也是一个谈判人员良好的个人修养的标志。

专家认为"听"有两种形式，即积极的听与消极的听。所谓积极的听，就是在交谈中与说话者密切呼应。比如，表示理解或疑惑、支持或反对、愉快或难过等；所谓消极的听，就是指在一定的交谈中，听者处于比较松弛的状态中，即处于一种随意状态中接收信息。

"听"是存在听力障碍的。为了能够听得完全，听得清晰，必须克服一些听力障碍。听力障碍主要以下几种：

（1）只注意与己有关的讲话内容，不顾对方的全部讲话内容。

（2）精力分散，或思路较对方慢，或观点不一致所造成的少听、漏听。谈判人员的精力和注意力的变化是有一定规律的。一般来说，谈判开始时精力比较充沛，但持续的时间较短；谈判过程中，精力趋于下降，时间较长；谈判快要结束时，又出现精力充沛时期，时间也是很短。

（3）凭借感情、兴趣的变化来理解对方讲话内容，从而曲解了对方的原意。一系列试验表明，听对方讲话，一般只有1/3的讲话内容是按原意听取的，1/3的讲话内容是被曲解听取的，有1/3则是丝毫没有被听进去的。

（4）受听者的文化知识、语言水平等的限制，特别是受专业知识与外语水平的限制，而听不懂对方的讲话内容。

（5）环境的干扰，常会使人们的注意力分散，形成听力障碍。

商务谈判中必须想尽办法克服听力障碍，掌握"听"的要诀，提高收听效果。"听"的要诀与技巧主要包括以下几种：

（1）避免"开小差"，专心致志、集中精力地倾听。精力集中是倾听艺术的最基本、最重要的问题。心理学家研究证明，一般人倾听及思维的速度大约要比说话的速度快4倍。因此，往往是说话者话还没有说完，听话者就大部分都能够理解了。我们必须注意时刻集中精力地倾听对方讲话，用积极的态度去听，主动与讲话者进行目光接触，并作出相应的表情，以鼓励讲话者。比如，可扬一下眼眉，或是微微一笑，或是赞同地点点头，抑或否定地摇摇头，也可不解地皱皱眉头等，这些动作配合，可帮助我们集中精力，起到良好的收听效果。

（2）通过记笔记来达到集中精力。谈判过程中，人的思维在高速运转，大脑接收和处理大量的信息，加上谈判现场的气氛又很紧张，所以只靠记忆是办不到的。记笔记，一方面可以帮助自己记忆和回忆，而且也有助于在对方发言完毕之后，就某些问题向对方提出质询，同时，还可帮助自己作充分的分析，理解对方讲话的确切含义与精神实质；另一方面，记笔记给讲话者的印象是重视其讲话的内容，当停笔抬头望向讲话者时，又会对其产生一种鼓励的作用。

（3）在专心倾听的基础上有鉴别地倾听对方发言，去粗取精、去伪存真，抓住重点，收到良好的收听效果。

（4）克服先入为主的倾听做法。

（5）创造良好的谈判环境，使谈判双方能够愉快地交流。有利于己方的谈判环境，能够增强自己的谈判地位和实力。对于一些关系重大的商务谈判，如果能够进行主场谈判是最为理想的，如果不能争取到主场谈判，至少也应选择一个双方都不十分熟悉的中性场所。

（6）注意不要因轻视对方、抢话、急于反驳而放弃听。

（7）不可为了急于判断问题而耽误听。

（8）听到自己难以解决的问题时，也不要充耳不闻。商务谈判中，可能会遇到一些一时回答不上来的问题，这时，切记不可持一种充耳不闻的态度。要有信心，有勇气去迎接对方提出的每一个问题，用心领会对方每个问题的真实用意，找到难题的真实答案。培养自己急中生智、举一反三的能力，应多加训练、多加思考，以便在遇到问题时不乱、不慌。

（二）观察的技巧

1.观察客户要求目光敏锐、行动迅速

就拿喝茶来说，你能观察到哪个客户喜欢喝绿茶、哪个客户喜欢喝红茶、哪个客户只喝白开水，或者哪个客户喝得快、哪个客户喝得慢吗？观察客户可以从以下这些角度进行：年龄、服饰、语言、身体语言、行为、态度等。观察客户时要表情轻松，不要扭扭捏捏或紧张不安。

2.感情投入就能理解一切

要能设身处地地为客户着想。必须通过客户的眼睛去观察和体会。当遇到不同类型的客户，需要提供不同的服务方法。

（1）烦躁的客户：要有耐心，温和地交谈。

（2）有依赖性的客户：他们可能有点胆怯，有依赖性。你态度温和，富于同情心。为他们着想，提些有益的建议，但别施加太大的压力。

（3）一般的客户：他们有礼貌，有理智，用有效的方法待客，用友好的态度回报。

3.揣摩客户心理

"看"客户的时候，要揣摩客户的心理。

（三）笑的技巧

笑是一种感情沟通，是感情的一种传递方式。在交流中，最令人愉快、最善待客户的表情就是面部的微笑。

微笑时，目光应当柔和发亮，双眼略睁大；眉头自然舒展，眉心微微向上扬起，这就是人们通常所说的"眉开眼笑"。除此以外，还要避免耸动鼻子与耳朵，并且可以将下巴向内自然地稍许含起。

要切记不要使自己的微笑变成假笑、媚笑、冷笑、窃笑、嘲笑、怪笑、大笑、狂笑等，一定要做到让它体现个人内心深处的真、善、美，要做到用心灵微笑。

（四）客户服务礼仪

1.客服工作礼仪原则

对于客户服务工作来说，在工作中要遵守以下的礼仪原则：

（1）尊重原则。尊重他人的人格，这是礼仪的情感基础。人与人是平等的，尊重客户，关心客户，不但不是自我卑下，反而是一种高尚的礼仪。特别是对待出言不逊的客户，同样应给予尊重，友善对待。对客户友善、尊敬，是处理与客户关系的重要原则。礼仪以尊重为第一原则，通过提供热情、周到的服务来体现。

（2）遵守原则。礼仪是社会交往中的行为规范和准则。客户服务人员应身体力行，自觉遵守和执行，并养成良好的习惯。

（3）适度原则。在交往中，理解、沟通是建立良好人际关系的重要条件，要善于把握尺度。客户服务人员为客户提供服务时，既热情友好，尊重他人，殷勤接待，又要自尊自爱，端庄稳重，落落大方，体现平等公正，不卑不亢；既要彬彬有礼，又不能低三下四；既热情大方，又不能轻浮、阿谀奉承。"适度"即掌握感情适度、举止适度、谈吐适度。

（4）自律原则。严格按照礼仪标准规范自己的言行。在工作中，行动上不出格，仪态上不失态，言语上不失礼。

2.客服工作礼仪的内容

（1）礼貌的语言。

礼貌的语言内容：真实友善，详尽，通俗易懂，不粗俗，不低级趣味。

礼貌的语言形式：语言规范，使用服务用语，语音语调亲切柔和，语气温和委婉。

礼貌的语言行为：认真倾听，谈吐谦和得体，不强词夺理，不蛮横无理。

客户服务人员在工作中应掌握语言艺术，自觉使用文明礼貌用语。使用敬语是衡量客户服务人员道德修养的重要标准。敬语服务是反映客户服务人员心灵美的标志。言为心声，语言是人们心灵的表现。中国有句俗话叫"一言兴邦，一言误国"，充分说明语言表达的重要性。客户服务人员语言表达是否艺术会直接影响客户的情绪。

客户服务人员用敬语服务，可以表现出对客户的尊重，赢得客户的好感，与客户建立起良好的关系。诚挚尊重、适应需求、简明质朴是敬语服务的要求。诚挚尊重是指在全方位服务中，客户服务人员通过敬语表现出对客户的真诚，以礼敬人。"诚于中而形于外"，真诚的语言是从心底里发出来的，充满着热情，洋溢着友爱，可以得到客户的信任，可以使一些本来无法消除的矛盾得到缓解。适应需求要求客户服务人员正确使用服务敬语，语言要适应不同客户的特定语境，要适应不同的客户，要注意客户的年龄、性别、籍贯、职业、文化素养、风俗习惯，掌握不同语境的个性语言，适应特定的环境。掌握适人、适时、适地、适度的适应语境，是做好敬语服务的根本途径。简明质朴就是要抓住事物的本质和主要特点。"言简意赅"的语言服务，要求客户服务人员头脑清醒，思维敏捷，善于表达。语言质朴平易，不是单调粗俗，而是独具匠心，做到平中见巧，淡中有味，语言明快不呆板，简约不多余。

当与客户发生矛盾，特别是我们有理时，切忌声高、气盛、咄咄逼人，同样应心平气和地与客户交谈。

（2）得体的举止。

与人交往中的效果，20%取决于有声的语言，80%取决于无声的神态和动作。显然神态和动作是一种无声的语言。

说到得体的举止就要先说说优美的体态语。在服务活动中，客户服务人员对客户的手势、表情甚至是位置、距离都会表达出特定的含义。美国著名的人类学家霍尔说过："一个成功的交际者，不但需要理解他人的有声语言，更重要的是能够观察他人的无声信号，并且能在不同场合正确使用这种信号。"因此，客户服务人员要将文明敬语与优美的体态语成功地结合在一起，创造一种最佳的表达效果。优美的体态语言包括表情语言、手势语言、体姿语言。

丰富的表情语言。客户服务人员通过眉毛、眼神、嘴唇、脸色变化构成丰富的面部表情语言。客户服务人员要通过扬眉、展眉给客户以欢快和欣慰的感觉，通过明澈、坦荡的眼神给客户以正直、热情的感觉，通过嘴唇的细腻变化给客户以灵敏、轻松的感觉，通过笑容满面给客户以舒服、安定的感觉。

适度的手势语言。手势语言是运用手的动作变化表达一种无声的语言。"心有所思，手有所指"意思是，如果说眼睛是心灵的窗户，手就是心灵的触角，也可以说手是人的第二双眼睛。在客户服务工作中恰当运用手势，可以体现对客户的热情。如伸出右臂，掌心向上前倾45度欢迎客户。另外，鼓掌表示赞扬或欢迎，以烘托热情的氛围。

优美的肢体语言。优美的肢体语言是通过身体姿态表达情意的。是对有声语言的强化和补充，直接反映内心情感的变化。客户服务人员站姿要庄重平稳，坐姿要端庄平直，步姿要轻盈适速，点头要自然适度，起立要快慢适宜，欠身要尊敬得体，从各方面给客户留下举止文明高雅的美好印象。

精神饱满、神态庄重，态度和颜悦色，面带微笑，目光柔和亲切，自然地注视着对方，认真倾听，这样与客户交流，才能获得好的效果。反之，冷淡、漫不经心或极不耐烦的样子，显然是拒绝服务，拒客户于千里之外。

客户服务人员工作中举止稳重、端庄，落落大方，姿态优雅。交谈中用手势助于表达，但要适度，避免指指点点；递接物品用双手；语言、语气、神态、举止应和谐一致，否则言不由衷，表里不一，就很难让客户满意了。

（3）个人形象。

在客户服务工作中，一个人的形象不但可以体现他的文化修养，也可以反映他的审美趣味。穿着得体，不仅能赢得他人的信赖，给人留下良好的印象，而且还能够提高与人交往的能力。相反，穿着不当，举止不雅，往往会降低客户服务人员的身份，也有可能损害公司的形象。由此可见，仪表是一门艺术，它既要讲究协调、色彩，也要注意场合、身份，同时它又是一种文化的体现。仪表包括仪容、服装、服饰。

整洁的仪容。整洁的仪容是仪表的基本要素。被誉为"推销之神"的日本人原一平说过："什么是魅力？它可能是指一个人具有声望与感化力。它不是一朝一夕之间可成，而是个人长期努力的结晶。妙就妙在它会首先显露在一个人的容貌上。"这里的"容貌"是指一个人的仪容。它是可以修饰、完善、自我塑造的。整洁的仪容可以产生魅力，是人际交往中取得成功的手段。

得体的着装。我们应注意根据不同的场合来进行着装，喜庆场合、庄重场合及悲伤场合应着不同的服装、服饰，要遵循不同的规范与风俗。统一着装，标志着企业规范化、标准化的服务，同时增强了工作人员的自豪感和责任感。任意着装、服饰不得体或者将服务窗口当成服装服饰的展示台，都会给人一种轻佻、华而不实的感觉，侧面说明企业管理涣散，会降低客户对企业的依赖程度。得体的仪表显示了客户服务人员的自尊，由此也能获得客户的尊重。

3.礼仪与道德修养

礼仪的实质就是体现真诚的爱心、善良的道德情感和对他人的尊重。礼仪与道德是"形于外而诚于中"的关系。礼仪是道德的外在表现形式，它显示出一个人的道德修养和文化素质。以礼待人，按礼行事，是道德高尚的反映。同时礼仪能促使人们修身养性、完善自我。它是评价一个人道德修养水平的标准之一。

4.礼仪是为客户提供心理满足

服务是由心理服务和功能服务构成。良好的礼仪就是为客户提供优质的心理服务，优质服务的一个组成部分。在为客户解决实际问题的同时，我们微笑待客，语气和蔼亲切，耐心解释，即使问题没有立即得到解决，客户也能心悦诚服地接受，满意而归，给客户留下很好的印象，让客户得到心理上的满足。用良好的礼仪巧妙地处理与客户的关系、减少冲突、缓和气氛、软化矛盾，有利于解决问题。可见良好的礼仪是提高服务质量必不可少的条件。

5.良好的礼仪有助于树立企业形象

每位客户服务人员都以良好的礼仪形象出现在客户面前，便形成了一个企业整体的形象，通过完善个人形象，展示并塑造了一个企业在社会上的形象。每个客户服务人员都是企业的"代言人"，他的礼仪和服务体现了企业的经营管理水平。客户服务人员以良好的礼仪和优质的服务为企业赢得声誉、赢得客户、赢得市场、赢得效益。

以尊重为礼仪第一原则，加强道德修养，微笑服务，以良好的礼仪接待每一位客户，从而达到优质服务这一目的，使企业在日益激烈的市场竞争中，以服务争高低、决胜负。

（五）沟通中"辩"的技巧

沟通中的讨价还价集中体现在"辩"上。它具有双方辩者之间相互依赖、相互对抗的二重性。它是人类语言艺术和思维艺术的综合运用，具有较强的技巧性。作为一名服务人员，为了获得良好的辩论效果，应注意以下几点有关"辩"的技巧：

（1）观点要明确，立场要坚定。

（2）辩路要敏捷、严密，逻辑性要强。

（3）掌握大的原则，细枝末节不纠缠。

（4）态度要客观公正，措辞要准确犀利。

（5）辩论时应掌握好进攻的尺度。

（6）要善于处理辩论中的优劣势。

（7）注意辩论中个人的举止和气度。

（六）商务谈判中"说服"的技巧

说服常常贯穿于商务谈判的始终，它综合运用"听"、"问"、"答"、"叙"、"辩"和"看"等各种技巧，是谈判中最艰巨、最复杂，也是最富技巧性的工作。

1.说服他人的基本要诀

说服他人的基本要诀主要包括如下几点：

（1）取得他人的信任。信任是人际沟通的基石。只有对方信任你，才会理解你友好的动机。

（2）站在他人的角度设身处地地谈问题，从而使对方对你产生一种"自己人"的感觉。

（3）创造出良好的氛围，切勿把对方置于不同意、不愿做的地位，然后再去批驳他、劝说他。商务谈判事实表明，从积极的、主动的角度去启发对方、鼓励对方，就会帮助对方提高自信心，并接受己方的意见。

2.说服"顽固者"的方法

在商务往来过程中，"顽固者"往往比较固执己见，性格倔强，但仔细分析发现，他们中的多数人是通情达理的。在说服"顽固者"时，给他一个"台阶"，采取"下台阶"法、等待法、迂回法、沉默法等方法。

3."认同"的要诀

在商务谈判中，"认同"是双方相互理解的有效方法，是人们之间心灵沟通的一种有效方式，也是说服他人的一种有效方法。

认同就是人们把自己的说服对象视为与自己相同的人，寻找双方的共同点。寻找共同点可以从以下几个方面入手：

（1）寻找双方工作上的共同点。比如，共同的职业、共同的追求、共同的目标等。

（2）找双方在生活方面的共同点。比如，共同的籍贯、共同的生活经历、共同的信仰等。

（3）寻找双方兴趣、爱好上的共同点。比如，共同喜欢的电视剧、体育比赛、国内外新闻等。

（4）寻找双方共同熟悉的第三者，作为认同的媒介。比如，在同陌生人交往时，想说服他，可以寻找双方共同熟悉的另外一个人，通过各自与另外一个人的熟悉程度和友好关系，相互之间也就有了一定的认同，从而便于交流。

二、谈判应注意的问题

（一）提问的禁忌

商务谈判过程中并不是任何方面的问题都可以随意提问的，一般不应提出下列问题：

（1）带有敌意的问题。不应抱着敌意的心理进行谈判，所以在谈判时应尽量避免那些可能会刺激对方产生敌意的问题。因为一旦问题含有敌意，就会损害双方的关系，最终会影响交易的成功。

（2）涉及个人隐私的问题。多数国家和地区的人对于自己的收入、家庭情况，女士或太太的年龄等问题都不愿回答。我国情况相反，当商务谈判时问候一下对方个人生活，以及家庭情况等，往往容易拉近关系，从而博得对方的信任感和亲切感，但要注意把握分寸，不能做"包打听"，什么都问。

（3）指责对方品质和信誉方面的问题。不要当面指责对方的不诚实或不讲信誉，这样会使对方不高兴，破坏气氛。

（4）故意提问。为了表现自己而故意提问，这会引起对方的反感，特别是不能提出与谈判内容无关的问题，以显示自己的"好问"。要知道，故作卖弄的结果往往是弄巧成拙，被人蔑视。

（二）说服他人时易出现的不良行为

人们在说服他人时，效果可能不十分理想。分析原因发现，在说服他人的过程中，存在一些弊病：一是站在领导者的角度上，教训人的口气，指点他人应该怎样做；二是不分场合和时间，先批评对方一通，然后强迫对方接受其观点等。另外，还有胁迫或欺诈对方等。这些做法无法说服对方。因为这样是把对方推到对立的一边，也就是告诉对方，我已经对你失去信心了。

☑ 做中学 6-4 --

沟通应注意哪些问题？

项目训练

一、单项选择题

1.沟通是人与人之间、（　　　）之间思想与感情的传递和反馈的过程，以求思想达成一致和感情的通畅。

A.人与机器　　　　B.人与群体　　　　C.人与自然　　　　D.群体与个体

2.根据沟通时是否出现信息反馈，沟通可以分为（　　　）和单向沟通。

A.双向沟通　　　　B.言语沟通　　　　C.人际沟通　　　　D.群际沟通

3.与正式沟通不同，非正式沟通是指在组织或（　　　）通过非正式渠道传递信息，它的沟通对象、时间及内容等各方面都是未经计划和难以辨别的。

A.团体内部　　　　B.个人　　　　　　C.群体内部　　　　D.团队内部

4.与人交往中的效果，20%取决于有声的（　　　），80%取决于无声的神态和动作。显然神态和动作是一种无声的语言。

A.语言　　　　　　B.手势　　　　　　C.音调　　　　　　D.音色

二、判断题

1.本项目将沟通定义为：沟通是凭借一定符号载体，把信息、思想和情感在个人或群体间传递的过程。（　　　）

2.人际沟通是指人和人之间的信息与情感传递的过程，它是群体沟通和组织沟通的基础。（　　　）

3.干扰是指妨碍沟通的任何因素，它存在于沟通过程的各个环节，并不会造成信息的失真。（　　　）

4.接收者是信息所要传送的客体，在沟通中处于主动的位置。（　　　）

5.尊重他人的人格，这是礼仪的情感基础。（　　　）

三、简答题

1.沟通可以有哪些表现形式？

2.沟通的作用有哪些？

3.沟通划分为哪些类型？

4.沟通的原则有哪些？

5.说服他人有哪些基本要诀？

四、案例分析

房地产买卖谈判

谈判双方：Y先生，律师，一位大客户的代理律师；X先生，房地产经纪人，他因开发公司"聚集"大片的整块房地产闻名。

谈判对象：一栋位于快速成长市区的房子。此房子的地点价值远远大于其居住价值。

谈判地点：律师办公室。

为了便于了解、分析，让我们假设此房子的公平市价是二十五万美元，由房地产经纪人开始谈判。

"你好，Y先生，我很高兴见到你。如同我在电话中所说，我的委托人对××很有兴趣。（××是讨论中的这栋房子的地址）我想亲自造访，与你商谈价钱。"

"很好，X先生。或许你已知道，我的委托人拥有这栋房子，所以任何我收到的出价，必须书面呈交他们，然后由他们决定。此栋房子对适当的人来说是颇有价值的房地产。"

"是的，我的委托人也是这么想。不过当然了，他所感兴趣的只是那块土地，不是房子。"

"那是自然了。不过，我不断接到许多买主打来的电话，而由于我的委托人了解一切的情况，上个星期我便拒绝了一位买主，因价钱谈不来。"

"Y先生，你是知道的，出价并不是可以摆在博物馆里的东西，事情变化快速，你我都清楚，时机很重要，若不是我的委托人对这栋房子颇有兴趣，我也不会占用你的宝贵时间了。"

"是的，的确如此，X先生，对了，请问你的委托人是谁呢？"他拿起一支笔，一本正经的样子。

"Y先生，很自然地，我的委托人目前宁愿在背后。"（他说这句话时，面不改色。）"他觉得既然他是相当知名的人士，他对××有兴趣，正在议价的情报对他没有好处。"

"是的，我了解。那么，让我们继续，请问你的出价是多少？"

两人原先是站着。此刻，房地产经纪人站直身躯，开始走向对手，就像在递交皇冠一样。"我代表我的委托人，出价十七万五千美元，现金交易。此出价有效期限十天，这十天足够你和你的委托人商谈了。"说完这些话时，此经纪人站在律师面前，朝下看着律师，很明显地对律师施以压力，要他采取对经纪人有利的行动。

"哈！哈！十七万五千美元。很好，冲着你的面子，X先生，我会把你的出价转告我的委托人，不过我可以告诉你，上星期他们拒绝了一项更为优惠的出价。"

经纪人说道："我说过，时机永远是考虑的因素。（回到他提过的论点）再者，此出价是来自一位支票信誉极好，所有银行、董事会都会见票即付的人士。而要将此信誉卓著的支票开给你的人就在你身边。"

"X先生，我说过我会把你的出价让我的委托人了解。麻烦您是否可以书面报价，以便呈递。"

"抱歉，先生，我不能这么做！"

"为什么呢？难道你的出价诚意不够吗？"律师带着讽刺的口气问道。

"我的出价是很有诚意的。不过我常常因留下书面报价单而受害匪浅，一旦你的委托人拥有报价单，他们会以它作为压榨我竞争对手的工具。抱歉，Y先生。不过你可信赖我所说的话和我的信誉，我无法违背己愿，写下书面的报价。"

你会察觉到此谈判的清晰、明确。虽然这次会谈因出价太低并无结果。而从谈判经过来看，你或许会认为此买主——经纪人的委托人——其实就是经纪人本人。不过，观察两位老练的对手试探彼此，以友善、风趣的对话进行谈判，虽然彼此都很清楚对方所玩的花样，是很有参考价值的。的确，此谈判也不是没有成功的可能。假使房地产税即将到期，或房主需要一笔钱来支付律师的费用和其他开销的话，那么，X先生是很可能为自己买得一件廉价品的。

根据上述资料，思考并回答：

1.回顾前文，分析谈判双方在整个谈判过程中是如何入题、阐述自己的观点和表达自己的态度的？

2.在谈判中，双方提问、应答使用了什么技巧？

项目七

金融服务外包管理岗位技能

学习目标

【知识目标】

1.了解数据分析岗位的岗位职责，熟悉数据分析的处理技巧；

2.掌握录音质量抽检的方式和评判标准；

3.掌握服务外包中心现场管理的工作内容和方法；

4.熟悉绩效管理的定义和特点，掌握高绩效运营管理体系架构。

【技能目标】

1.能够运用数据处理工具进行数据分析处理；

2.能够独立完成客服人员服务质量监控与推进工作；

3.能够运用方法和技巧优化现场管理；

4.能够通过不同方式改善团队绩效，提高工作效率。

【素养目标】

1.培养客户至上的服务理念和精益求精的工作态度；

2.培养学生从容应对、善于沟通、理解他人的能力，践行实践精神；

3.引导学生明确学习和工作的方向，增强职业责任感和自豪感。

项目思维导图

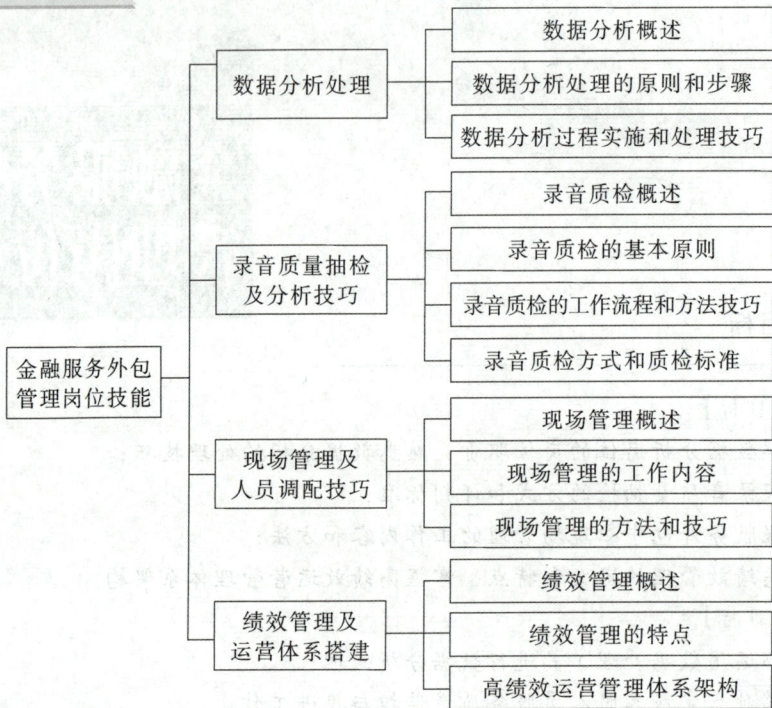

```
                                    ┌─────────────────────────────┐
                    ┌──────────────┤ 数据分析概述                   │
                    │               ├─────────────────────────────┤
            ┌───────────────┐       │ 数据分析处理的原则和步骤        │
            │ 数据分析处理    ├───────┤                             │
            └───────────────┘       ├─────────────────────────────┤
                    │               │ 数据分析过程实施和处理技巧      │
                    │               └─────────────────────────────┘
                    │                      ┌──────────────────────┐
                    │              ┌───────┤ 录音质检概述            │
                    │              │       ├──────────────────────┤
            ┌───────────────┐      │       │ 录音质检的基本原则      │
            │ 录音质量抽检    ├──────┤       ├──────────────────────┤
            │ 及分析技巧      │      │       │ 录音质检的工作流程和方法技巧│
            └───────────────┘      │       ├──────────────────────┤
                    │              │       │ 录音质检方式和质检标准   │
    ┌──────────────┐               └───────└──────────────────────┘
    │ 金融服务外包   │                      ┌──────────────────────┐
    │ 管理岗位技能   ├───────┐      ┌───────┤ 现场管理概述            │
    └──────────────┘       │      │       ├──────────────────────┤
                    ┌───────────────┐      │ 现场管理的工作内容      │
                    │ 现场管理及      ├──────┤                      │
                    │ 人员调配技巧    │      ├──────────────────────┤
                    └───────────────┘      │ 现场管理的方法和技巧    │
                    │              └───────└──────────────────────┘
                    │                      ┌──────────────────────┐
            ┌───────────────┐      ┌───────┤ 绩效管理概述            │
            │ 绩效管理及      ├──────┤       ├──────────────────────┤
            │ 运营体系搭建    │      │       │ 绩效管理的特点          │
            └───────────────┘      │       ├──────────────────────┤
                                   └───────┤ 高绩效运营管理体系架构   │
                                           └──────────────────────┘
```

案例导入

服务外包持续拓宽人才"蓄水池"

我国服务外包产业稳步增长，为就业和人才发展不断做大"蓄水池"。商务部发布的统计数据显示，截至 2023 年 6 月底，中国服务外包产业累计吸纳从业人员 1 530.5 万人，其中大学及以上学历 990.5 万人，占 64.7%。在 2023 年 8 月举行的第十四届中国大学生服务外包创新创业大赛上，来自全国 803 所院校的 8 006 支团队报名参赛，报名团队数再创新高，从侧面体现出服务外包人才供给的活力。

人才助力服务外包发展

软件研发、集成电路设计、生物医药研发、工业设计……无锡形成了服务外包产业的诸多重点集群。2023 年上半年无锡服务外包执行额达 57.12 亿美元，其中，离岸外包执行额为 38.42 亿美元，位列江苏省第一。无锡市政府副秘书长李亚萍表示，无锡持续将服务外包产业作为引领产业转型升级的重要动力，实现了服务外包产业较快增长。在服务外包的发展中，人才发挥了重要作用，尤其是中国大学生服务外包创新创业大赛连续举办，推动优秀项目在无锡落地转化、优秀团队到无锡创新创业、优秀人才在无锡集聚，对无锡服务外包产业创新发展发挥了重要的推动作用。人才作为服务外包发展的基石，持续受到各地高度关注。为了支撑产业持续壮大，当地将人才引进作为重点工程。目前，当地先后入驻服务外包企业 30 家。"企业入驻后，反映最多的就是招聘难问题。"东兴区商务局局长肖辉表示，为了满足当前迫切的人才需求，东兴区明确专人定期收集企业招聘需求，组织企业深入高校、村社开展线下招聘活动，开展引才工作，并且通过服务外包产业直播送岗活动等方式搭建网上就业平台，目前已助力服务外包企业签约 500 余名高校毕业生。从全国来看，商务部发布的数据显示，受人才在内的多因素推动，我国企业承接服务外包合同额为 10 917 亿元人民币，执行额为 7 400 亿元，同比分别增长 10.6% 和 14.7%。

赛事持续推动人才培育

服务外包企业对人才支撑高度关注。"通过中国大学生服务外包创新创业大赛能够接触到一批充满活力和创新能力的年轻人，找到非常有潜力的技术人才，为公司的未来发展提供人才支持。"合合信息科技智能创新事业部产品总监刘昕在接受采访时表示，合合信息的核心技术包括智能文字识别及商业大数据技术，需要创新能力强的技术人才。为此公司与大中专院校的相关专业开展合作，通过大赛等渠道实现人才的充足储备，为企业持续发展助力。中国高等教育学会副会长张大良表示，中国大学生服务外包创新创业大赛已经成为大学生服务外包创新创业能力展示的重要平台，成为我国服务外包行业对外交流的重要窗口，成为服务外包产业发展与人才培养互动融合的重要纽带。西安电子科技大学网络与继续教育学院院长苗启广认为，赛事模式是服务外包人才培养的有效方式，如中国大学生服务外包创新创业大赛，通过为参赛选手命题，紧扣企业真实需求，让学生参赛展现出"作品即产品"的趋向，对学校人才培养发挥了很好的引导作用，让学生经过锻炼后，可以更精准有效地为服务外包产业发展作出贡献。据了解，中国大学生服务外包创新创业大赛作为服务外包产业领域唯一的国家级赛事，自 2010 年以来已连续在无锡举办 14 届，竞赛内容与方式不断创新，品牌效应持续扩大，累计吸引了 1 600 余所院校、50 余万名大学生参加，为服务外包产业发展培养了一大批有理想、有本领、有担当的人才，为服务外包产业人才培育筑好"蓄水池"作出了积极贡献。

资料来源：佚名. 服务外包持续拓宽人才"蓄水池"[EB/OL]. [2023-08-14]. http://tradeinservices.mofcom.gov.cn/article/lingyu/fwwbao/202308/151895.html.

思考与讨论：

1. 金融服务外包的岗位需求有哪些？

2. 如何提升金融服务外包人才培养质量？

任务一 数据分析处理

随着数智时代的深入发展，数据分析已成为企业决策的重要依据和优化服务的核心驱动力。尤其对于服务外包行业而言，高效的数据处理能力不仅是提升服务质量的关键，更是企业竞争力的直接体现。

一、数据分析概述

数据分析在服务外包行业中具有至关重要的作用，随着大数据技术的发展，这一岗位不仅需求增加，其专业性也不断增强。数据分析师指的是不同行业中，专门从事行业数据搜集、整理、分析，并依据数据作出行业研究、评估和预测的专业人员。

数据分析师的岗位职责有：

（一）数据收集与整理

服务外包数据分析师首先需要从多个渠道收集数据，这些数据可能包括客户反馈、项目进度报告、财务数据等。例如，一个典型的职责是捕捉社交媒体上的客户反馈，然后对这些数据进行归类和初步处理。

（二）数据分析与建模

使用统计学方法、机器学习算法或其他数据分析工具，深入挖掘数据背后的模式和趋势。这可能包括构建预测模型来预测客户流失或识别潜在的销售机会。

（三）结果解释与报告

将分析结果以易于理解的方式呈现给非专业人士。这通常需要撰写详细的分析报告或创建可视化仪表板，使决策者能够快速把握关键信息并作出决策。

二、数据分析处理的原则和步骤

（一）数据分析必须遵循的原则

（1）数据分析是为了验证假设的问题并提供必要的数据验证。

（2）数据分析是为了挖掘更多的问题并找到深层次的原因。

（3）不能为了做数据分析而做数据分析。

（二）数据分析的步骤

数据分析有极广泛的应用范围，典型的数据分析包含以下三个步骤。

（1）探索性数据分析：当数据刚取得时，可能杂乱无章，看不出规律，通过作图表、用各种形式的方程拟合、计算某些特征量等手段探索规律，即往什么方向和用何种方式去寻找和揭示隐含在数据中的规律。

（2）模型选定分析：在探索性分析的基础上提出一类或几类可能的模型，然后进一步分析挑选具体模型。

（3）推断分析：通常使用数理统计方法对所定模型或估计的可靠程度和精确程度作出推断。

三、数据分析过程实施和处理技巧

数据分析过程的主要活动有识别信息需求、收集数据、分析数据、评价并改进数据分析的有效性等。

（一）识别信息需求

识别信息需求是确保数据分析过程有效性的首要条件，可以为收集数据、分析数据提供清晰的目标。识别信息需求是管理者的职责，管理者应根据决策和过程控制的需求，提出对信息的需求。就过程控制而言，管理者应识别需求要利用哪些信息支持评审过程输入、过程输出、资源配置的合理性、过程活动的优化方案和过程异常变异的发现。

（二）收集数据

有目的地收集数据，是确保数据分析过程有效的基础。服务外包中心需要对收集数据的内容、渠道、方法进行策划。策划时应考虑以下因素：

（1）将识别的需求转化为具体的要求，如评价供方时，需要收集的数据，可能包括其过程能力、测量系统不确定性等相关数据。

（2）明确由谁、在何时、在何处、通过何种渠道和方法收集数据。

（3）记录表应便于使用。

（4）采取有效措施，防止数据丢失和虚假数据对系统的干扰。

（三）分析数据

分析数据是将收集的数据通过加工、整理和分析，使其转化为信息，通常有以下两类工具：

（1）老七种工具，即排列图、因果图、分层法、调查表、散点图、直方图、控制图。

（2）新七种工具，即关联图、系统图、矩阵图、KJ法、箭条图、PDPC法、矩阵数据分析法。

（四）数据分析过程的改进

数据分析是质量管理体系的基础。组织的管理者应在适当时，通过对以下问题的分析，评估其有效性。

（1）提供决策的信息是否充分、可信，是否存在因信息不足、失准、滞后而导致决策失误的问题。

（2）信息对持续改进质量管理体系、过程、产品所发挥的作用是否与期望值一致，是否在产品实现过程中有效运用数据分析。

（3）收集数据的目的是否明确，收集的数据是否真实和充分，信息渠道是否畅通。

（4）数据分析方法是否合理，是否将风险控制在可接受的范围。

（5）数据分析所需资源是否得到保障。

数据分析是基础，是解决问题的一种手段，要了解行业的业务问题以及营销方法，这才是让数据成为信息，继而成为情报的关键。

目前，服务外包中心业内专业的数据分析人才较为缺乏，统计学和质量控制理论在行业内应用较少。制造业的质量管理控制方法可以被大量引入到服务外包中心质量管理中来，在这里简单介绍几种适合服务外包中心服务质量管理的质量分析工具：

1.GAP模型分析质量误差

差距分析模型，简称GAP模型，是美国 Valarie A. Zeithamal，A Parasuraman 和 Leonard L. Berry 等人在20世纪80年代研制的，并曾以"提供质量服务、平衡顾客感受和期望"为名发表。该模型专门用来分析服务质量问题的根源，有助于管理人员理解如何改进服务质量，如图7-1所示。

2.帕累托图法

帕累托图也称排列图，是按分类数据大小从多到少排列的柱形图，以表明各类因素对最终结果影响大小的工具。服务外包中心使用此法进行问题原因重要程度分析或是制定KPI，在此以某服务外包中心一年中每天的平均处理时长为样本空间，计算服务外包中心的平均处理时间KPI，如图7-2所示。

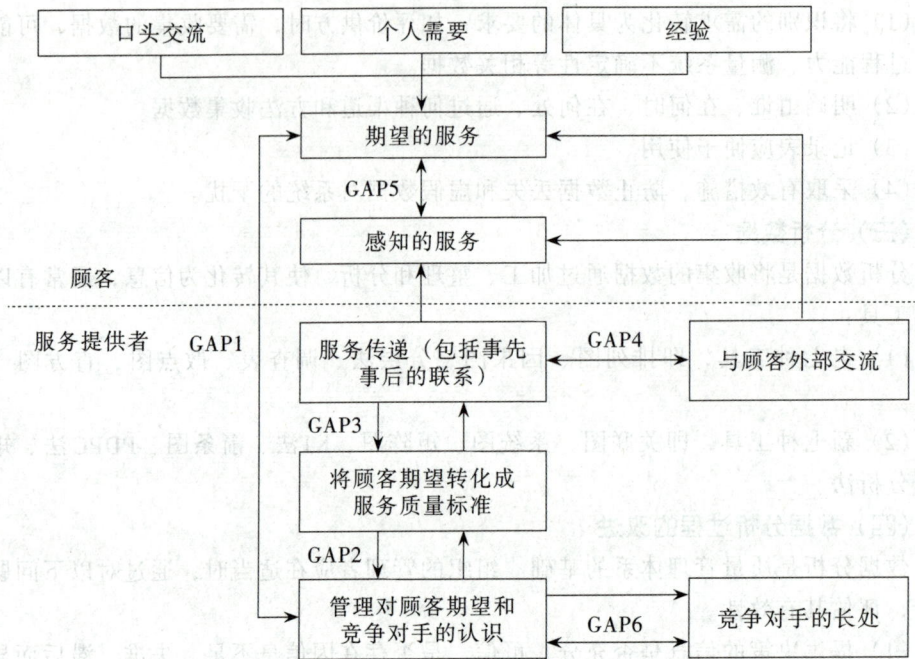

```
┌──────────────┐   ┌──────────────┐   ┌──────────────┐
│   口头交流    │   │   个人需要    │   │    经验      │
└──────┬───────┘   └──────┬───────┘   └──────┬───────┘
       │                  │                  │
       └──────────────────┼──────────────────┘
                          ↓
              ┌───────────────────────┐
         ┌───→│      期望的服务        │←───┐
         │    └───────────────────────┘    │
         │           GAP5 ↕                 │
         │    ┌───────────────────────┐    │
         │    │      感知的服务        │←───┤
         │    └───────────────────────┘    │
  顾客   │ ─ ─ ─ ─ ─ ─ ─ ─ ─ ─ ─ ─ ─ ─ ─ ─ ─│─ ─ ─ ─
         │              ↑                    │
服务提供者│ GAP1  ┌─────────────────┐  GAP4 ┌────────────┐
         │       │ 服务传递（包括事先│←────→│与顾客外部交流│
         │       │  事后的联系）    │      └────────────┘
         │       └────────┬────────┘
         │         GAP3 ↕
         │       ┌─────────────────┐
         │       │ 将顾客期望转化成 │
         │       │  服务质量标准    │
         │       └────────┬────────┘
         │         GAP2 ↕
         │       ┌─────────────────┐ GAP6 ┌────────────┐
         └───────│ 管理对顾客期望和 │←────→│ 竞争对手的长处│
                 │ 竞争对手的认识   │      └────────────┘
                 └─────────────────┘
```

图7-1　GAP模型

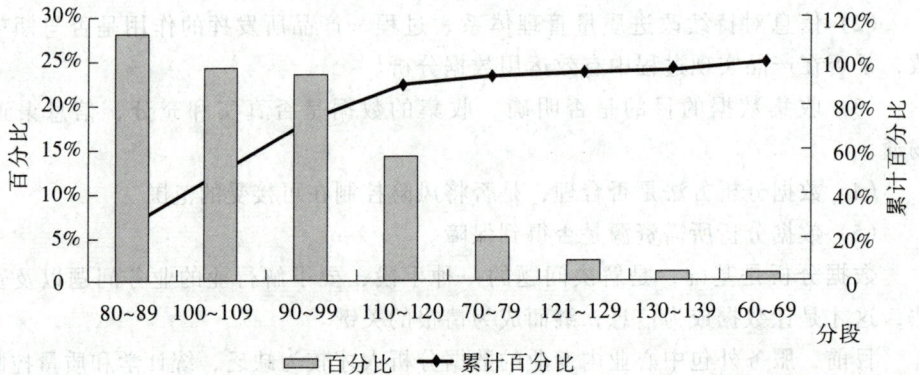

图7-2　平均处理时长帕累托图

帕累托图法在服务外包中心的用途非常广泛，还可以描述统计的方法测量服务外包中心的各项目KPI的状态及受控情况。在制作帕累托图时，要先进行数据分类和确定计量单位，然后确定数据的时间周期并选择样本空间，一般的样本空间要大于100，对所选择数据进行计算，最后制作成帕累托图。

3.因果图法

因果图是将造成某种结果的众多原因，以系统的方式图解之，即以图来表述结果与原因之间的关系，分析某一质量问题发生原因时所用的定性图示，其形状酷似鱼骨，也称鱼骨图。

一个质量问题的产生，是由错综复杂的多种原因共同作用的结果。这些原因中有关键原因，也有非关键原因，因果图可以帮助质量管理从纷繁的原因中查到真正的原因。制作因果图首先要确定分析的问题，然后进行原因分类，再收集记录各项原因制成因果图。因果图是从产生问题的结果出发，先找到影响质量问题的大原因，然后再找到影响大原因的中原因，以此类推，直到找到能直接采取措施的原因为止。

在制作因果图时，要集思广益、由表及里、追本溯源，确定主要原因，并到现场作调查，再制定应对措施。因果图是进行服务外包中心质量管理的有效工具，图7-3以分析服务外包中心的接通率低为例说明如何进行因果图分析。

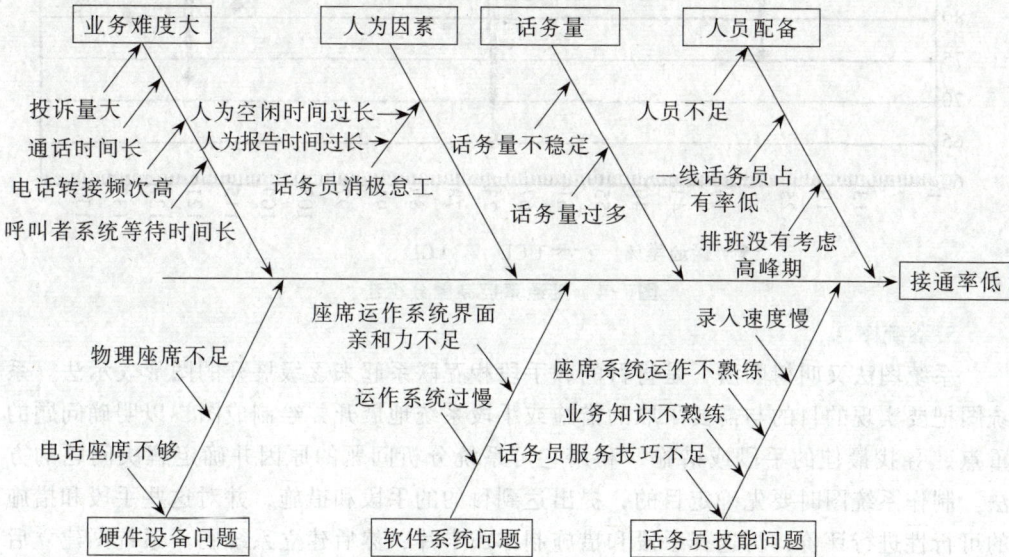

图7-3 接通率因果分析图

4.控制图法

控制图是利用统计方法对服务外包中心的服务过程质量特性加以测量、记录、评估和监察的一种方法。具体使用方法是在图上进行打点，观察点子的变化趋势，在产生不合格前就采取措施，找出不合格的原因，此法主要以预防为主。另外，该数据样本的取样要大于100。

举例说明使用方法：使用控制图法分析一个呼入项目自今日起前一年周期内每日10：00的接通率的受控趋势。

服务外包中心接通率的质量特性数据的分布服从正态分布，即x~N（μ，σ²），其中x表示均值，σ表示标准差。接通率的质量特性落在μ范围内概率约为99.73%，表示处于受控状态，落在μ以外的概率只有0.27%，表示处于失控状态。因此作中心线CL=μ，上控制限UCL=μ+3，下控制限LCL=μ-3。

首先使用描述统计法计算一年周期接通率的平均值和标准差，得到μ=96.13，σ=3.88，则制作控制如图7-4所示。

从图中可以看出，该服务外包中心的接通率基本上处于受控状态，但是在109~133这个时段内接通率曾一度失控。控制图是监控系统性因素造成的质量波动，预防不合格情况发生的有效工具，可以判断服务外包中心服务过程是否稳定，分析服务外包中心某些KPI的质量状态，及时处理失控现象。

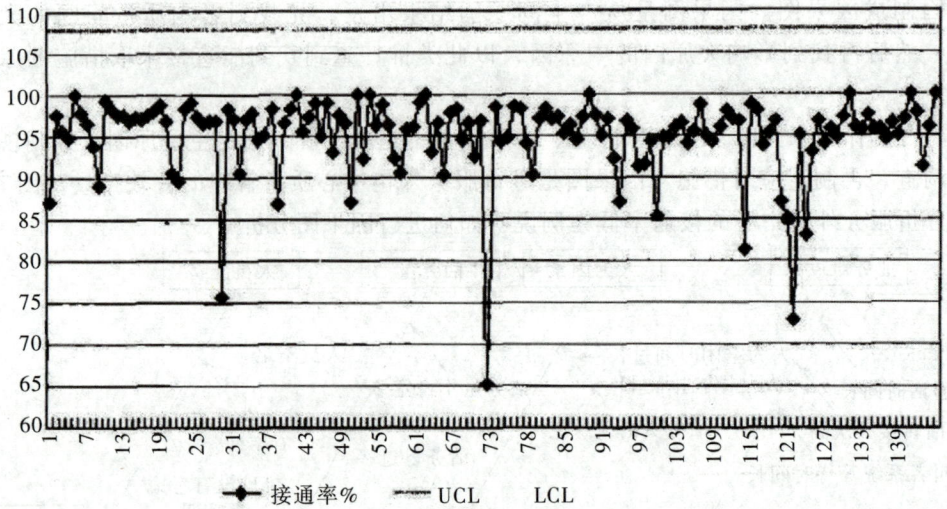

图7-4　接通率控制图分析法

5.系统图法

　　系统图法又叫树图法，是将目的和手段相互联系起来逐级展开的图形表示法。系统图把要实现的目的与需要采取的措施或手段系统地展开并绘制成图，以明确问题的重点，寻找最佳的手段或措施，利用它可系统分析问题的原因并确定解决问题的方法。制作系统图时要先确定目的，提出达到目的的手段和措施，并对这些手段和措施的可行性进行评价，再选择手段和措施制作成卡片，然后建立系统图。系统图建立后要使用归纳法从最底层开始顺次向上层确认，直到总目的为止。图7-5是以控制服务外包中心的呼出项目成本为目的制作的系统图。

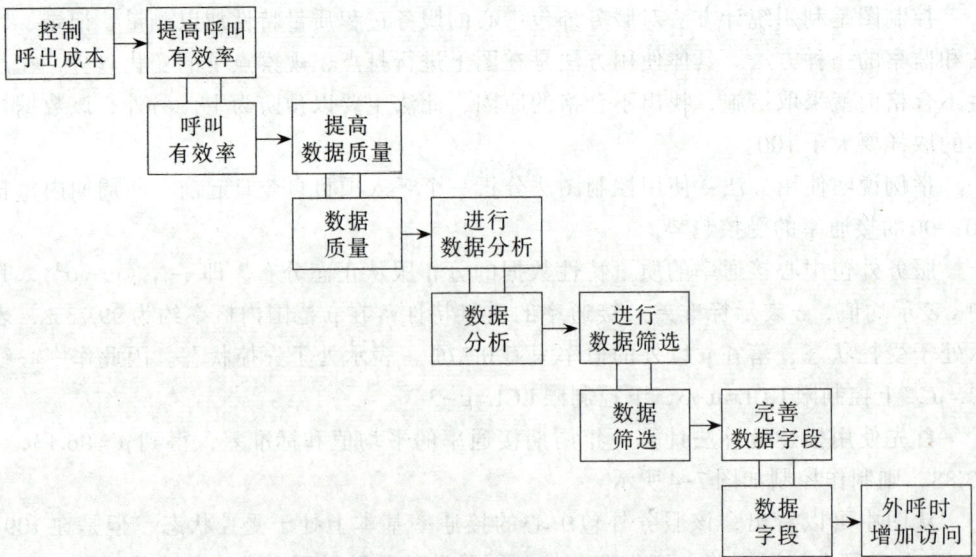

图7-5　呼出项目成本控制系统图分析法

6.关联图法

关联图也称为关系图法，是用箭线表示各项存在问题及其要因以及要因之间、各项目及其手段及手段之间错综复杂的相互之间的逻辑关系的图形。在对服务外包中心服务质量进行分析时，经常使用到关联图法，我们在这里介绍一下单向汇集型关联图，也就是要将分析的几个问题放在图的一侧，因素则层层向相反的方向展开。下面以服务外包中心的工作效率低为主要问题进行层层原因分析，建立关联图如图7-6所示。

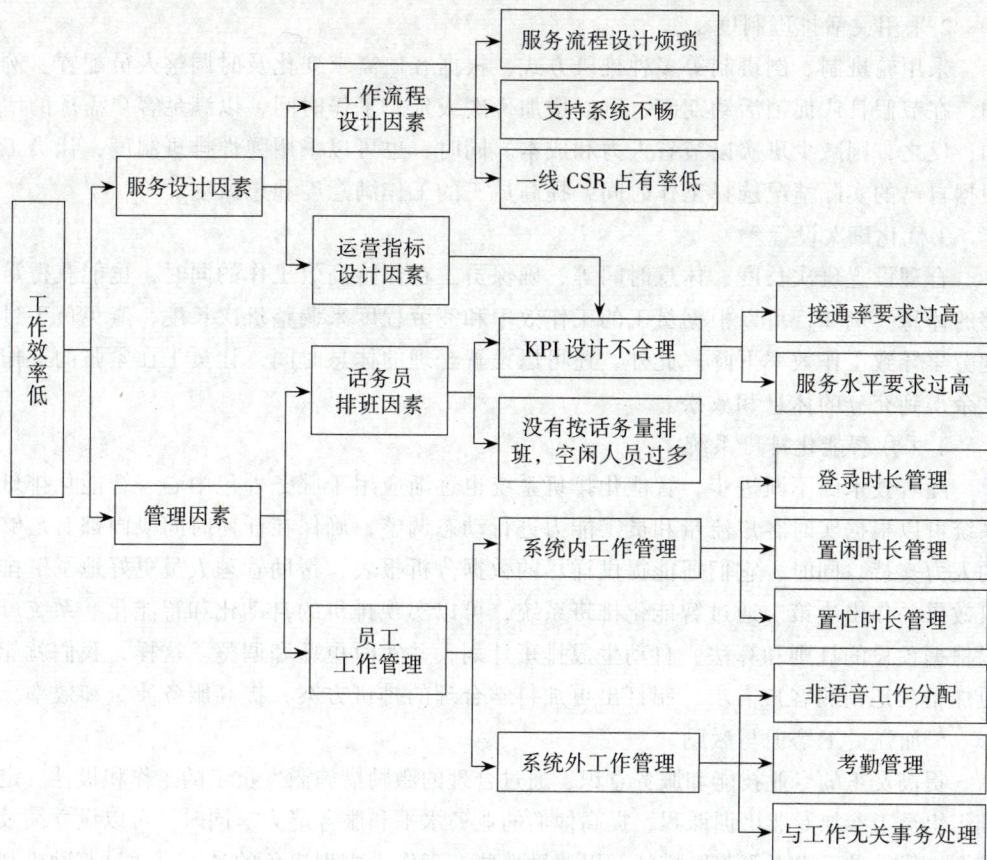

图7-6　服务外包中心工作效率关联图分析法

服务外包中心使用关联图法进行质量管理分析时，最好能组织一个由各方面人士参加的小组，针对所需要分析的问题，广泛收集信息，充分发表意见。关联图法能够解决因果图单一原因分析的缺点，可以处理复杂因素之间的关系。另外关联图一般用于服务外包中心质量目标的分解上比较有效。

7.其他方法

可以在服务外包中心应用的质量管理方法还有箭线图法、PDPC法、亲和图法、直方图法、关键路径法等方法，也是服务外包中心的各种质量改进有效工具。

（五）排班技巧

排班管理作为服务外包中心运营的关键环节之一，其科学性和合理性对于提升客户满意度、降低运营成本具有至关重要的作用。要达到预期的排班效果要从以下几个方面来考虑。

1.预测客户需求

通过历史数据分析、市场调研等手段，预测不同时间段的客户咨询量，为排班提供数据支持。例如，可以利用大数据技术对历史话务数据进行挖掘和分析，建立话务量预测模型，以准确预测未来的话务量变化趋势。这有助于排班师提前规划人力资源配置，确保在客户需求高峰时有足够的人手应对。

2.采用灵活排班制度

采用轮班制、倒班制等多种排班方式，根据客户需求变化及时调整人员配置。例如，在节假日或促销活动期间，可以增加班次或延长工作时间，以满足客户需求的增加；反之，则减少班次以节省人力和成本。同时，也可以采用弹性排班制度，让员工根据自己的实际情况选择工作时间，提高员工的工作满意度和忠诚度。

3.优化班次设置

合理设置班次长度、休息时间等，确保员工在保持高效工作的同时，也能获得足够的休息。例如，可以根据员工的工作效率和疲劳程度来调整班次长度，避免员工过度劳累导致工作效率下降。此外，还可以设置合理的休息时间，让员工在紧张的工作之余得到充分的休息和放松。

4.采用智能化排班系统

随着技术的不断进步，智能化排班系统也逐渐应用于服务外包中心。智能化排班系统可以根据实时客户流量和员工能力进行动态调整，确保在任何时间段内都有足够的人力支持。同时，它们还能提供详尽的数据分析报表，帮助管理人员更好地了解排班效果并作出决策。通过智能化排班系统，可以实现排班的自动化和智能化。系统可以根据预设的规则和算法，自动生成排班计划，并实时更新和调整。这样，我们就能更加精准地预测客户需求，制订出更加科学合理的排班方案，提高服务质量和效率。

5.加强员工培训与激励

提高员工的专业技能和服务意识，通过合理的激励措施激发员工的工作积极性。定期组织员工参加专业培训课程，提高他们的业务水平和服务能力。同时，可以设立绩效奖金、优秀员工表彰等奖励措施，以奖励那些在工作中表现出色的员工。通过奖励机制激发员工的竞争意识和进取心，让他们更加努力地工作，提升整个团队的绩效水平。除了物质奖励外，还可以给予员工精神上的激励。比如，定期举办团队建设活动、职业发展规划等，让员工感受到公司的关怀和支持，增强他们的归属感和忠诚度。

☑ **做中学 7-1** --

数据分析的新、老工具分别有哪些？

任务二　录音质量抽检及分析技巧

一、录音质检概述

录音质检是金融服务外包中心质量保证体系中不可或缺的一环，它通过详细的质检流程和严格的标准，确保每一项服务都达到预定的质量要求，从而提升客户满意度和忠诚度，降低企业风险，并驱动服务的持续改进。在服务外包领域，录音质检对于维护客户满意度和优化服务流程至关重要。质检专员的岗位职责主要有：

（一）抽样监听与评分

质检专员需要对客服人员的通话录音进行抽样监听，并根据既定的标准进行评分。这有助于确保服务质量符合公司标准。

（二）问题识别与反馈

通过分析通话记录，识别出服务过程中存在的问题，并向相关人员提供反馈和改进建议。例如，可以收集优质录音作为培训材料，或者标记违规行为以进行纠正。

（三）质量报告与培训需求

编写详细的质量分析报告，并根据分析结果提出培训需求和改进措施，以提高整个团队的服务水平。

二、录音质检的基本原则

服务外包录音质检的原则主要包括准确性、客观性、反馈及时性、系统性和持续性等。这些原则确保了录音质检能够有效提升服务外包中心的服务质量和客户满意度。

（一）准确性

（1）数据准确性：在质检过程中，必须确保所采集和分析的通话数据准确无误。例如，在服务外包中心，录音系统应完整记录每一次通话，避免遗漏或误录重要信息。

（2）评估标准明确：质检专员需要依据明确的评估标准进行工作，这些标准应该具体到每一个细节，比如话术的准确性、沟通技巧等。

（二）客观性

（1）抽测随机性：为了确保质检结果的客观性，应采用随机抽测的方法选取录音。这样可以防止偏差，并确保评估结果具有代表性。

（2）人员培训：对质检专员进行严格的培训，确保他们能够客观、公正地评估每一位客服人员的服务质量。

（三）反馈及时性

（1）及时反馈：质检发现的问题应及时反馈给相关人员，以便迅速改进。例如，通过立即向客服人员提供具体的改进建议，可以帮助他们快速提升服务质量。

（2）建立改进机制：结合质检结果，制订系统的培训和改进计划，确保客服人员能够持续提高服务水平。

（四）系统性

（1）技术支持：利用智能质检系统和数据分析工具，提高质检工作的效率和精度。这些技术能够自动转录录音，识别关键问题，并提供详细的分析报告。

（2）综合评估：除了监听录音，还应结合通话时长、成功率等各项指标进行综合评估，以全面了解服务质量。

（五）持续性

（1）持续优化：质检标准和流程应不断更新和优化，以适应业务发展和客户需求的变化。

（2）激励机制：建立正向激励机制，鼓励客服人员不断提高服务质量，从而推动整个团队服务水平的提升。

三、录音质检的工作流程和方法技巧

（一）录音质检的基本工作流程

（1）质检专员通过抽检录音、现场监听等方式对客服人员进行监控，发现问题，并判断是否为共性问题。

（2）质检专员根据相应监控标准将录音评判结果、反馈意见填写到质检评估表提交给上级领导。

（3）根据客服人员在电话中出现的个性问题进行单独指导。

（4）质检专员进行辅导并制定改进办法。

（5）质检专员针对改进办法进行跟踪，得到反馈结果。

（6）质检专员针对共性的业务知识问题进行汇总。

（7）质检专员将业务知识培训需求提交给培训师。

（8）在相关业务培训结束后进行跟踪得到反馈结果。

（二）录音质检抽样方法

录音质检抽样方法主要包括随机抽检、时间节点抽检、满意度评分抽检、业务类型抽检和重复来电抽检等。这些方法各有优势和应用场景，需要根据具体的业务需求和管理目标进行选择和优化。

1.随机抽检

（1）概述：随机抽检是最原始且简单的抽检方式，通过随机抽取一定比例的通话录音进行质量评估。

（2）优点：操作简便，能够有效避免人为选择偏差，确保质检样本的代表性。

（3）缺点：由于完全随机，可能无法针对性地检测到某些特定问题或时间段的服务质量，容易忽略重点监控内容。

（4）适用场景：适用于日常的常规监控，可以有效避免人为选择偏差，确保质检样本的代表性。

2.时间节点抽检

（1）概述：时间节点抽检是根据客服人员上线时间进行抽检，如早上刚上线、午餐后、即将下班前等时段。

（2）优点：可以针对客服人员精神状态可能较为松散的时段进行重点监控，提高这些时段的服务质量。

（3）缺点：员工一旦掌握抽检规律，可能会在特定时段调整自身行为，导致监控结果失真。

（4）适用场景：适用于特定时段的服务质量监控，例如早上刚上线、午餐后和即将下班前等时段。

3.满意度评分抽检

（1）概述：根据客户满意度评分进行抽检，通常将不满意或差评的录音进行全部抽检。

（2）优点：更加客观和重视客户体验，能够直接关注那些已经引起客户不满的服务案例。

（3）缺点：抽检量可能较大，且仅以客户感受进行质检，可能缺乏对服务专业性的全面监控。

（4）适用场景：适用于客观地评估客户体验，特别关注不满意或差评的录音。

4.业务类型抽检

（1）概述：根据业务类型进行抽检，例如将风险级交易如投资、资料修改等业务进行重点抽检。

（2）优点：针对性强，可以根据不同业务类型的特点和风险等级进行分类监控，提高质检的针对性和有效性。

（3）缺点：需要对业务类型进行详细划分和持续更新，工作量较大且对质检专员的业务熟悉度要求较高。

（4）适用场景：业务类型抽检适用于对不同类型业务进行重点监控，尤其是风险较高的交易。

5.重复来电抽检

（1）概述：以提升首次解决率为目的，抽检重复来电并进行录音追溯。

（2）优点：直接关注未能一次性解决的客户问题，可以从中分析原因并改进服务流程。

（3）缺点：数据调取和分析工作复杂，增加了质检工作量和复杂度。

（4）适用场景：适用于提升首次解决率，主要抽检重复来电并进行录音追溯。

四、录音质检方式和质检标准

（一）录音质检方式

质检工作常用的方式是抽检，特别是客服人员比较多的情况下，难以做到对每条通话都进行质检，抽检是一种有效的质检方式。在进行抽检时，一般会分为随机监听、录音监听以及现场工作指导三种方式，每种方式都有各自的优缺点和系统要求，见表7-1。

表7-1   常用监听方式比较

监听方式	优点	缺点	系统要求
随机监听 （silent monitoring）	1.因为是多样本随机选择，样本比较具有普遍性 2.通常客服人员并不知道是否正在被监听，其表现会更自然一些，监听效果更真实 3.监听者不必受时间或空间的限制，可以在不忙的时候进行监听，甚至可以在家中利用闲暇的时间监听	1.随机监听后需要及时反馈，但通常反馈给客服人员的信息已经是一个月甚至更早以前的内容了 2.由于不能确定客户电话何时呼入，监听者有时不得不等待电话的呼入而造成时间利用率降低 3.客服人员不能确定何时为被监听对象，因此有些人时常会存在着恐惧心理（这种恐惧心理在三种监听方式中都会不同程度出现）	1.系统要能够保证监听者远程监听，即配备远程监听设备 2.当有电话呼入时，系统能够马上通知监听者，以省去监听者等待电话呼入的时间 3.监听者能够观察到客服人员的桌面当前状态，即屏幕捕获系统

监听方式	优点	缺点	系统要求
录音监听 （recorded calls）	1.为客服人员服务质量考核、客户投诉等提供了依据 2.客服人员自己也可以听电话录音，帮助客服人员判别自己需要改进的地方 3.监听者对于安排何时进行电话录音掌握更灵活，避免等待电话呼入的时间损耗 4.对于集中抽查质量也很有帮助	1.由于不是实时监听，对客服人员的反馈的效果通常会打折扣，由于监督人员繁忙的工作安排使得客服人员常常是在一个星期以后甚至更长时间才能收到反馈信息 2.由于受电话录音设备和环境等外部因素的影响，有时录音失真或是质量不好，影响监听的效果	1.电话录音系统，可以是桌面录音设备 2.能够实现自动录音和安全保存 3.客服主管或经理能够浏览和调听客服人员的通话，作为质量监督检查的依据
现场工作指导 （side-by-side observations）	1.现场工作指导保证双方都能及时地交流沟通，监听者能够及时给客服人员信息反馈，可以直接回答客服人员提出的问题，传达工作标准以及及时发现哪些客服人员需要哪些方面的培训，客服人员能够在监听者的指导下及时掌握新的服务内容和技巧 2.监听者能够看到客服人员使用的参考资料和其他工作站资源 3.对新招聘进来的客服人员有很大的帮助，高度交互式的交流为客服人员提供了一个令人鼓舞的支持性的环境 4.有利于客服人员和监听者建立起良好的关系，增进彼此的信任感	1.客服人员可能会由于监督者就在自己身边而感到羞怯或是恐惧，因此不能够表现其正常工作状态 2.客服人员的表现由于和当时的环境和自身的状态有很大关系，例如有的客服人员可能会因为监督者在旁边而表现得比平时对客户更友好，监听者在一旁观察到的结果就可能会失真	监听电话听筒、插座、记事本、监听者席位等

（二）录音质检标准

服务外包中心质检标准主要是从影响整个工作过程的重要操作与事项中进行分析提取，选择容易出现问题的环节进行监控，包括服务态度、服务用语、专业知识、沟通能力和问题解决能力等方面。为了更好掌握评分标准，现以国内某服务外包中心的质检标准为例进行学习，见表7-2。

表 7-2　　　　　　　　　　　　　　　录音质检评分表

评分单项	评分点及扣分细则				
开场白及结束语	扣分	开始语句	身份确认	挂机语句	挂机操作
	1	首问语报读存在轻微不规范（如语气生硬、语速过快，但内容完整），或首问语中礼貌用语发音模糊	报读公司名称、工号时发音不清晰，或对客户身份信息（如姓氏）报读时轻微口误但及时更正	挂机语中礼貌用语轻微简化或挂机语语速稍快但客户可理解	通话结束后 5 秒内客户未挂机，客服已进行简单引导，但引导后 1-2 秒内未等客户回应即挂机
	2	首问语报读不完整，存在缺漏	未向客户报读公司名称、工号，或错误报读客户身份、性别、号码	挂机语不规范，未按脚本要求报读，或缺漏礼貌关键语句	对通话结束后超过 5 秒仍持线不挂的客户未予引导，无声挂机
	3~5	首问语不规范未按脚本报读，或未报读首问语，或在电话接通前说话聊天	未向接听客户确认机主身份、号码、姓氏，或忽视接听客户的非机主身份	结束语报读不完整，或报读模糊，或未向客户报读结束语	在客户结束说话前挂机，或在通话结束 5 秒内先于客户挂机前挂机
服务态度	扣分	耐心有礼	主动热情	亲切温和	微笑服务
	1	偶尔打断客户说话，抢话插话（2 次以内）	沟通不积极或因客户原因而造成通话中断、停止或冷场等	从不或极少称呼客户（如×先生/×小姐）	活力不足、一潭死水（以监听感知为准）
	2	对客户发言、询问等缺乏耐心，注意力分散不专心，急于结束通话	态度冷漠欠缺热情，不愿主动与客户进行沟通，不对客户进行挽留	语气冷淡，沟通机械，缺乏感情	说话缺乏自信，情绪过于紧张或夸张，态度不够诚恳
	3~5	不礼貌、不尊重客户，态度强硬，偶尔打断客户说话（2 次以上）	不主动向客户介绍、询问，回避客户问题或不积极予以回应	轻视客户意见或发言，表现出与客户的距离感	带有明显的负面情绪
服务用语	扣分	规范用语	正面用语	致歉致谢	征询客户
	1	偶尔出现服务忌语、生活口语（2 次以内）	服务用语生硬粗糙，否定字眼过多	当客户表示可以接听电话时，没有表示感谢	征询客户时语速稍快，或征询后未立即回应客户的反馈
	2	多次出现服务忌语、生活口语（2 次以上）	否定、拒绝过于直接，语言不婉转，欠缺过渡性语句（如对不起、抱歉）	当客户主动表示感谢时，没有予以礼貌回应	未询问客户是否方便接听电话就介绍业务，未询问客户是否有其他疑问就结束通话
	3~5	服务用语不规范，或未按照要求使用规范用语	带有明显的质问、厌烦、不尊重客户等性质的用语	当客户表示没空或不方便接电话时，没有表示歉意	客户办理意愿不够明确时，没有向客户询问意见进行确认

评分单项	评分点及扣分细则				
	扣分	语速舒适	语调舒适	音量舒适	语言舒适
语速音量	1	语速过快或过慢（以监听感知为准）	语调单调缺乏抑扬，平铺直叙	说话过于大声或小声	未使用普通话作为开头语，普通话或广东话在个别字词上发音不标准
	2	说话欠缺停顿、节奏混乱不均匀	语调语气僵直、机械，低沉困乏，语调不断走低	未主动根据客户感知调整合适的音量	遇到客户语言理解困难，不能灵活使用适当的语言给予引导
	3~5	语速过快（慢）导致客户无法听清或引起客户反感	语调语气具有轻佻、严肃、质问等性质引起客户反感	故意抬高或降低音量引起客户反感或导致客户不能正常听清	吐字含糊不清，断字断句不规范，影响客户准确理解
	扣分	描述准确	表达简练	清晰流畅	通俗易懂
表达能力	1	表达过程中偶尔出现口误、补充、更正等（2次以内）	表达不简洁，介绍语句较长，通话时间偏长	语言表达不流畅顺利，存在打结、卡壳的情况	专业术语较多，没有灵活运用易懂的语言进行表述
	2	表达过程中多次出现口误、补充、更正等（2次以上）	拖沓啰嗦，逻辑混乱，内容介绍、回答问题出现大篇幅重复	业务介绍条理不清，缺乏层次感，客户很难一次性形成清晰理解	未能较好地向客户解释说明专业名词意思，表达过于书面化，完全照读脚本资料
	3~5	在语言表达、遣词造句上存在错漏或歧义，误导客户	业务内容理解不够深刻，回答问题缺乏针对性，冗长宽泛，引起客户反感	表达含糊不清，多次演说也未能将内容介绍明白	大量使用生僻专业术语且拒绝解释，或刻意使用晦涩语言回避问题，引发客户不满
	扣分	主动介绍	重点突出	推介适度	强加销售
主运推介	1	业务介绍不够积极，只做基本内容介绍，欠缺补充、说明	在挽留、推介过程中不能清晰表达业务重点、优惠内容	介绍、挽留不到位，没有结合客户反馈意见进行针对性的挽留、推介	在客户犹豫时，轻度重复业务优势（1次以内），未引发客户明显不适
	2	在与客户沟通过程中比较被动，问一句答一句	重点内容过多或重点内容介绍模糊，不能吸引客户注意	未对客户或过度向客户进行介绍、挽留，引起客户反感	在客户愿意尚不明确的情况下，强行怂恿客户办理业务或反复介绍
	3~5	对客户的问题、询问回避或不予理睬，从不或很少对客户进行挽留	对业务内容缺乏提炼，不能把握重点，没有对重点内容进行专门描述	业务介绍、挽留过度，挽留次数过多（2次以上）	在适度介绍、挽留后客户表示拒绝，依然纠缠客户甚至强行办理

评分单项	评分点及扣分细则				
	扣分	疑难规避	情绪调控	引导解释	服务技巧
灵活处理	1	客户关于业务内容以外的咨询，没有按照统一口径予以引导、答复	情绪控制不稳，防御能力不强，容易受到客户负面情绪影响	对客户问题解释不够清楚，或应答口径不符合要求	服务过程操作欠规范（如话务员在询问他人或请求支持时，没有按下静音键）
	2	回避或忽视客户对其他问题的咨询，未对客户予以指引、答复	情绪多变且克制力较差，给客户情绪造成负面影响	不积极配合客户解答问题	服务过于被动，被客户牵着走，表现呆板，欠缺灵活转换
	3~5	擅自应答客户对业务内容以外的询问、异议、争议等	未对客户负面情绪进行安抚或刺激客户，造成问题进一步恶化	回避、转移客户的疑问、咨询，对客户解答进行保留、误导	客户感知不良，服务过程枯燥
双向沟通	扣分	询问技巧	与客互动	理解客意	客意确认
	1	询问表达缺乏针对性，没有结合客户反馈意见	大部分时间由话务员说话，客户很少发言或发言机会很少	对客户意思理解不够深刻，一次回答不能满足客户需求，需多次补充	以模糊处理的方式与客户进行确认，或确认模糊不够清晰
	2	询问方式单一粗糙，不能吸引客户兴趣或对客户答非所问	对客户发言没有积极回应或不鼓励客户发言	所答非所问，误解或曲解客户意思	未对客户进行全部内容的确认，或只确认其中一部分
	3~5	刻意使用诱导性、误导性提问，或对客户的核心疑问拒绝正面询问，仅以敷衍性问题回避沟通	忽视客户态度，回避客户问题，抑制客户意见	完全无视客户表达的核心诉求，回答与客户需求严重偏离，或故意曲解客户意图以引导至自身预设方向	蓄意逃避、省略与客户进行确认（如是否理解、办理、明白等）
聆听能力	扣分	耐心倾听	专心倾听	及时反馈	客户重复
	1	客户发言稍长时表现出轻微不耐烦（如叹气、语速变快），但未打断客户	在客户发言过程中注意力分散或进行其他无关操作（如喝水、聊天等）	在客户发言中完全保持沉默，令客户质疑是否在聆听	因精力不集中导致客户需重复1次需求或问题，经提醒后能正确回应
	2	在客户发言过程中限制时间、限制范围等，或暗示客户尽快结束	对客户发言不予关注，忽视客户意见及建议	在客户发言中提出的问题没有给予及时必要的回应或反馈	不专心聆听客户的需求或问题，需要客户不断重复（2次以上）
	3~5	对客户发言、询问等表现出任何不耐烦、焦躁、厌恶等负面情绪	因主观原因导致严重听错客户问题，答非所问	对客户问题、意见、建议、投诉等没有及时进行记录和向上反馈	因话务员故意、恶意心理造成客户重复，或引起客户反感、抱怨

评分单项	评分点及扣分细则				
	扣分	业务熟练	业务准确	业务完整	符合流程
业务能力	1	业务内容掌握不够熟悉，业务介绍断断续续	业务介绍出现错误，出现补充、更正等情况	业务介绍不够全面，内容不完整	因主观原因造成业务内容介绍顺序与脚本存在出入
	2	对客户的业务询问不能立即响应给予反馈，不能灵活运用	对业务类型、客户类型、匹配条件等判断有误，或电话保存状态错误	业务介绍存在缺漏，以偏概全	擅自更改、调整业务办理流程
	3~5	服务过程中有频繁求助他人、无法作答、支吾搪塞等情况	业务介绍差错、内容混淆，甚至存在误导、欺诈客户的情况	蓄意省略业务内容，欺诈客户	擅自省略业务介绍、办理流程环节

☑ **做中学 7-2**

质检抽样方法有哪些？分别有什么优缺点？

任务三　现场管理及人员调配技巧

视频7

金融服务外包现场管理内容

随着行业日趋成熟，服务外包中心管理者越来越关注现场管理这一环节。我们都知道，命令式施加压力及刚性业绩指标考核并不能产生最佳效果，服务外包中心现场人力资源流失率的高低和策略变化，也直接影响到客户对服务的体验。据相关数据统计，在日常工作中实施了有效现场管理的服务外包中心，员工的工作效率可以提高20%~30%，客户满意度可以提高15%~25%。

一、现场管理概述

所谓现场管理，指的是服务外包中心行业内部，通过一系列的走动式管理手段，如人员调配、设备维护、环境管理等，确保服务外包中心能够高效、有序地运行。这种管理方式有助于提高客服人员的工作效率和工作满意度，降低客服人员流失率，从而保持服务外包中心的稳定运营。金融服务外包中心的现场管理人员通常有班组长、项目经理、人力资源经理、培训师、质检专员和客服关系经理等。

金融服务外包中心现场管理的目标主要有三个：一是提高员工的工作效率；二是减少客户投诉同时出现一些疑难问题的时候可以随时现场转接处理；三是提高客户满意度。通过有效的现场管理，企业可以降低运营成本，提高服务质量，从而在竞争中获得优势。

二、现场管理的工作内容

（一）业务指导

业务指导是现场管理人员最重要的职责之一，当客服人员在业务上遇到困难需要寻求帮助时，管理人员应该是他们的直接援助者。对客服人员的业务问题进行解答与指导，是现场管理人员义不容辞的责任。

（二）指标监控

运营指标对于衡量服务外包中心的综合运营水平至关重要，关注运营指标是现场管理人员的职责。服务外包中心的每个员工都在为运营指标而努力，现场管理人员应在日常工作中随时关注指标的变动，对运营指标做到心里有数，只有这样才能有效地督促和指导客服人员朝着既定的指标完成任务。

（三）维护秩序

现场管理人员应为客服人员创造和维护一个紧张、和谐、团结、活泼的职场氛围，营造一个干净、整洁、有序的职场环境；既要调动客服人员的情绪，以保证客服人员能够用积极的心态、饱满的热情去对待客户，又要使客服人员戒骄戒躁，用平和的心态、真诚的态度去对待客户；对违反职场规则破坏职场秩序的客服人员进行提醒、教育和批评。

（四）人员调度与协调

当突发情况发生时，如停电，系统瘫痪，各业务技能组来电不均衡的时候，现场管理人员则充当指挥者的角色，这时管理人员要发挥组织协调能力对人员进行统筹调度，解释说明和沟通协调，根据各种情况及时把人员进行妥善分布与安置。在工位紧缺或场地借用的时候，管理人员应当积极地做好与客服人员和其他部门协调的工作。

（五）疑难投诉问题的处理

面对一线客服人员不能解决的问题时，现场管理人员应当第一时间与客户进行沟通，及时安抚客户情绪，避免矛盾进一步激化，灵活处理问题，给出客户易于接受的解决方案。疑难投诉问题的处理分为主动和被动：主动发现客服人员的问题，一旦发现有与客户矛盾激化的苗头，要迅速把电话接过来；被动是客服人员遇到疑难投诉问题时，要求助于现场管理人员。

（六）其他

现场管理工作还包括对客服人员心理状况及情绪的了解，能够及时发现客服人员的抱怨和不满，适当让他们休息缓解或有针对性地进行心理辅导；此外，还有新业务的培训；收集客服人员的问题及时上报并反馈结果；关注客服人员的生活状况，如是否生病是否需要休息或吃药；福利的发放；月度测验；考勤统计；换班的登记与核准等。

三、现场管理的方法和技巧

（一）建立完善的考核制度

公平公正的考核制度是服务外包中心现场管理的基石。通过制定现场运营管理制度，对客服人员的行为进行规范；通过详细的考核指标KPI（如接通率、弃呼率、服务质量、考勤和业务能力等），对员工的绩效进行排名和奖惩。这不仅可以激发员工的潜能和积极性，还可以提升服务质量。同时，配合团队间竞赛环节，可以进一步促进团队合作和竞争氛围的形成。

（二）数据化管理与精细性分析

以数据化管理为基石进行精细性分析是提升服务外包中心现场管理效果的关键。通过对各种数据指标（如出勤率、通话利用率、示忙时长和平均处理时长等）进行规范统一、准确可靠的分析，可以找出阶段性的现场重点问题，并针对性地制定改进措施。这有助于提升服务外包中心的运营效率和服务质量。

（三）注重员工招聘、培训和评估

员工的素质和能力直接影响到服务外包中心的服务质量。因此，服务外包中心需要注重员工的招聘、培训和评估工作。通过细致的招聘和培训工作，可以确保客服人员具备胜任岗位所需的知识和技能。同时，定期对员工进行评估和反馈，可以帮助员工了解自己的不足之处，并鼓励他们不断学习和提升能力。

（四）设备和软件的管理与维护

设备和软件是服务外包中心正常运转的重要支撑。现场管理人员需要定期对设备和软件进行检查和维护，确保其正常运行和可靠性。同时，针对不同场合客户的需求，选择合适的设备和软件也是提升服务质量的重要措施。在设备和软件出现故障时，需要及时采取措施进行修复和替换，以确保客户服务的连续性和稳定性。

（五）突发事件的处理

（1）现场督导人员需要了解公司相关的突发事件处理流程，在发生突发事件时，负责现场指挥和组织，按照应急预案处理突发事件，尽可能降低各种损失。

（2）当突发事件发生时，现场督导人员应当立即上报本部门负责人，协助部门负责人或公司安委会负责人进行应急处理工作。

（3）当突发事件发生后，需要做好信息上报。现场督导人员要做好信息的记录工作，内容包括时间、地点、事件性质、影响范围、事件发展趋势和已采取措施等，并在应急处理的过程中，及时续报相关的情况。

（4）做好事故总结，对某一突发性事故进行总结，向相关部门提出预防与控制的建议。

（5）协助相关部门、人员完善相应的突发事件应急预案，避免类似的问题再发生，或者发生时给服务外包中心造成的影响可以降低到最小。

（六）走动式管理与即时指导

走动式管理是指现场管理人员通过巡场的方式，了解与监督现场纪律、现场环境、客服人员工作状态等情况的一种管理方式。走动式管理的好处在于，对现场纪律、现场环境时时进行控制，对客服人员在工作中遵守公司的规章制度及纪律起着良好的促进作用。一般来说，走动式管理可以达到以下几种目的：

（1）及时确认运营结果，第一时间明确服务外包中心现场所处的状况。

（2）把握真实情况，核对数据的真实性。

（3）发现突发情况，积极采取行动应对。

（4）增加上、下级的沟通机会，增进双方的了解。

在执行走动式管理时，管理人员要注意做到以下六点：

（1）需要整洁的外表穿戴。

（2）要有发现问题的意识。

（3）要有敏锐的洞察力。

（4）要真实地记录一切。

（5）需要有谦逊的举止。

（6）需要耐心地解答一线客服人员提出的问题，和他们进行交谈。

（七）关注员工情绪与激励

员工情绪的稳定和积极性对于服务外包中心的服务质量有着重要影响。现场管理人员需要随时注意客服人员的情绪波动，并在必要时给予激励和调动。通过鼓励的手势、赞许的微笑或简单的问候等方式，可以传达对员工的关爱和支持，强化他们的正面情绪。同时，对于表现优秀的客服人员要及时给予表扬和奖励，以激发他们的工作热情和创造力。所以对现场管理人员而言，需要做到善用表扬，并能对员工进行及时赞美。

1.表扬时的注意事项

（1）不漏听，不漏看，不忘记下属取得的成果。

（2）要及时在众人面前表扬。

（3）可以借助他人来表扬。

（4）表扬时不要夸大其词，需要实事求是。

（5）要公开进行，不要瞒上欺下、私下暗箱操作。

（6）不要哗众取宠，表扬是为了树立大家学习的榜样。

2.批评时的注意事项

（1）就事论事，切莫言及他人他事。

（2）批评是为了帮助员工成长，而不是为了将员工骂走。

（3）切忌"六"不：

①不听部下解释，揪住就批，有理没理先骂一顿再说。

②不给挽回机会，一错就批，根本不理会最终结果。

③不再信任，错一回批一次，以后就不再使用该人或者不再给他机会。

④不采取相应的实际处罚，每次都停留在口头上。

⑤不告诉员工怎样可以改正错误，只是批评。

⑥批评的尺度不统一，相同的错误不同的员工、不同时间点犯会得到不同的反馈。

总体而言，对员工激励的方式与手段有很多种，但任何一种方式都不是独立或者偶然的，而是应该在平时的现场管理工作中一点一滴渗透进去。

✓ 做中学 7-3

金融服务外包中心现场管理的工作内容包括哪些？

任务四　绩效管理及运营体系搭建

金融服务外包中心作为劳动力和技术比较密集的产业，其绩效管理有其不同于其他行业的独有特性；而不同行业的服务外包中心具有不同的组织模式、不同的业务特性，也就有其不同的绩效管理模式，以适用于不同的组织模式及业务特性。

一、绩效管理概述

服务外包中心的绩效管理，不仅仅是几个量化的KPI指标，而是实现企业的战略目标、强化企业文化、实现价值分配、提升管理效果的重要手段；绩效管理不仅仅是针对结果的管理，更是一个针对过程的管理；通过考核目标和标准的建立，以及对绩效评估结果的沟通和反馈，达到以下的管理目标：

提高员工的生产效率；通过沟通，使企业的目标和一线客服人员的个人绩效目标相一致；提高客户满意度和客户忠诚度；提高企业的收益和利润；减少人员选聘和培训的成本；降低员工流失率以及与之相关的成本支出；减少绩效管理的成本支出；通过对运营流程的评估，发现关键问题点并及时采取必要的改进措施；通过明确的绩效期望目标和快速、持续不断的沟通和反馈，激励员工提高工作绩效和服务质量；通过不断的反馈循环提高决策的速度和质量；帮助高层管理者制定实时的决策，以便积极改善组织的绩效。

在服务外包领域，绩效管理可以促进质量管理。服务外包中心绩效可以表现为数量和质量两个方面。服务质量、服务水平已经成为服务外包中心绩效的一个重要方面，质量管理已经成为人们关注的热点。Kathleen Guin（1992）指出："实际上，绩效管理过程可以加强全面质量管理（TQM）。因为，绩效管理可以给管理者提供'管理'TQM的技能和工具，使管理者能够将TQM看作组织文化的一个重要组成部分。"

可以说，一个设计科学的绩效管理过程本身就是一个追求"质量"的过程——达到或超过内部、外部客户的期望，使员工将精力放在质量目标上等。

二、绩效管理的特点

（一）更强调数字化管理

服务外包产业不仅是一个劳动密集型产业，更是一个技术密集型产业。先进IT技术的应用，使服务外包中心能够迅速获得大量的管理数据，这些管理数据的应用，不仅能够真实准确地反映客服人员的工作绩效，也能够反映服务流程、组织结构的绩效。

目前，有些服务外包中心管理人员已经意识到数字管理的重要性，但更关注于数字本身，将数据化管理等同于给人员打分；有些服务外包中心的绩效管理还停留在德、能、勤、绩等主观考核方面，缺乏全面、科学、量化的考核，平衡计分卡提供了一个很好的绩效管理工具。

通过使用平衡计分卡工具，将服务外包中心的战略目标与一线员工的工作任务相链接；同时通过选择合适的指标，对服务外包中心的绩效进行记录、测评、跟踪和指导。

（二）更应强调直线主管的作用

绩效管理是服务外包中心主管人员的重要工作职责之一，特别是大型的客户服务中心，新业务推出频繁、工作量大、事件的实时性比较强，每天处理的电话、电子邮件、信件等数以千计，有的电信服务外包中心一天甚至需要处理上万的客户来电，不同的客户有不同的性格和喜好，当然也有不同的问题，这些都需要直线主管与一线客服人员保持密切的联系，及时给予他们必要的支持和反馈，同时迅速发现问题，解决问题。

服务的好坏是由一线客服人员决定的，他们是企业与客户沟通的第一线，他们是连接企业和客户的桥梁；任何一个客服人员在处理问题时如果不能及时给予客户满意的解决方案，都会对整个服务外包中心的服务水准产生影响，当然也会对主管的绩效产生一定的影响；如果下属绩效不好，主管的绩效当然不能有好结果，主管绩效的高低是通过服务外包中心一线客服人员来实现的，这就使主管和员工形成了非常紧密的绩效关系。

当然，团队里任何人的成绩都是大家共同协作的结果，员工的成长进步离不开主管的支持、辅导和帮助，而主管的业绩同样需要员工的积极和努力。这也就从本质上决定了在服务外包中心的绩效管理过程中，主管和员工是一种彼此获益的双赢关系，服务外包中心良好的服务水平是主管和一线员工共同努力的成果。

这也就要求服务外包中心管理人员在绩效管理方面积极做到以下几点：

（1）主管和员工为了服务外包中心整体绩效的实现建立密切的绩效关系。

（2）就绩效标准的建立积极与员工进行沟通，建立考核的透明度。

（3）对一线员工进行考核标准的培训，培训的内容包括业绩目标设定、岗位描述、行为指标、业绩评估、日常观察记录、考评面谈、业绩辅导、岗位/操作培训、现场辅导等多个方面。

（4）严格、公平地按照现有标准进行员工绩效的考评。

（5）对主管等管理人员进行培训，减少管理人员考核尺度不一致的情况。

（6）对于考评发现的问题及时与员工进行沟通和反馈，同时进行针对性的培训和指导，建议多进行面对面的沟通。

（7）按照PDCA的原则不断对现有绩效考核标准进行完善和优化。

（三）更应加强对团队绩效的管理

服务外包中心的绩效管理不仅应关注对个人绩效的考核，更应加强对团队绩效的管理；服务外包中心作为企业对客户服务的窗口，任何一个客服人员表现的优劣都代表着企业的形象，传递着企业的服务理念；一个客服人员表现优异并不能说明整个服务外包中心的服务水准有多么高，所有客服人员持续、高质量的服务才能造就企业良好的服务口碑和品牌；伴随着服务外包中心对服务一致性和连续性的要求，服务外包中心的团队建设及团队绩效的衡量就成为服务外包中心管理者必须面对的课题。

因此在服务外包中心，不仅要建立针对个人的绩效考核体系，同样也要在个人考核体系的基础上建立针对各个服务团队如一线服务小组、质检小组、专家小组的绩效管理，以全面提升服务外包中心的团队意识，体现服务的连续性和一致性。

通过在服务外包中心进行数字化的绩效管理，在加强对团队绩效考核的过程中体现直线主管的作用，不断进行沟通、反馈及针对性的指导，就可以不断地从个人、流程、组织等多个方面优化和提升服务外包中心的绩效，使服务外包中心实现其价值的最大化。

三、高绩效运营管理体系架构

（1）设计与规划：包括文化与战略、环境管理、信息系统建设、持续改善机制、应急管理、安全管理等。

（2）运营与管理：包括人力资源管理、流程设计、实施控制与优化、打造符合业务需求的技术系统等。

（3）数据与绩效：包括面向整体及个人的绩效考核体系建立、绩效数据的收集、分析以及如何确保绩效成果等。

（4）客户体验：包括如何管理上下游客户信息、如何评估及提升上下游客户满意度等。

（5）创新与提高：包括如何进行战略和流程、系统与应用工具、新服务与方案的创新与开发，加强客户生命周期管理，挖掘客户价值等。

拓展阅读 7-1

人才聚力　服务外包产业快速发展

达成目标，留住人才是关键。内江市东兴区不遗余力，紧盯服务外包产业人才需求，创新思路举措，通过直播送岗、专场招聘、订单培养等方式，搭建起人才"蓄水池"，为服务外包企业提供了强有力的人才支撑，形成了以"微改革"破解"老大难"问题、促进企业"大发展"的生动局面。

线上+线下　实现人才供给

东兴区是内江服务外包产业发展的主战场。今年上半年，东兴区成功签约同程旅行、诚伯信息、鸿联九五等知名服务外包企业6户，新规划席位1 100席。企业引进来，如何发展壮大？人才先行是答案。前不久，东兴区组织9家服务外包企业专程到重庆西南大学、重庆师范大学等高校开展校园招聘活动；组织服务外包企业参加"智汇天府"公共招聘进校园以及毕业生双选会等线下招聘活动，还针对年轻人开展线上直播送岗活动，全力解决企业招聘难题。

"直播送岗的形式让更多人了解了内江服务外包产业和服务外包企业，对公司招聘员工大有帮助。"任祥君坦言，创宇公司就有不少有工作经验的员工是通过网络直播了解到相关信息后，从成都、重庆等城市来到内江就业的。

定制+实训　注重人才培养

目前在东兴区服务外包产业带动就业的人群中，多数为高校毕业生——可见，服务外包产业对稳定年轻人、大学生就业，以及留住本地人才起到了明显作用。这些怀揣梦想、勇于创新的年轻人，为东兴区服务外包产业发展带来了充沛活力，也带来了旺盛的消费力，成为促进城市经济发展的一股重要力量。

为做大服务外包人才存量，东兴区尝试构建"订单培养"模式，组织服务外包企业加大与重庆文理学院、内江师院、内江职业技术学院等高校对接力度，充分利用高校资源，设置服务外包专业，推动建立校中厂、厂中校，将企业课程嵌入高校教学，多渠道培育专业人才，实现学生毕业即就业。

而今，东兴区服务外包产业从无到有，从小到大，到目前，已集聚青年人才2万余名，助力内江市获批"四川省服务外包城市"。这些都得益于东兴区精准高效实施的"靶向引才"。

需求+合作　做好人才储备

人才蔚，则事业兴。近年来，东兴区服务外包产业聚集青年人才2万余人，实现了从小到大、从散到聚、从弱到强的华丽转变。以人才"蓄水池"为切入口，东兴区打出一套改革组合拳：引进服务外包产业专业运营商大合创新公司全程指导，推行"一企一人""一企一策"保姆式服务；设立"编制周转池"，推行"岗编分离""特设岗位"引才……实现人才引领产业发展、产业发展集聚人才的良性联动格局，为东兴发展注入强大动力。

自搭建人才"蓄水池"以来，东兴区建立"市场点单、政府派单、人才接单"机制，专门成立重点企业用工保障攻坚队，定期组织开展企业人才需求调研，编制紧缺人才信息目录；发挥"9个驻外人才工作站+45名特聘专家+N个活动平台"作用，发布东兴籍外埠人才信息征集令，建立服务外包人才信息库。依托工信部人才交流中心、大合创新公司等专业机构，积极对接四川红海人力资源管理有限公司、成渝人力资源服务产业园等专业人才机构，实现常态储备人才一万余名，为服务外包企业提供了有效人才支撑。

数据是最客观的见证者。2022年，东兴区服务外包产业全年实现产值达10.2亿元、同比增长23%，占全市软件与信息技术服务外包产业业务总量的83%，成为东兴区产业发展的支撑和主力。东兴区正在规划建立服务外包人才数据库，实现信息的跟踪、汇总，不断拓展服务外包人才"蓄水池"，为企业提供更加精准、更加快速的人才招聘服务。

以最好的服务集聚人才，以最大的诚意留住人才，东兴区逐步成为四海人才汇聚之地，为服务外包产业和经济社会高质量发展提供坚强的才智支撑。

资料来源：田园．内江市东兴区：人才聚力　服务外包产业快速发展［EB/OL］．［2023-08-10］．https：//baijiahao.baidu.com/s？id=1773826025630191187&wfr=spider&for=pc.进过删减。

项目训练

一、单项选择题

1.在进行服务外包项目的数据分析时，下列（　　）指标通常不用于衡量客服绩效。

A.平均处理时间（AHT）　　　　　　B.客户满意度指数（CSI）

C.网络带宽使用　　　　　　　　　　D.首次解决率（FCR）

2.在服务外包中心的录音质量检查中，以下（　　）不是评估通话质量的标准。

A.语言的礼貌性　　　　　　　　　　B.通话的清晰度

C.客服人员的服装　　　　　　　　　D.遵守规定的流程

3.在服务外包项目中，录音质检的主要目的是（　　）。

A.降低员工工资　　　　　　　　　　B.提高客户满意度

C.增加公司成本　　　　　　　　　　D.减少客户数量

4.服务外包项目中，员工的绩效反馈应该（　　）。

A.仅在年终评估时　　　　　　　　　B.在每个项目结束后

C.定期且及时　　　　　　　　　　　D.只在员工要求时

5.在现场管理中，服务外包团队领导者的首要职责是（　　）。

A.增加团队的工作量　　　　　　　　B.确保团队成员不犯错误

C.提供指导和监督　　　　　　　　　D.仅在问题发生时介入

6.在现场管理中，以下（　　）不是有效的沟通方式。

A.每日例会　　　　　　　　　　　　B.电子邮件更新

C.仅通过便签传递信息　　　　　　　D.实时通信软件

二、判断题

1.高员工流失率通常是服务外包中心健康发展的正面指标。　　　　　（　　）

2.实时监控和数据分析可以帮助服务外包中心及时发现并解决问题。（　　）

3.客户在通话中表示满意，意味着服务质量一定达到了高标准。　　　（　　）

4.服务外包中心的员工绩效管理只需要考虑量化指标，如通话量和处理时间。

（　　）

5.绩效反馈应及时且具体，以便员工了解自己的表现并作出改进。　　（　　）

6.有效的现场管理可以显著提高团队效率，减少浪费。　　　　　　　（　　）

三、简答题

1.数据分析师的岗位职责有哪些？

2.录音质检的基本工作流程是什么？

3.现场管理人员进行表扬时的注意事项有哪些？

4.高绩效运营管理体系架构的构成部分有哪些？

四、案例分析题

伴随着金融科技发展，招商银行信用卡客户服务中心顺应潮流，借助金融科技手段，不断提升客户服务的能力、效率，全方位打造最佳客户体验银行。在服务渠道建设上，招行卡中心从掌上生活8.0版本起，围绕"4G+触屏+App"构建了业内全新的"智能交互中心"，首创性地把电话人工服务搬到App上，采用网络语音通信和互联网即时通信两大技术的整合应用，打造视听共融的多媒体人工服务。在一通服务中，客户与客服之间可以用语音、文本、图片等多种交互媒介沟通，重塑了智能服务的全新链路。除了面向客户端的服务升级，在内部赋能、团队成长中也砥砺前行。通过搭建

IN&OUT流量决策引擎，实现数据驱动流量能力持续提升，高价值客户漏损改善、消息营销转化成功率显著提升；通过优化语音大数据平台，有效梳理服务相关的客户交互数据以反哺业务单位，持续挖掘数据宝藏；打造智慧知识库、智能座席助手，持续降低话后处理业务难度，提升线上处理效率。在团队管理中，建立"群英荟"荣誉体系和"跨职能"融合型服务团队，丰富员工成长通道，促进客服座席快速转型。

围绕"以客户为中心，为客户创造价值"的初心价值观，招商银行信用卡客户服务中心积极响应卡中心整体工作部署，持续调整交互与经营策略，顺应人工智能发展趋势，洞察客户需求的变化，聚焦"人+数字化"服务模式，为"服务+经营"的新格局发展提供有力支撑。服务无界，创新无疆。每一次改变都是"专注客户需求、读懂客户习惯、提升客户体验"的内功升级。招商银行信用卡客户服务中心将总结以往经验，更加积极运用互联网思维，提供语音、图片、文字、视频、同屏等多元化、多维度的交互能力赋能，为客户提供更便捷、更高效、更灵活的服务，不断推进服务模式向着更智能、更便捷的客户沟通渠道和服务平台转型，打造极致的服务体验。

阅读材料，思考并回答：

1.结合案例，总结客户服务中心提升客户服务质量的途径有哪些？

2.随着科技的发展，服务外包管理岗位面临着哪些机遇和挑战？

项目八

金融服务外包电话营销技能

学习目标

【知识目标】

1. 熟悉电话营销的含义和流程；

2. 明晰电话调研与访问；

3. 掌握处理客户投诉和抱怨的技巧；

4. 了解电话销售实训。

【技能目标】

1. 能够根据电话营销流程对客户进行电话营销；

2. 能够进行客户资料管理；

3. 能够熟练处理客户投诉和抱怨。

【素养目标】

1. 使学生学好专业技能，树立金融强国的信念；

2. 增强学生的"四个自信"，树立正确的人生观、价值观和消费观；

3. 培养学生坚定的理想信念，立志做有理想、敢担当、能吃苦、肯奋斗的新时代好青年。

项目思维导图

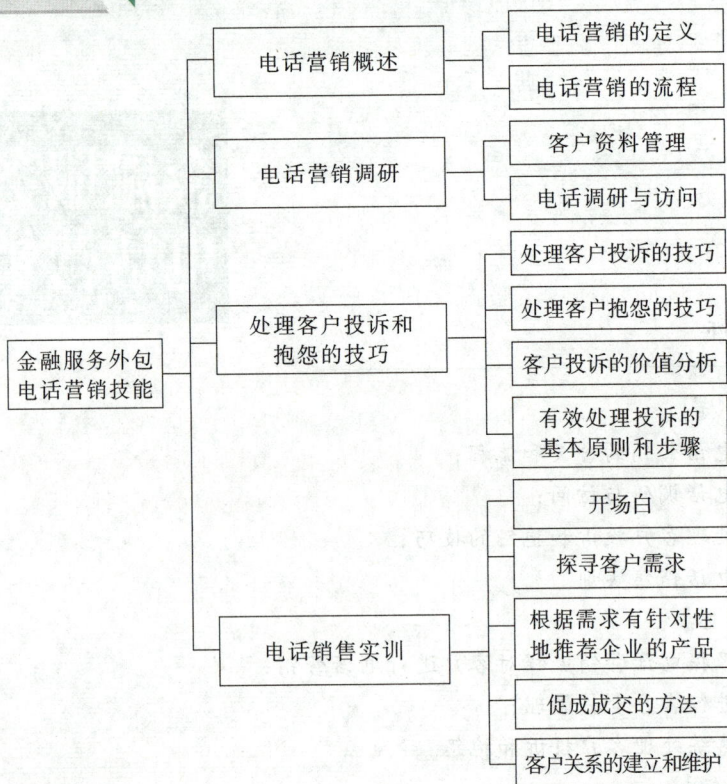

```
                        ┌──────────────┐    ┌──────────────┐
                        │  电话营销概述  │────│ 电话营销的定义 │
                        └──────────────┘    ├──────────────┤
                                            │ 电话营销的流程 │
                                            └──────────────┘

                        ┌──────────────┐    ┌──────────────┐
                        │  电话营销调研  │────│ 客户资料管理  │
                        └──────────────┘    ├──────────────┤
                                            │ 电话调研与访问 │
                                            └──────────────┘

                                            ┌──────────────┐
                                            │ 处理客户投诉的技巧 │
                        ┌──────────────┐    ├──────────────┤
                        │ 处理客户投诉和 │────│ 处理客户抱怨的技巧 │
┌──────────┐           │  抱怨的技巧    │    ├──────────────┤
│金融服务外包 │───────────└──────────────┘    │ 客户投诉的价值分析 │
│电话营销技能 │                               ├──────────────┤
└──────────┘                               │ 有效处理投诉的 │
                                            │ 基本原则和步骤 │
                                            └──────────────┘

                                            ┌──────────────┐
                                            │   开场白     │
                                            ├──────────────┤
                                            │ 探寻客户需求  │
                        ┌──────────────┐    ├──────────────┤
                        │  电话销售实训  │────│ 根据需求有针对性 │
                        └──────────────┘    │ 地推荐企业的产品 │
                                            ├──────────────┤
                                            │ 促成成交的方法 │
                                            ├──────────────┤
                                            │ 客户关系的建立和维护 │
                                            └──────────────┘
```

案例导入

险企迂回应对电销禁拨 营销员微笑应答客户发飙

一边是监管三令五申禁止电话销售扰民，一边是业绩压力。在规避监管红线的同时，保险公司正积极将各种可能变为现实，对银行资源的深度挖掘就是一个典范。比如，保险公司可以与银行合作发行联名卡，令保单质押业务更便捷，在方便客户的同时，也提升了产品的吸引力。此外，对银行信用卡客户的开发更是对银行资源的进一步共享。看似一举两得的事情在操作中往往不然，一旦客户与保险公司发生纠纷，夹身其中的银行和其信用卡中心恐难脱干系。如何更好地协同作战，值得银保双方持续探讨。

长期负责电销的某险企人士表示，保险电话销售过程有录音监控，一般情况下，即使客户发怒，电话营销员也不敢回骂，营销员回骂客户如果被监听到，将被直接开除。

近日，为解决电销扰民，上海市保险同业公会宣布，上海市人身保险电话营销禁拨平台正式开通。今后，上海地区消费者如果不愿意接受保险电话销售，便可以通过登录禁拨平台，登记个人手机号码申请禁止拨打。此外，在上海开通禁拨平台前，北京、云南等地区就已经相继启用人身险电话销售禁拨平台。

开通禁拨平台之后，上述地区保险营销员又是如何应对形势变化的呢？据《证券日报》记者了解，虽然禁拨平台已经开通，但仍有许多消费者不了解该平台，不知道使用它维护自己的权益，电销扰民情况依然存在。另外，保险营销员为维持电销业绩稳定，可谓使尽浑身解数，部分险企营销员就打着银行的招牌为自己增信誉、拉客户。

尽管北京电销禁拨平台的建立使得电销扰民月均投诉件数大幅度下降，但依然有部分类似王先生的消费者至今不知道使用禁拨平台维护自己的权益。根据中国保监会的统计，上半年财产险公司有 213 个电销扰民投诉，同比增长 95.41%。

鉴于当前保险电销扰民现象屡禁不止，影响行业形象和声誉，给消费者正常的生活和工作带来困扰，上海保险同业公会根据中国保监会《关于印发〈人身保险电话销售业务管理办法〉的通知》的相关要求，组织沪上人身险公司，搭建上海市人身保险电话营销禁拨平台。

上海地区消费者进入禁拨平台，只需要录入手机号码、图形验证码和短信验证码即可登录，不需要提供姓名、身份证号码等信息，保护消费者信息。消费者可设定禁拨期限，如 1 年、2 年，并选中界面上想要屏蔽的保险公司的图标，即可屏蔽选中的保险公司的电话销售。目前，禁拨平台仅限于上海地区的手机号码使用，并只能在 7 个工作日之后才可实现屏蔽。另外，禁拨平台只针对人身险种的类别。

近期，某险企长期负责电销的刘经理就表示，一般而言，保险公司都会和银行合作，保险公司的部分信息也是来自银行，如储蓄卡、信用卡信息等。在拿到信息之后，保险营销员一般会这样说服消费者："×××先生，我这边是某银行信用卡保险专员，您之前在咱们银行办了张信用卡用起来还不错吧？感谢您的支持，为了更好地服务客户，特别代理×××保险……"

刘经理表示，在这种情况下，电销营销员被骂的情况是很少见的，消费者基本都是很客气地与营销员交流，下单成功率也比较高。当然并不排除某些新人在被拒绝之后依然不断"骚扰"人家，新人的坚持是因为其不会判断客户类型。

"虽然经常遭遇客户的拒绝，但是坚持依然很重要，客户拒绝是本能的反应，我们要做的是让客户知道我们的产品，如果客户连内容都没有听完就说不要，我们一般是不会放弃的。"刘经理称。

面对禁拨平台与消费者的不耐烦，险企电销也有自己的策略。

刘经理表示，如果遇到客户生气或者动怒，营销员也有相应话术。比如，当遇到客户说："我都跟你们说了好多次了，不要再打电话了，怎么还打！"营销员一般会这样说："王大哥（微笑），对，之前小吴给您去过电话，您当时比较忙，没有听小吴说完，今天的这个计划是公司针对老客户特别推出的，通知到的客户都非常满意。公司对每一位客户都非常重视，希望把这个计划介绍给您，能够给您一些帮助。没有关系的，王大哥，我这边简单给您讲一下，您觉得好的话，您再参加，您要是不想参加，那也没有关系的，希望您给我一个服务机会，就几分钟好吧，王大哥。"

刘经理称上述销售保险情形的成功率也挺高的。他表示，一般客户发怒，他们也是微笑面对，谁也不敢在电话里面回骂客户。"因为电话销售过程中有录音监控，如果在电话里面骂客户的话被监听到，销售员会被直接开除。"刘经理原来负责的银行项目，曾有几百人下线整顿。

据他了解，现在电销卖保险比个险渠道更便宜，因为电销省去了很多中间费用，成本低，相对价格不算高。

资料来源：苏向杲. 险企迂回应对电销禁拨 营销员微笑应答客户发飙 [EB/OL]. [2013-10-24]. http://finance.ce.cn/rolling/201310/24/t20131024_1658617.shtml.

思考与讨论：

搜索相关资料，电话营销应当如何开展业务？

任务一　电话营销概述

一、电话营销的定义

利用电话来实现营销目的的行为出现于20世纪80年代的美国。随着消费者为主导的市场的形成，以及电话、传真等通信手段的普及，很多企业开始尝试这种新型的营销方法。利用电话营销并不等于随机地打出大量电话，靠碰运气来推销产品。

涉及电话营销的词汇有很多，如直接销售（direct marketing）、数据库营销（database marketing）、一对一营销（one to one marketing）、呼叫中心（call center）、客户服务中心（customer service center）等，都是电话营销涵盖的内容。这些术语侧重的方面各有不同，但目的都是一样的，即充分利用当今先进的通信计算机技术，为企业创造商机，增加收益。从以上内容不难看出，电话是营销的工具，也是营销的渠道。

电话营销就是通过电话、传真等通信技术和计算机技术，实现在多种情况下与客户的接触，从而与客户建立起信任关系，并在建立关系的过程中，了解和发掘客户的需求，有计划、有组织、高效率地扩大顾客群，提高顾客满意度，维护顾客，来满足客户需求的过程。

作为一种营销手段，电话营销能使企业在一定的时间内，快速地将信息传递给目标客户，及时抢占目标市场。电话营销已成为帮助企业增加利润的一种有效销售模式，其特点是省时、省力、省钱，并能快速获利。

现在各大知名品牌公司均设立免费电话、呼叫中心，通过电话营销为企业的市场销售打开通路，正是因为电话沟通不受时间、地点的限制，才让产品资讯能够及时、准确地被目标客户获悉。在激烈的市场竞争中，企业为了达成预定的目标，不得不寻找突破销售难关的新手段。

电话营销除了是一种很重要的成本控制的销售策略外，还是一种增加利润和建立稳固客户关系的有效策略。

二、电话营销的流程

一般来说，电话营销的流程包括：

1. 打电话前的准备

（1）明确打电话的目的和目标，建立名单，准备客户电话。

（2）为达到目标而必须提问的问题。

（3）设想客户可能会提到的问题，并做好准备。

（4）设想电话中可能会发生的事情，并做好准备。

（5）所需资料的准备。

（6）态度上做好准备。

2.电话营销的开场白

（1）问候语。

（2）自我介绍。

（3）相关人或物的说明。

（4）介绍打电话的目的。

（5）确认时间可行性。

（6）转向探询需求。

3.探询客户的需求

（1）对客户需求的了解。

（2）明确的需求和潜在的需求。

（3）提出高质量的问题。

（4）问题的种类。

4.产品推荐

（1）向客户表示了解其需求。

（2）客户乐于交谈时，将需求与卖点相结合。

（3）确认客户是否认同。

5.确定订单

客户认同产品并同意购买后，需要与客户重新核对产品信息，确认后下单。若客户拒绝购买产品，则应礼貌地感谢对方的接听，以祝福语结束通话。

6.建立客户档案

在电话营销的最后，建立客户档案并分类。

（1）已购买产品的客户。

（2）潜在客户。

（3）拒绝购买产品的客户。

7.总结

定期总结在电话营销过程中遇到的问题及解决方法，以提高销售成功率。

视频8

电话营销
流程

拓展阅读 8-1

金融电话营销技巧

销售技巧一：让客户说是，不要给客户拒绝的机会。

第一次打电话可以提到你的产品，但是不要问客户是不是需要你的产品。因为在第一次接到电话的情况下，客户对你是有防备心理的，只要你一问他是否需要，他很可能马上回答不需要，然后挂掉电话。你可以问客户一些答案肯定的问题，如销售员问："这几年网络电子商务发展得很快，对吗？"客户当然回答："对。"

销售技巧二：为下次通话找个理由。

通话结束时，一定要给自己下一次的电话跟进找到一个理由，让下一次的电话顺理成章，每增加一次沟通，成交机会就增加一些。

销售技巧三：确保客户记下电话号码。

在给客户留手机号的时候，一定要确保对方已经记录下来。这样，万一客户真的需要时，可以保证他能够顺利地联系到你。例如，销售员给客户留完电话后，让客户再报一遍电话。这样一问，就使得客户必须记下电话号码。

销售技巧四：真实的谎言。

此技巧是销售过程中的核心部分。所谓真实的谎言，是指一些可以让客户产生有利于商家的联想的事实。比如，一条广告语为：90%的人使用了这个产品都很满意。而实际上，商家只调查了10个人，其中有9个人没说这个产品不好。那么，这个商家有撒谎吗？显然没有。但是当我们听到这条广告语时又会如何理解呢？

销售技巧五：避实就虚。

当客户问的问题很致命时，销售员应避开此话题，说一些貌似相关的话，很多人是反应不过来的。

销售技巧六：营造产品稀缺的气氛，让客户珍惜机会。

一定不能让客户觉得这个产品随时随地都有，一定要让他感觉到产品的稀缺性。

销售技巧七：博得客户的理解和同情。

当客户提了一些不利于销售的条件时，要让客户知道这样会给销售员带来损失或伤害。

销售技巧八：让客户珍惜机会。

让客户觉得这个结果是销售员很难得争取到的，此时客户才会珍惜，并最终进行交易。例如，在整个销售过程中，销售员一直强调这个结果很可能争取不到，当然，最后都很"惊险"地争取到了。

销售技巧九：委婉地催客户交款。

在汇款之后，客户要把汇款单发给销售员，证明汇款了。如果销售员直接催款，则会引起客户的反感。销售员催款时可以这样说："××先生，您好，我们这边刚刚收到了一张汇款单，显示的是您那边的区号，请问这张汇款单是您的吗？"

电话营销成为了现代比较流行的销售方式，拿起电话每个人都会，但是如何通过电话与对方良好地沟通，并达成销售意向，可并不是一件简单的事情。因此，对大部分的公司来说，如何提高电话营销的沟通技巧，就成了一项难关。

资料来源：佚名. 金融电话营销技巧［EB/OL］.［2021-06-13］. https://wenku.baidu.com/view/c441e3ab316c1eb91a37f111f18583d048640f4a.html.经过删减。

任务二　电话营销调研

一、客户资料管理

客户资料管理（数据清洗），是指选择和管理有价值客户及其关系的一种商业策略，客户资料管理要求以客户为中心的商业哲学和企业文化来支持有效的市场营销、销售与服务流程。

客户资料管理的概念由美国 Gartner 集团率先提出。客户资料管理是辨识、获取、保持和增加"可获利客户"的理论、实践和技术手段的总称。它既是一种国际领先的，以"客户价值"为中心的企业管理理论、商业策略和企业运作实践，也是一种以信息技术为手段，有效提高企业收益、客户满意度、雇员生产力的管理软件。

（一）客户资料管理的概念

客户资料管理就是通过对客户详细资料的深入分析，来提高客户满意程度，从而提高企业竞争力的一种方法，主要包括七个方面（简称 7P）：

（1）客户概况分析：如客户的层次、风险、爱好、习惯等。

（2）客户忠诚度分析：如客户对某个产品或商业机构的忠诚度、持久性、变动情况等。

（3）客户利润分析：如不同客户消费产品的边缘利润、总利润额、净利润等。

（4）客户性能分析：如不同客户消费的产品按种类、渠道、销售地点等指标划分的销售额。

（5）客户未来分析：如客户数量、类别等情况的未来发展趋势，争取客户的手段等。

（6）客户产品分析：如产品设计、关联性、供应链等。

（7）客户促销分析：如广告、宣传等促销活动。

（二）客户资料管理的目标

客户资料管理的目标是缩减销售周期和销售成本、增加收入、寻找扩展业务所需的新的市场和渠道，以及提高客户的价值、满意度、盈利性和忠实度。

（三）客户资料管理的要求

客户资料管理要求企业完整地认识整个客户生命周期，提供与客户沟通的统一平台，提高与客户接触的效率和客户反馈率。一个成功的客户资料管理应包括以下功能：通过电话、传真、网络、电子邮件等多种渠道与客户保持沟通；使企业员工全面了解客户关系，根据客户需求进行交易，记录获得的客户信息，在企业内部做到客户信息共享；对市场进行整体规划和评估；对各种销售活动进行跟踪；通过大量积累的动态资料，对市场和销售进行全面分析等。

数据清洗就是把"脏数据"清洗掉。因为数据库中的某类数据是面向某一主题的数据集合，这类数据是从多个业务系统中抽取来的，包含历史数据，这就避免不了会有错误的数据，甚至数据之间会有冲突，这些错误的或有冲突的数据显然是我们不想要的，成为了"脏数据"。我们要按照一定的规则把"脏数据"清洗掉，这就是数据清洗。而数据清洗的任务是过滤那些不符合要求的数据，将过滤的结果交给业务主管部门，确认是否过滤或者修正后再进行抽取。不符合要求的数据主要有不完整的数据、错误的数据、重复的数据三类。

1.不完整的数据

这一类数据主要是一些应该有的信息缺失，如供应商的名称、分公司的名称、客户的区域信息的缺失，业务系统中主表与明细表不匹配等。对于这一类数据，按缺失的内容分别写入不同 Excel 文件向客户提交，要求客户在规定的时间内补全，补全后再写入数据库。

2.错误的数据

这一类数据产生的原因是业务系统不够健全，即业务系统在接收数据时没有对其进行判断，就直接输入后台数据库。比如，数值数据输成全角数字字符、字符串数据后面有一个回车操作、日期格式不正确、日期越界等。这一类数据也要分类，对于全角字符、数据前后有不可见字符的问题，只能通过写SQL语句的方式找出来，然后要求客户在业务系统修正之后抽取。日期格式不正确或者日期越界的问题会导致ETL运行失败，需要在业务系统数据库用SQL语句的方式找出来，再交给业务主管部门要求限期修正，修正之后再抽取。

3.重复的数据

将重复数据记录的所有字段导出来，让客户确认并整理。

数据清洗是一个反复的过程，不可能在短时间内完成，只有不断地发现问题、解决问题。对于是否过滤或修正数据，一般都是由客户确认。对于清洗的数据，应写入Excel文件或者数据表中，在ETL开发的初期可以每天向业务部门发送过滤数据的邮件，让其尽快修正错误，这也作为将来验证数据的依据。需要注意的是，数据清洗过程中一定不要将有用的数据清洗掉，对每一项过滤的数据都要认真验证，并征得客户的确认。

拓展阅读 8-2

数字化时代，CRM系统如何赋能金融业创新发展？

随着全球化和互联网的迅猛发展，金融业正面临前所未有的机遇与挑战。为了在激烈的市场竞争中脱颖而出，金融机构不仅需要提供高质量的产品和服务，还需要与客户建立紧密、持久的关系。而客户关系管理（CRM）系统正是金融机构实现这一目标的重要工具。

一、CRM系统的基础功能与特点

CRM系统不仅具备日程管理、客户信息管理、订单跟踪等基础功能，还能够通过数据分析和挖掘，为金融机构提供客户行为预测、市场趋势分析等高级功能。在金融领域，CRM系统的特点主要体现在以下方面：

1.数据整合能力：CRM系统能够整合来自不同渠道、不同业务部门的客户数据，形成统一、完整的客户视图。

2.智能化分析：结合大数据和人工智能技术，CRM系统可以对客户数据进行深度挖掘和分析，为金融机构提供精准的营销策略和风险管理依据。

3.个性化服务：CRM系统支持金融机构根据客户的需求和偏好，提供个性化的产品和服务，提升客户的满意度和忠诚度。

二、CRM系统在金融业的具体应用与效果

CRM系统通过自动化的工作流管理和多渠道客户互动功能，可以帮助金融机构实现服务的标准化和流程化，提升客户服务的响应速度和处理效率。同时，通过对客户反馈的收集和分析，金融机构可以及时发现服务中的问题并进行改进，从而提升客

户的满意度和忠诚度。

三、CRM 系统助力金融业数字化创新的路径与实践

首先，构建全景客户视图，实现信息共享与协同工作。为了打破数据孤岛、实现客户信息的共享和协同工作，金融机构需要构建全景客户视图。通过整合来自不同渠道和不同业务部门的客户数据，金融机构可以建立一个全面、统一的客户信息展示平台，为各个部门和员工提供一致的客户信息和服务支持。这有助于提升金融机构的服务质量和效率，增强客户的体验感和满意度。

其次，通过多渠道客户互动，拓宽服务渠道和提升服务便捷性。为了拓宽服务渠道、增加客户触点并提升客户服务的便捷性和时效性，金融机构需要利用 CRM 系统支持多渠道（如线上平台、线下门店和社交媒体等）客户互动。通过整合这些渠道的资源和服务功能，金融机构可以为客户提供更加便捷和高效的服务体验。同时，多渠道客户互动还有助于金融机构收集客户的反馈信息，及时发现并解决服务中存在的问题。

四、面临的挑战与展望以及应对策略

虽然 CRM 系统在助力金融业数字化创新方面展现出巨大的潜力，但在实际应用中面临着数据安全、系统集成以及人员培训等方面的挑战。为了克服这些挑战并确保 CRM 系统的有效实施和持续运行，金融机构需要采取一系列策略。

首先，加强数据安全管理是至关重要的。金融机构应建立完善的数据安全管理制度和流程，采用先进的加密技术和访问控制机制来确保客户数据的安全性和隐私性。同时，定期进行数据安全审计和漏洞扫描也是必不可少的措施。

其次，实现系统集成是提升 CRM 系统效能的关键步骤。金融机构需要确保 CRM 系统与现有业务系统的无缝对接和数据共享，避免出现信息孤岛和重复劳动的情况。为此，可以采用标准化的接口协议以及灵活的系统架构设计来实现不同系统之间的顺畅交互和数据同步更新。

最后，重视人员培训和团队建设也是保障 CRM 系统成功实施的重要因素之一。金融机构应加强对员工的数字化素养和 CRM 系统操作技能的培训，提高他们的综合素质和服务能力。同时，建立一支具备数字化思维和创新能力的专业团队来负责 CRM 系统的日常运维和优化工作也是至关重要的。

展望未来，随着技术的不断进步和金融市场的深化发展，CRM 系统将在金融业的数字化创新中发挥更加重要的作用。金融机构应积极探索 CRM 系统与新兴技术的融合应用（如区块链技术用于客户身份验证和数据加密等），以推动金融服务的智能化、个性化和普惠化发展。同时，关注客户需求变化和市场趋势变化也是持续优化和完善 CRM 系统功能和服务的重要方向之一。

资料来源：佚名. 数字化时代，CRM系统如何赋能金融业创新发展？[EB/OL]. [2024-02-23]. https://baijiahao.baidu.com/s? id=1791656877252946271&wfr=spider&for=pc.经过删减。

二、电话调研与访问

（一）电话调研

电话调研是指调研人员借助电话，依据调研提纲或问卷，向被调研者进行询问以

收集信息的一种方法。电话调研有以下优点：

（1）调研人员能够对调查进行有效控制，确保调查的质量。

（2）电话的覆盖率高，只要选用恰当的抽样样本，几乎可以调查到整体情况。

（3）调查的反馈率高，且有利于回访。

（4）调研在办公室内即可完成，加快了访问速度，节约了调研成本和时间。

（5）调研不受被调研者所在地域的限制。

同时，电话调研有以下不足：

（1）作为样本的电话号码簿通常是不完整的，存在潜在的抽样偏差。

（2）调研受到时间限制，过多的问题容易引起被调研者的反感，消极态度下的回答会影响调研质量。

（3）没有可视化工具的辅助，不能将材料展示给被调研者。

（二）电话访问

电话访问是指选取一定的受访者样本，通过拨打电话的方式，访问问卷上所列出的一系列问题，在访问过程中用笔记下答案。访问员集中在某个场所或专门的电话访问间，在固定的时间内开始数据收集工作，现场督导员对访问员进行访问监督和抽样控制。电话访问在欧美等西方发达国家早已有之，由于这些国家的电话普及率高，再加上电话访问本身具有省时、省力、简单易行等优点，因此这种方法很快受到业内人士的重视。在美国，电话访问的使用率超过了入户访问的60%。统计表明，电话访问在中国民意测验和市场调查中的使用率达到了40%，仅次于入户访问。

电话访问作为民意测验的一种较为常用的方法，具有以下明显的特征：

1.信息反馈快、费用低、辐射范围广

一般而言，电话访问是访问员在固定的电话访问间通过拨打电话的方式对受访者进行调查，受访者的思考时间较短、回答速度较快；电话访问不存在调查费用，如访问交通费、受访者礼品费等，因此节约了调查成本；电话访问无地域限制，调查范围更广。

2.能够确保调查的质量

由于调查问卷的内容较少，访问员容易对问题立刻作出判断，因此访问员可以对调查进度和问题回答的质量进行现场控制，保证了调查数据的有效性。

3.调查内容的深度受到限制

由于电话访问的时间有限，因此问题的设计必须简单明了，使受访者能够在较短的时间内给出回答。需要注意的是，一旦调查的内容较多或者问题需要经过一定的思考，受访者给予配合的可能性就会很小，甚至会中途终止访问。也就是说，对于需要经过反复思考才能回答的问题，电话访问并不适合。

4.无法推断总体

一般情况下，电话访问难以完成经过抽样确定的访问样本，因为电话访问受到电话接通率、受访者时间冲突等因素的影响，最终的访问样本不再符合预先设定的抽样标准，所以电话访问的调查结果不具有推断总体的作用。

5.不能使用视觉帮助

有的民意测验需要得到受访者对图片、文字或设计等的反应，由于电话访问自身

的限制，访问员无法将图片、文字或设计出示给受访者，因此电话访问在测试受访者对特定视觉图案的态度时会较为困难。当然，访问员可以提前将相关资料寄给受访者，但因手续烦琐而难以被采用。

6.存在抽样偏差

作为总体的电话号码通常是不完整的，所以存在潜在的抽样偏差。对于调查精确度要求较高的民意测验，尤其是通过抽样调查来反映总体或通过抽样调查来推断市场容量的研究，一般不适合采用电话访问。尽管电话访问存在诸多缺陷，但对调查项目单一、问题简单明确、需要及时得到调查结果的民意测验而言，仍不失为一种理想的访问方式。

企业要想成功地进行电话访问，必须解决好以下问题：

1.设计简明易懂的调查问卷

电话访问的调查问卷不同于普通的调查问卷，问题设计需要尽可能简明扼要，整个访问时间一般要求控制在15分钟以内。同时，由于受到通话时间和记忆规律的限制，访问员通常采用封闭式选择题向受访者进行提问，避免使用半开放式或全开放式问题提问，以降低受访者回答的难度。

2.对访问员进行电话访问技巧的培训

电话访问对访问员的要求有口齿清楚、语气亲切、语调平和，以及对调查问卷内容有充分的了解。在对访问员进行选择和培训时，一方面选择沟通能力较强的访问员；另一方面加强对调查问卷内容以及访问技巧的培训，以带给受访者良好的沟通体验，提高访问的成功率。

3.调查样本的抽取及访问时间的控制

由于电话访问的调查结果不具备推断总体的作用，且电话访问很容易有拒访问题，因此对于调查样本的抽取及访问时间的选择就显得尤为重要了。通常的做法是随机抽取电话号码簿，再从电话号码簿中随机抽取一组电话号码，作为抽中的受访者。在访问时间的选择上，访问员应根据受访者或调查的内容来确定时间。例如，对青年人的访问，可以选择在工作日的晚上；对老年人的访问，可以选择在白天。

做中学 8-1

金融服务外包中调查样本的抽取及访问时间的控制的做法有哪些？
金融服务外包降低企业经营成本主要体现在哪些方面？

任务三　处理客户投诉和抱怨的技巧

拓展阅读 8-3

客户投诉处理

在日常的客户服务工作中，处理客户投诉是一项非常重要的工作。经典的客户投诉处理案例可以帮助我们更好地理解客户投诉的本质，找到解决问题的方法。下面，我们将通过几个经典的客户投诉处理案例来进行分析和总结。

案例一，产品质量投诉。

某客户购买了我们公司的产品后，发现产品存在质量问题，于是向公司提出了投诉。在处理这类投诉时，我们首先需要及时与客户取得联系，了解详细情况，并向客户表示诚挚的歉意；其次，需要对产品质量问题进行调查和分析，找出问题的根源；最后，需要向客户说明我们将采取的措施，如进行产品召回或者赔偿，以解决客户的问题，并恢复客户的信心。

案例二，服务态度投诉。

有客户投诉我们公司的服务人员在服务过程中态度恶劣，给客户造成了不愉快的体验。处理这类投诉时，我们首先需要向客户致以诚挚的歉意，并表示对客户不愉快体验的重视；其次，需要对服务人员进行严肃的批评教育，并采取相应的措施，如进行道歉或者补偿；最后，需要对服务流程进行调整，确保类似问题不再发生。

案例三，物流配送投诉。

客户投诉我们公司的物流配送存在延迟或者丢失货物的问题。在处理这类投诉时，我们首先需要及时与客户取得联系，了解详细情况，并向客户表示诚挚的歉意；其次，需要对物流配送问题进行调查和处理，找出问题的原因，并进行改进；最后，需要向客户说明我们将采取的措施，如重新配送货物或者进行赔偿。

综上所述，在处理客户投诉时，我们需要站在客户的角度，认真倾听客户的意见和建议，积极解决问题，并不断改进产品和服务质量，以提升客户满意度和品牌形象。希望通过以上经典案例的分析，可以帮助我们更好地处理客户投诉，提高服务质量，赢得客户的信任和支持。

资料来源：佚名. 经典客户投诉处理案例［EB/OL］.［2023-12-26］. https://wenku.baidu.com/view/4a2e29aa2c60ddccda38376baf1ffc4fff47e258.html.

思考与讨论：

结合案例，分析一下在处理客户投诉中企业需要注意什么？

一、处理客户投诉的技巧

对企业而言，如何处理客户的投诉是一件至关重要的事。如果企业没有处理好客户的投诉，那么客户会选择购买竞争对手的产品，并将此次不愉快的经历转告给亲人、朋友和同事。没有客户在投诉时是高兴的、热情的，企业应责任认真对待，要让客户感受到他是受欢迎的、是企业非常重要的客户。

（一）从倾听开始

倾听是解决问题的前提。在倾听客户的投诉时，接待人员不但要听客户表达的内容，还要注意客户的语调与音量，有助于了解客户语言背后的内在情绪。同时，接待人员要通过解释与澄清来确保真正了解了客户的问题。例如，你听了客户反映的情况后，根据你的理解向客户解释一遍："王先生，您是说您一周前购买了传真机，发现传真机有时无法接收传真，且维修员已上门看过了，但测试结果没有任何问题。今天，这一问题再次发生，您很不满意，要求我们给你更换产品。我对您的意思理解正确吗？"向客户解释你所理解的意思，并请教客户解释是否正确，这样做既向客户显示了你对他的尊重以及你真诚地想了解问题，又给客户一个重申的机会。

（二）认同客户的感受

客户在投诉时会表现出烦恼、失望、泄气、发怒等各种情感。接待人员不能把这些表现当作是对个人的不满。此时，客户只是把你当成了倾听对象。客户的情绪与要求是真实的，只有与客户同步，接待人员才能真正地了解问题，找到最合适的方式与客户交流。接待人员说一声"对不起、很抱歉"，并不一定表明承认犯了错误，而是表明对客户不愉快经历的遗憾与同情。接待人员不用担心客户因得到了认可而越发的强硬，表示认同是将客户的思绪引向关注问题的解决。

（三）表示愿意提供帮助

当客户关注解决问题时，接待人员体贴地表示乐于提供帮助，如"让我看一下该如何帮助您""我很愿意为您解决问题"，自然会让客户感到安全、有保障，从而进一步消除对立情绪，取而代之的是依赖感。问题澄清了，客户的对立情绪减低了，接待人员接下来要做的就是为客户提供解决方案。

（四）解决问题

针对客户的各种投诉，接待人员应有不同的解决方案。接待人员在提供解决方案时应注意以下问题：

1.为客户提供选择

通常，同一类投诉的解决方案并不是唯一的，给客户提供选择解决方案的机会，既尊重了客户，又得到了来自客户的认可和配合。

2.诚实地向客户承诺

接待人员能够及时地解决客户的问题，当然是最好的。但是，有些问题可能比较复杂或特殊，接待人员不知道如何为客户解决，此时不要向客户作出任何承诺，而应诚实地告诉客户情况有点特别，会尽力寻找解决方法，但需要一点时间，并约定回复的时间（一定要确保准时回复）。即使到时仍不能帮助客户解决问题，接待人员也要及时打电话向客户解释问题的处理情况，表明自己所做的努力，并再次约定回复的时间。与其向客户承诺做不到的事，接待人员的诚实则更容易得到客户的谅解。

3.适当地给客户一些补偿

为弥补公司操作中的失误，除解决客户问题外，还可考虑提供额外补偿。许多企业会授予接待人员一定额度的授权，以便灵活处理此类情况。但必须注意两点：首先要彻底解决问题，其次要改进工作流程，避免类似问题再次发生。现在部分投诉处理部门存在一种倾向：一遇投诉首先想到用小恩小惠息事宁人，或者非要等到客户投诉才肯给予其在正常流程下本应获得的权益。这种做法不仅无法从根本上减少问题，反而会助长客户形成不合理的期望。

二、处理客户抱怨的技巧

客户的抱怨是可以化解的，以下技巧有助于接待人员处理好客户抱怨、提高客户的满意度。

（一）设定统一的投诉管理系统

客户对企业的抱怨可能会涉及各个方面，如对商品质量的投诉、对服务的投诉等，为了保证企业各部门处理投诉时能保持一致、通力配合，圆满地解决客户投诉，企业应明确规定处理客户投诉的规范和管理制度。

这就要求企业在设定统一的投诉管理系统时，做到以下内容：

1.健全各种规章制度

企业必须有专门的制度和人员管理客户投诉，并明确投诉部门在企业组织中的地位。企业要明文规定处理投诉的目的和业务流程，根据实际情况确定投诉部门与高层经营者之间的汇报关系。另外，企业还要做好各种预防工作，减少客户投诉。

2.确定受理投诉的标准

企业要确定统一的应对标准，即把处理的品质均一化。当处理同一类型的投诉时，如果经办人处理办法不同或同时对各个投诉者有不同的对待态度，势必会失去客户的信任。因此，不管从公正处理的角度，还是从提高业务效率的角度来说，都应该制定出合乎本企业的投诉处理标准。

3.处理问题时分清责任

接待人员应对客户所抱怨的内容分辨清楚，不仅要找到责任部门和责任人，而且要明确处理投诉的各部门、各类人员的具体责任与权限，以及客户投诉得不到及时圆满解决的责任。对于处理投诉的责任人，究竟应该给予怎样的责任与何种程度的权限，事先必须进行书面化的规定。同时，对接待人员尽量给予一定的权限。如果事事都向上级请示，则会降低客户对接待人员的信任，甚至强化客户的不满情绪。

接待人员在处理客户投诉时要有一定的灵活性，不必事事都被公司的各种制度困住。对于重复出现的常规问题，接待人员可按规定的程序与方法予以及时处理；对于非常规的问题，接待人员则可以根据具体情况创造性地予以处理，以提高组织在处理投诉上的响应速度，减少经济和声誉上的损失，避免恶化双方关系。

4.详细记录投诉内容

为了能够及时地解决客户的抱怨，以及为将来更好地处理客户投诉提供依据，接待人员应对每一起客户投诉及处理过程进行详细的记录，包括投诉内容、处理过程、处理结果、客户满意度等。用计算机管理客户投诉的内容，不断改进客户投诉处理办法，并将获得的信息传达给其他部门，使其他部门能够有效、全面地收集和分析客户意见，作出适当的处理。

(二) 不要简单地对客户说 "不"

既然客户向接待人员抱怨，那么客户肯定是希望接待人员能够解决问题。如果接待人员仅仅想用一个 "不" 字就解决问题，可想而知客户会有什么样的反应。有时就算是客户的要求接待人员无法满足或者不愿意提供，接待人员也不能对客户置之不理，最好的办法是如实告知客户你的困难或局限之处。此时，客户不再对接待人员抱有不切实际的期望。

此外，还有一个方法可以增加客户对接待人员的好感，即在接待人员没有能力为客户解决问题时，积极地帮助客户寻找解决问题的方法。例如，接待人员可以告诉客户："没问题，虽然我们没有这项业务，但我知道哪家企业有，请你记一下企业的名称和联系电话……，如果这家企业也没办法，请打电话给我，我会告诉你其他企业的联系方式。"如果接待人员不知道哪家企业能够提供客户要求的服务，则可以这样对客户说："我不知道，但让我查一查，我会免费为您找些名单。"客户见接待人员这么为他着想，心里肯定会感到很舒服。

（三）及时采取补救措施

有时候由于疏忽大意给客户造成了一定的困难，在客户抱怨后，接待人员应及时采取补救措施，这样做最起码可以让客户感到接待人员在努力解决问题，是站在客户的角度解决问题。

1.客户抱怨

客户的抱怨来自哪里？销售全过程的信息收集、渠道体验、合同签订、安装和交付、实际使用、售后服务等每一个接触点都会影响客户而产生抱怨情绪或行为。

根据消费者行为的相关理论及研究，客户的抱怨主要有来自产品/服务体验、期望、公平感三个方面。

实际上，没有不发牢骚、不抱怨的客户。面对客户的抱怨，企业是把客户抱怨"积蓄"起来，等到某一天的爆发，还是主动让客户及时把抱怨"发泄"出来，并化解客户的抱怨？相信明智的企业都会选择后者。面对客户的抱怨，企业既不要装作视而不见，也不要加以搪塞试图蒙混过关，更不要抱着一走了之的态度。企业唯一正确的选择是面对它、解决它、利用它，变不利为有利，并变被动为主动，把客户的抱怨变成企业成功的机会。同时，企业要善于做客户的"出气筒"，因为客户装进"桶"内的不是"垃圾"，而是财富。

2.客户投诉

客户投诉对企业有很大的影响。从理论上来说，每个遇到问题的客户都会抱怨，但实际情况要比这糟糕得多。

通常，25~50个遇到问题的客户中只有1人会向企业投诉，即每一次投诉只是企业问题的冰山一角。假设每一个不满意的客户都会将他（或她）的体验告诉20个人，这就意味着企业在接到每一次投诉时，可能已经失去了500~1 000个客户，或可能已经失去了超过500个的潜在顾客。

当客户不满意企业的产品或服务时，他可以说出来，也可以一走了之。如果客户一走了之，企业连消除客户不满意的机会都没有了；而投诉的客户则给企业弥补的机会，他极有可能还会购买企业的产品。

三、客户投诉的价值分析

任何企业都无法避免地遇到客户的抱怨或投诉，即使是经营得非常好的企业也不例外。企业遇到投诉时，往往如临大敌，感到十分棘手。因为很多投诉的有效解决，除了需要客户服务中心全力以赴外，还需要企业其他相关部门的通力合作。不难看出，企业将会为此付出很大的人力和物力成本。更关键的是，如果投诉处理得不好，则会导致客户对企业的强烈不满，甚至会导致客户流失。那么，没有投诉对企业来说是好消息吗？如果没有客户的投诉，企业就无法了解客户流失的原因，更不知道应该在哪些方面进行改进。所以，企业应该感谢投诉的客户，正是客户的投诉让企业知道在哪些方面存在问题。

　　对大多数客户而言，他们并不愿意采取投诉手段，即使他们清楚投诉渠道。这是因为：一是客户认为企业可能不会重视他们的投诉；二是客户觉得投诉后，处理的结果也未必会让他们满意。

　　有数字表明，90%的不满意客户从来不抱怨，69%的客户从未提出过投诉，23%的客户不满意时只向身边的服务人员提出过，仅有8%的客户提出过投诉，形成了投诉金字塔。由此可见，客户的投诉是天赐之礼，一定要抓住这次与客户良好交流的机会，变不利为有利。

　　现在越来越多的企业注意到客户投诉的处理，从售前就已经开始进行了。也就是说，多数客户投诉的问题是可以得到预防的。依据80/20法则，我们只要付出20%的努力，就可以避免80%的投诉，不仅可以提升客户的满意度，还可以提升客户的忠诚度，减少客户的流失。举例来说，一家B2C的网上销售公司，其客户可以通过在线或电话订购产品，并以货到付款或邮寄等方式支付订单。从客户服务中心的角度来说，通过加强对客服人员业务知识、服务技巧的培训，使客服人员为客户提供优质的服务，来避免投诉的产生；对其他部门而言，完善各自的工作流程，如产品介绍要清晰、准确，数码产品相关参数要齐全，避免页面与实物的介绍不符；物流人员严格执行操作流程，保证按订单正确检货，准时送货上门等。相关的购物流程、配送范围及金额、退换货的条款等都要在"帮助中心"进行详细的说明，并及时加以更新。

　　传统观点认为，企业处理投诉时所采取的行动是调查、补偿、吸取教训。现代观点认为，企业处理投诉时应将补偿放在第一位，将调查放在第二位。因为如果补偿金额不大，那么立即采取行动比长时间的调查更有可能弥补客户的损失，以保持与客户的良好关系。

　　针对客户投诉的分析，企业要从多个方面（如客户的年龄、职业、分布地区等）进行。通过分析客户投诉的数据，不断完善企业各部门的工作流程，让客户的体验越来越好。

　　需要注意的是，如何将事后的投诉处理变为事前的防范。重大的客户投诉在发生前一定是有预兆的。企业应从蛛丝马迹中发现问题，及时处理，避免客户投诉的产生。客户投诉管理就是要充分挖掘投诉的价值，为企业带来财富。

四、有效处理投诉的基本原则和步骤

（一）亲善大使——心态调整和定位

　　首先，处理投诉的接待人员要热爱本职工作；其次，接待人员能够淡化对事情的个人感情因素；最后，接待人员要把客户当作上帝，放低姿态，耐心又周到地为客户处理投诉问题。

（二）萌芽控制——接待投诉客户的技巧

　　接待人员不仅要有良好的服务态度和规范的接待礼仪，还要具备较强的沟通技能，才能妥善处理日常工作中的各项业务。作为投诉处理人员在接待客户时，应掌握一定的语言规则和技巧，才能更好地服务客户。

1.面对客户，有问必答

　　客户的投诉往往由疑问开始，客户对遇到的问题会向接待人员提出，所以接待人员不要因为自己的专业知识丰富就以为所有的客户都具有相同的水平，应耐心、细致地解释，做到有问必答。

2.听解准确，回答详尽

接待人员在回答客户的提问时不能简单草率，要真正倾听，弄明白客户的投诉问题，然后作出详尽的解释，语言要尽量准确客观，条理清晰，让客户理解明白。

3.言辞恳切，方式多样

客户的投诉可分为"有理由投诉"和"无理由投诉"两类。对于因企业原因给客户造成麻烦的"有理由投诉"，接待人员应诚恳地道歉，采取相应措施，取得客户的谅解。对于"无理由投诉"，接待人员也要礼貌对待，采用更得体的语言表达企业的歉意。例如，"对不起，由于我们的宣传解释工作做得不够，让您误会了，非常感谢您的提醒，我们今后会进一步改进工作，争取让您满意"。

（三）化解矛盾——理解投诉客户的技巧

处理客户投诉的最终目的是化解企业与客户的矛盾。充分理解客户投诉的问题是化解矛盾的根本，因此在处理投诉时接待人员需要理解投诉客户希望得到什么，礼貌、耐心地向客户提出问题，直到完全理解了客户的诉求为止。

（四）解决问题——与投诉客户达成协议的技巧

在为客户解决问题时，接待人员要向客户推荐最有利于客户的解决方案。如果客户有异议，再推荐其他解决方案；如果解决方案只有一套，接待人员需要向客户说明原因，并表示歉意。

（五）巧妙应对——处理难缠客户的技巧

每一位接待人员都有自己独特的处理难缠客户的方法和技巧。作为一名优秀的接待人员，只有不断地了解、掌握并灵活运用多种沟通技巧，才能在处理难缠客户的投诉时得心应手。具体的方法和技巧主要有：

1.平抑怒气法

通常客户会带着怒气进行投诉，这是十分正常的现象。此时，接待人员应当态度谦让地接受客户的投诉，引导客户讲出投诉的原因，并针对问题进行解释或处理。这种方法适用于所有的投诉处理。接待人员采用这种方法时应把握以下要点：

（1）听：认真倾听客户的投诉，搞清楚客户投诉的原因。

（2）表态：表明态度，让客户感到你有诚意对待他的投诉。

（3）承诺：可以解决的应立即解决，不能解决的应给客户一个明确的承诺，直到客户感到满意为止。

2.委婉否认法

这种方法就是当客户提出自己的抱怨后，接待人员先肯定对方的抱怨，再陈述自己的观点。这种方法的表达句型有"是的……但是……""是……而……""除非……"，这种句型暗示着极强烈的否定性，因此应用时尽量避免出现"但是"。这种方法特别适用于主观、自负的客户。

3.转化法

这种方法适用于因误解所导致的客户投诉。接待人员处理这种投诉时应当让客户明白问题所在，转化方式要轻松自然。若转化方式运用恰当，客户则会理解；若转化方式运用不当，则会弄巧成拙，使客户生气，反而增加阻力。因此，接待人员在用此法时应心平气和，即使客户的抱怨明显缺乏事实根据，也不能当面驳斥，而应旁敲侧击、启发和暗示。

4.承认错误法

如果产品或服务质量不能令客户满意，则应当承认错误，并争取客户的谅解，而不能推卸责任或者寻找借口，因为任何推诿都会激化矛盾。承认错误是第一步，接着应当在明确承诺的基础上迅速解决问题，不可以拖延时间，在事发的第一时间解决问题，成本是最低的，也会得到客户的认可。一旦时间过长，就会另生事端。

5.转移法

转移法是指接待人员可以不予理睬客户的投诉而将话题转移至其他方面。有时客户提出投诉本身就是无事生非、无端生事，或者比较荒谬，这时最好不予理睬，而应当迅速转移话题，使客户感到接待人员不想与他加剧矛盾。

6.幽默感

幽默感是缓和气氛的最佳武器，会心一笑，什么不满都可以化解。

（六）修复关系——提升正面价值，延长客户的满足感

要正确利用客户投诉。不少人认为，对客户投诉的处理，只要通过一定的方式弥补到位，让客户满意就完事了。殊不知，这才是工作的一半，而另一半的工作是，在客户投诉处理结束以后，要全面加强对这起客户投诉的利用，尤其是对有效投诉的利用。例如，如果客户投诉是因为制度不完善，就要对制度进行修改与完善；如果客户投诉是因为人员思想素质和业务素质不到位，就要加强对人员的教育与培训；如果客户投诉是因为服务水准不高，就要适应客户的要求，提高服务水准；如果客户投诉是因为机械故障或者技术不精，就要不断地改进技术装备。总之，通过利用好客户投诉来改进企业经营水平，以提高客户的满足感。

☑ **做中学 8-2**

处理难缠客户的技巧有（　　）。

A.委婉否认法

B.平抑怒气法

C.转化法

D.转移法

E.幽默感

F.承认错误法

任务四　电话销售实训

一、开场白

电话销售的准备工作完成以后，就进入了给客户打电话的环节，在给客户打电话时，一个恰当的电话销售开场白非常重要。那么，如何做好电话销售的开场白？本任务介绍了做好电话销售开场白的五个关键要素，以供参考。

（一）自我引见

自我引见十分重要。例如，当电话接通后你说："您好，我是销售培训机构的××。"一定要在开场白中很热情地表示友善的问候和自我引见，这是开场白中的第一个要素。

（二）相关的人或物的阐明

开门见山地直接进入话题，会显得很唐突，也不利于双方建立起融洽的关系。因此，最好有相关的人或物的阐明。

（三）引见打电话的目的

引见打电话的目的之一就是突出对客户的益处。在开场白中要让客户真正感知到你对他的价值。

（四）确认时间的可行性

首先有礼貌地询问对方接听电话是否方便，可否花5~10分钟的时间进行交流。当然，此方式未必对每一位客户都适用。当电话沟通过程占用客户较多的时间，且客户是一个时间观念十分强的人时，我们应当有礼貌地咨询客户的意见。

（五）转向探询需求

为了建立双方的关系或发掘客户的需求，我们一定要用问题来作为打电话的开始，找到客户感兴趣的话题，客户才会乐于谈其的想法，开场白才能顺利地进行下去。另外，打电话给客户前，要对客户的各个方面有一定的了解。

二、探寻客户需求

探寻客户的需求一般有以下步骤：

（1）观察客户所隐藏的信息，如客户的品位、爱好等。

（2）通过提问来获取客户的基本信息。

（3）认真聆听客户所讲的内容，从中获得大量有助于销售的重要信息。

（4）通过开放式提问，不仅可以找出客户的深层次需求和需求背后的原因，还可以解除客户的防卫心理，使客户感到被重视、被尊重。

（5）引导客户解决问题，把客户的需求确定在某一点上。

（6）抛出有针对性的解决方案。

三、根据需求有针对性地推荐企业的产品

如果探询需求是为了对客户的需求有更清楚的了解，那么我们有针对性地推荐产品，就是希望客户明白，我们是如何满足其需求的。

如果对客户的需求有了清晰、明确的认识，并经过了证实，那么我们要根据自己的经验和专业知识，为客户做有针对性的产品推荐。

为了更好地理解这一部分，我们需要探讨两个概念——USP 和 UBV。

USP（Unique Selling Point）是指独有的销售特点。在探询客户需求时，我们要尽可能地把客户的需求引向自己的 USP，这样客户在做决策时，才会对我们有利。以笔记本电脑为例，假如我们的笔记本电脑上有蓝牙模块，而客户所选择的笔记本电脑上没有蓝牙模块，那这一点就是我们的 USP。但是，如果客户并不关注这一蓝牙模块，那么我们的 USP 也不会对客户的购买决策产生太大的影响。这时，我们需要引导客户认识到蓝牙模块的重要性，只有客户接受了蓝牙模块，这个 USP 才会起作用。

不过，客户关注的是这个 USP 所带来的独有商业价值，也就是我们下面要谈的。

UBV（Unique Business Value）是指 USP 所带给客户的价值和利益。只有被客户认同的 USP 所带来的价值，才是 UBV。例如，如果客户不认同蓝牙模块的重要性，那么它就不具有 UBV，因为它不会给客户带来价值。在销售中，客户最关心的并不是我们到底与其他竞争对手有何不同，而是我们的与众不同之处能给客户带来的价值和利益是什么。因此，让客户下定决心的不是 USP，而是 UBV。例如，蓝牙模块可以帮助客户更轻松地实现数据传输，进而可以帮助客户节省更多的时间，这就是UBV。

四、促成成交的方法

（一）不确定成交法

工作人员故意说出一些没有把握的情况，让客户担心，并最终让其下定合作的决心。例如，"嗯，请稍等，让我查一查这个产品的库存情况，最近销售情况不错，此产品的库存量很少了。这样的话，我们不得不安排到下个月再签单了。""您刚才提到的这款 MFP 型号，是目前最畅销的品种，几乎每周都要进一批新货，我们仓库可能没有存货了，我先打个电话查询一下。"

（二）典型故事成交法

在促成之前，先讲个故事，在故事结尾时，巧妙进行促成。

日本保险业有一个叫柴田和子的家庭主妇，从 1978 年第一次登上日本保险业"冠军"后，连续 16 年蝉联"日本第一"，她之所以能取得如此好的业绩，与她会讲故事的本领分不开。针对父母在给孩子买保险时总是犹豫不决的情况，她就会讲一个"输血"的故事："有一个爸爸，在一次驾车回家的途中，不幸发生了车祸。当这个爸爸被送往医院进行急救时，医院一时调不到相匹配的血液，这时儿子勇敢地将自己的血液输给了爸爸。过了大约 1 个小时，爸爸醒了，儿子却心事重重。旁边的人问他为什么不开心，儿子则小声地说：'我什么时候会死？'原来，儿子在输血前以为一个人如果将血输出去，自己就会死掉。儿子在做决定时就想好了用自己的生命来换取爸爸的生命。既然做儿子的可以为父母牺牲自己的生命，难道做父母的为儿子买一份保险，还要犹豫吗？"

（三）对比成交法

把两个不同时间、不同地点、不同前提条件下的合作方式同时列举出来，进行对比，最后选择一个对客户更加有利的方案进行促成。

例如，"××经理，我们这次促销活动的方案是：在本月15日之前，可以享受9折优惠；在本月15日之后，只能享受9.5折优惠。今天是13日，如果您今天签约，还可以享受9折优惠。咱们准备订购哪款产品，我马上给您登记。""这段时间正值五一劳动节，公司推出了一系列优惠活动，您刚才看中的这几件上衣，在平时都要好几百元，现在每件不到100元，您看下单几件呢？"

（四）直接促成法

就是直接要求对方下订单、签协议。

例如，"王女士，我现在把报价单传真过去，您只需要在上面签字、盖章后，传真给我就可以了。""李女士，我这里有一份合同的样板，我先发给您看看，如果没有什么问题，就签好字、盖好章，再发给我，好吗？""马经理，为了使您尽快能拿到货，我今天就帮您下单可以吗？"

（五）假设成交法

这种促成技巧就是事先假设客户已经同意合作，然后直接询问合作后的相关细节问题。

例如，"吴先生，您希望我们的工程师什么时候给您上门安装？""您觉得什么样的价格合理呢？您出个价。"

（六）二选一成交法

提供两种方案让客户选择，但无论哪种选择结果都是同意合作。

例如，"马经理您好，从工程师的时间安排来看，培训时间最好安排在这个月的12—15日，或下个月的1—3日，哪个时间段对您比较方便呢？""您希望我们的业务员在明天上午还是明天下午把货送到呢？"

（七）危机成交法

通过讲述一个与客户密切相关的事情，来阐明事情的发生对客户及周围的人造成的不良影响，从而让客户产生危机感，最终促成客户签单。

例如，"张经理，据最近的报道，该小区上个月一共发生了3起盗窃案。为了避免给您的财产带来损失，建议您立即安装防盗门。""王伯伯，最近常有一些无聊的人总是往别人家里打骚扰电话，为了避免给您的生活带来不必要的麻烦，我们电信公司建议您开通来电显示，您看如何？"

（八）以退为进成交法

在与客户谈判时，我方可以作出让步，但将合作的其他条件进行相应的调整，以便促成签单。

例如，"如果我们将新产品按原来的价格卖给您，您可否订购20万元，而不是10万元？""如果交货期能够推迟一周，我们可以优惠500元，您考虑一下，好吗？"

（九）替客户促成成交法

针对某些犹豫不决的客户，我们应该立即找出客户对产品最关注的地方，并为客户推荐一种能够满足其需求的产品。

例如，"林总，如果您是考虑产品的耐用性，我觉得这款产品最适合不过了，因为这款产品是采用航空材料制作而成的，既耐高温又耐腐蚀，您看今天下午就派人送到您府上，可以吗？""李先生，根据您刚才提到的情况，我建议您先试用下我们的产品，看看效果，您说呢？"

（十）最后期限成交法

明确告诉客户某项活动的优惠期限还有多久，在优惠期内客户能够享受的利益是什么。同时，提醒客户，优惠期结束后，客户购买同类产品将会受到怎样的损失。

例如，"缨子女士，这是活动在这个月的最后一天了，过了今天，价格就会上涨1/3，建议您马上作出决定。""陆总，这个月因为庆祝公司成立十周年，所以产品才享受这个优惠的价格，下个月就会调到原来的价格，如果您现在购买每盒可以节约50元，您需要购买多少呢？""张先生，如果您在本月15日之前报名，就可以享受八折优惠，今天是14号，过了今明两天，就不再享有任何折扣了，您看我先帮您报名，可以吗？"

（十一）手续简单成交法

直接告诉客户办理某项业务的程序非常简单，然后让客户尽快做决定。

例如，"罗总，办理这种卡非常方便，您只需要告诉我您的地址和邮编，我直接给您邮寄过去就可以了。""汪先生，办理这个来电显示业务非常简单，只需要在电话中确认一些资料，马上就帮您开通服务，您不必亲自到营业厅办理，请问您的身份证号码是多少？""报名程序很简单，您只需在网站上下载报名表，填好相关内容后，直接发邮件给我们就可以了。"

（十二）展望未来成交法

先假设客户已经签订相关协议，接着展望客户得到产品后的好处。

例如，"白云女士，如果这套房子您现在交定金，两周后，您就可以享受这里的美好风光了，您还犹豫什么呢？""胡先生，如果您现在就购买我们的MFP产品，那么明天您就可以享受到快速彩色打印，并再也不用担心文件丢失的情况了，您看今天下午就派工程师为您安装，行吗？"

（十三）少量试用成交法

任何一个人在第一次接触新鲜事物时，都会有所担心。此时，我们可以建议客户先试用，试用后如果觉得效果不错，再进行购买（或合作）。

例如，"方经理，我们是第一次接触，彼此不是很了解，我有一个建议，您第一次可以购买个小型打印机，如果您在使用后觉得效果不错，再购买我们的MFP产品，您看如何？""雷经理，我建议您先试用1个月，如果试用1个月后您觉得很满意，我们再签约，您觉得呢？"

（十四）坦诚成交法

从客户的切身利益出发，以一种特别坦诚的态度看待自己的产品。如果产品可以满足客户的需求，就推荐给他；如果产品不能满足客户的需求，就放弃促成。

例如，"王总，您好！我们经过几次电话沟通，也算有了初步认识。从这几次与您的沟通来看，个人觉得您完全没有必要购买如此高端配置的电脑，因为很多功能在您的日常工作中使用的概率很低。我建议您不妨购买另一款电脑，它从配置和性能上来说都非常适合您，您看如何呢？""关于价格方面，我们的产品的确比同类产品贵了一些，但我希望您能再花点时间多做一些比较，比较一下同类产品的质量和售后服务，我希望大家做生意是一种长期的稳定关系。如果我这次卖给您的价格高了，您就不可能再次照顾我的生意，对不对？我刚才给您的报价的确是目前最优惠的价格了，您就别再犹豫啦。"

（十五）3F 成交法

3F，即感受（fell）、觉得（felt）、发现（found）。

我们先表示理解客户的感受，然后列举一些事例，说明其他人刚开始也是觉得如此，但在他们使用产品之后发现非常值得。

例如，"桃姐，我能理解您的感受，刚开始××公司的王总也觉得价格太高，但在使用我们的产品之后，他发现这套产品的确非常的有效，简直物超所值。您不妨买一套先试试？""张先生，您这样说，我非常理解您的感受，我的很多客户刚开始也觉得与我们合作没什么把握。不过，与我们合作之后，他们发现无论是服务质量还是产品质量，都让他们十分满意。您不妨这个星期来我们这里感受一下，如何？"

（十六）"最后一个问题"成交法

认真倾听客户在购买产品前的所有疑问，最后用一个问题结尾，并直接进行促成。

例如，"牛总，我想知道价格是不是您关心的最后一个问题，如果我们就价格达成一致，您是不是马上可以下订单？""肖先生，效果是不是您关心的最后一个问题，如果我们谈妥的话，您会决定马上签约吗？""英女士，交货期是不是您关心的最后一个问题，如果我们能够保证在约定的时间内完成订单，现在是不是就可以签订合同？"

（十七）强化信心成交法

通过向客户列举相关证明，进而强化客户对产品的购买信心。相关证明可以是公司的实力、信誉，也可以是其他购买过产品的消费者见证，还可以是某项产品已获得的相关资质证书等。

例如，"李总，您好，关于我们公司在业内的口碑，我相信您应该也听说过，上个月因为我们公司财务的疏忽，将一款产品的出口报价报低了5美元/双，但公司老总还是按此报价与外商合作。所以，您尽管放心，就算吃亏，我们公司也会遵守承诺。关于我们公司的信誉问题，您应该没什么好担心的，是吗？要不，我现在就把合同给您传真过去，您看后要是没什么问题，我们就将合同确定下来，您觉得如何？""王经理，您真是一个很有眼光的人，您看中的这款产品，其技术含量目前在国内处于绝对的领先地位，这款产品共有12项国家专利，并在2024年一共获得了8项荣誉证书。到目前为止，我们公司这款产品基本上处于供不应求的状况。您打算订多少货呢？我这边好根据您的订单安排生产。"

（十八）绝地反击成交法

我们在电话中已经想尽各种办法，对方还是一口回绝，此时不妨使用这一招。

在最后放弃之前，要求对方提供帮助，获得机会后，再伺机而动。

例如，"罗总，今天非常感谢您的宝贵时间，我从您这里学习到了不少的东西。最后我有一个小小的请求，这次未能与您合作成功，说明我们公司的产品、技术，或者我本人一定存在不足的地方，拜托您指点一下，以便给我们公司或我个人一个改进的机会。""刘经理，我知道我们的产品非常适合您，可我本人的能力有限，无法说服您，我认输了。不过，在我告辞之前，我还有最后一个请求，请您指出我的不足，让我有一个改进的机会好吗？"

五、客户关系的建立和维护

（一）客户关系建立的方法

1.建立必要的连接

建立连接点的目的在于多与客户接触，正所谓"一回生，二回熟"。

2.沟通

沟通是人际关系的基础，没有良好的沟通就不存在良好的关系。

3.关怀、关心

没有客户会抗拒对他的关怀、关心。

4.酬谢

酬谢体现了你对客户的感恩和诚意。"礼多人不怪"在这里很适用。

5.危机

当危机出现时，我们应该更多地想到的是"机"而不是"危"。

6.服务

没有良好的服务，上面的一切都可能变成"忽悠"。

7.增值服务

增值服务能带来意外的惊喜。

帕尔迪的客户惊喜理论：如果你满足了客户的期望，他们会很满足；如果你超越了客户的期望，他们会很惊喜；而惊喜的客户会向其他人推荐你，成为你伟大口碑的传播者。

（二）客户关系的维护

1.不为难客户

谈合作、谈项目一定要讲究时机。时机不好，好合作也会泡汤。当客户有为难之处时，一定要体谅别人，不要让客户为难。比如，客户现在有事处理，或客户认为那样做会不合适等，你就要马上停止你的要求，并告诉他不管怎么样，你会非常感谢他。你的善解人意会让客户觉得很抱歉，甚至内疚，下次一有机会他就会想着补偿你。你也不会因为强人所难而丧失与这位客户今后继续交往的机会。

2.替客户着想

我们与客户合作一定要追求双赢，特别是让客户也能够漂亮地向上司交差。我们是为公司做事，希望自己作出业绩，客户也是为单位做事，他也希望自己的事情办得漂亮。因此，我们与客户合作时，就要注意不要把没有用的或不要的产品卖给客户，尽量减少客户不必要的开支，客户也会节省你的投入。

3.尊重客户

每个人都需要获得他人的认同。对于客户给予的合作，我们一定要心怀感激，并向客户表达你的感谢；而对于客户的失误或过错，我们则要宽容对待，而不是责备，并共同研究探讨，找出补救和解决的方案。这样你的客户才会从心底感激你。

4.信守原则

一个信守原则的人最会赢得客户的尊重和信任。因为客户知道满足一种需求并不是无条件的，而是在坚持一定原则下的满足。只有这样，客户才有理由相信你在推荐产品时，同样遵守了一定的原则，才能放心与你合作和交往。

比如，适当地增加某些服务和培训是可以接受的，但损害公司、客户甚至他人利益的要求绝不能答应。因为当你在客户面前可以损害公司或他人利益时，客户就会担心其利益也会受到威胁。

5.多做些销售之外的事情

当客户需要某些资料又得不到时，你可以帮助客户解决这一问题，或者客户生活上遇到一些困难时，在你知道又能办到的情况下，你可以帮助他，这样你与客户不仅是合作关系，还是朋友关系。当有好的合作机会时，客户一定会先想到你。

6.让朋友推荐你

如果前面的要诀都掌握并运用自如了，你就会赢得客户和朋友的口碑。你的客户或朋友会在他们的同行或朋友中推荐你，你的生意就会在越做越大，甚至客户会主动来找你。

7.不要忽视让每笔生意有个漂亮的收尾

所有的工作都做完了，你与客户的合作告一段落，是不是就终结了呢？也许这是大部分销售人员处理的方式，但事实证明这是一个巨大的错误。生意结束时正是创造下一次机会的最好时机。千万别忘了送给客户一些合适的小礼品，如果生意效益确实不错，最好能给客户一点意外的实惠。让每笔生意有个漂亮的收尾，这带给你的效益不亚于你重新开发一个新的客户。

8.用让步来换取客户的认同

很多销售人员在沟通过程中会有意无意地使用一些让步方式，以期让客户满意。比如，在保证利润的前提下进行价格方面的让步。

项目训练

一、单项选择题

1.电话营销是指通过电话、传真等通信技术和计算机技术，实现在多种情况下与客户的接触，从而与客户建立起（ ），并在建立关系的过程中，了解和发掘客户的需求，有计划、有组织、高效率地扩大客户群，提高客户满意度，来满足客户需求的过程。

A.供需关系 B.信任关系 C.合作关系 D.双向关系

2.CRM是选择和管理有价值客户及其关系的一种商业策略，CRM要求以客户为中心的商业哲学和（　　　）来支持有效的市场营销、销售与服务流程。

　　A.商业伦理　　　　　B.社会责任　　　　　C.品牌管理　　　　　D.企业文化

　　3.（　　　）是解决问题的前提。在倾听客户的投诉时，不但要听他表达的内容，还要注意他的语调与音量，这有助于了解客户语言背后的内在情绪。

　　A.倾听　　　　　　　B.沟通　　　　　　　C.真诚　　　　　　　D.友善

　　4.根据消费者行为的相关理论及研究，客户抱怨主要来自（　　　）体验、期望、公平感。

　　A.产品　　　　　　　B.产品/服务　　　　　C.服务　　　　　　　D.商品

　　5.（　　　）是指不予理睬客户的投诉而将话题转入其他方面。

　　A.3F成交法　　　　　　　　　　　　　　B.替客户促成成交法

　　C.转移法　　　　　　　　　　　　　　　D.直接促成法

二、判断题

　　1.电话营销可作为企业攻城略地的尖兵利器，因为它除了正在成为一种很重要的成本控制的销售策略外，它还正在成为一种增加利润和建立稳固客户关系的有效策略。　　　　　　　　　　　　　　　　　　　　　　　　　　　（　　　）

　　2.CRM是辨识、获取、保持和增加"可获利客户"的理论、实践和技术手段的总称。　　　　　　　　　　　　　　　　　　　　　　　　　　　　　（　　　）

　　3.电话调研是指调研人员借助电话，依据调研提纲或问卷，向被调研者进行询问以收集信息的一种方法。　　　　　　　　　　　　　　　　　　　　（　　　）

　　4.客户投诉管理是指要充分挖掘投诉的价值，从客户投诉的经营中为企业带来财富。　　　　　　　　　　　　　　　　　　　　　　　　　　　　　（　　　）

　　5.直接促成法是从客户的切身利益出发，以一种特别坦诚的态度看待自己的产品。如果产品可以满足客户的需求，就推荐给他；如果产品不能满足客户的需求，就放弃促成。　　　　　　　　　　　　　　　　　　　　　　　　（　　　）

三、简答题

　　1.客户资料管理的概念是什么？

　　2.客户资料管理主要包括哪些方面？

　　3.企业在设立统一的投诉管理系统时，需要做到哪几点？

　　4.探寻客户的需求一般有哪些步骤？

　　5.如何进行客户关系的维护？

四、案例分析题

哈银消费金融客诉处理机制揭秘——从接收到解决的高效流程

　　随着消费金融市场的日益成熟和消费者维权意识的增强，如何高效、透明地处理客户投诉已成为金融机构必须面对的重要课题。哈银消费金融有限责任公司（以下简称哈银消费金融）作为行业的佼佼者，凭借其独特的客诉处理机制和高效的服务流程，赢得了广大客户的信任与赞誉。

　　在消费金融行业，客户投诉是不可避免的现象。对金融机构而言，客诉处理既是挑战，又是机遇。一方面，客户投诉反映了公司在产品、服务等方面存在的问题，需要公司积极解决以改善客户体验；另一方面，通过妥善处理客户投诉，公司能够增强客户的信任感，提升品牌形象。因此，构建一套高效、透明的客诉处理机制对哈银消费金融来说至关重要。

（一）哈银消费金融客诉处理流程详解

1.接收与登记

哈银消费金融设立了专门的客诉处理部门，负责接收和登记客户投诉。客户可以通过电话、在线平台、邮件等多种渠道进行投诉。接到投诉后，客诉处理部门会立即对投诉内容进行登记，并生成唯一的投诉编号，以便后续跟踪处理。

2.初步分析与分类

在登记完投诉后，客诉处理部门会对投诉内容进行初步分析和分类。根据投诉的性质和严重程度，将投诉分为一般投诉、重要投诉和紧急投诉等不同级别。对于不同级别的投诉，公司会采取不同的处理策略和时间要求。

3.分配与调查

根据投诉的级别，客诉处理部门会将投诉分配给相应的业务部门或专业团队进行调查处理。调查人员会与客户取得联系，详细了解投诉的具体情况和客户诉求。同时，调查人员还会查阅相关文件和记录，对投诉内容进行核实和确认。

4.制订解决方案

在调查清楚问题后，相关部门会制订具体的解决方案。对于一般投诉，解决方案通常包括向客户道歉、提供补偿或优惠措施等；对于重要投诉和紧急投诉，公司会成立专项小组进行快速响应和处理，其解决方案会提交给客诉处理部门进行审核和确认。

5.反馈与跟踪

经过审核确认的解决方案会及时反馈给客户。同时，客诉处理部门还会对解决方案的执行情况进行跟踪和监督。如果客户对解决方案表示满意并接受处理结果，则投诉处理流程结束；如果客户对解决方案不满意或问题未得到完全解决，则客诉处理部门会重新制订解决方案并继续跟踪处理。

（二）哈银消费金融客诉处理机制的特点与优势

高效性：哈银消费金融的客诉处理流程设计合理、分工明确，能够在最短时间内对投诉进行响应和处理。同时，哈银消费金融还引入了智能化技术，提高了客诉处理的效率和准确性。

透明性：哈银消费金融注重客诉处理信息的公开与透明。客户可以通过在线平台实时查询投诉处理进度和结果。哈银消费金融还会定期发布客诉处理报告，接受社会监督。

专业化：哈银消费金融设立了专门的客诉处理部门和专业的调查团队，具备丰富的行业经验和专业知识，能够对客户投诉进行准确判断和科学处理，确保客户权益得到充分保障。

互动性：哈银消费金融注重与客户的沟通和互动。在客诉处理过程中，哈银消费金融会积极与客户保持联系，及时了解客户的需求和反馈，还会主动收集客户的意见和建议，不断优化产品功能和服务质量。

（三）哈银消费金融客诉处理案例分享

案例一：某客户在使用哈银消费金融的贷款产品时遇到了还款问题。客户通过在线平台进行投诉后，客诉处理部门迅速介入并与客户取得联系。经过详细沟通和了解后，公司为客户提供了个性化的还款方案。客户对公司的处理结果表示满意并给予了高度评价。

案例二：某客户在申请信用卡时遇到了审批时间过长的问题。客户通过电话进行投诉后，客诉处理部门立即将投诉转交给信用卡审批部门进行调查处理。经过核实后发现是系统原因导致的审批延误。公司迅速采取措施优化了审批流程并为客户提供了补偿措施。客户对公司的及时响应和处理结果表示满意。

哈银消费金融凭借其高效、透明的客诉处理机制和专业的服务品质赢得了广大客户的信任和支持。

阅读材料，思考并回答：

1.结合案例，哈银消费金融的客诉处理机制给了你什么启发？

2.结合所学，哈银消费金融的客诉处理流程主要有哪些？

学习目标

【知识目标】

1. 熟悉金融服务外包风险种类；

2. 明晰金融服务外包风险识别；

3. 掌握金融服务外包风险度量；

4. 了解金融服务外包风险控制与治理。

【技能目标】

1. 能够熟悉不同的金融服务外包及其风险；

2. 能够运用不同的方法进行金融服务外包风险识别；

3. 能够了解我国金融服务外包风险度量的不同方法。

【素养目标】

1. 培养风险分析、管理和控制素养；

2. 具备公民意识、社会责任感和伦理道德，为新质生产力贡献金融力量；

3. 遵循国内外金融服务外包行业发展趋势，培养高尚的职业素养。

项目思维导图

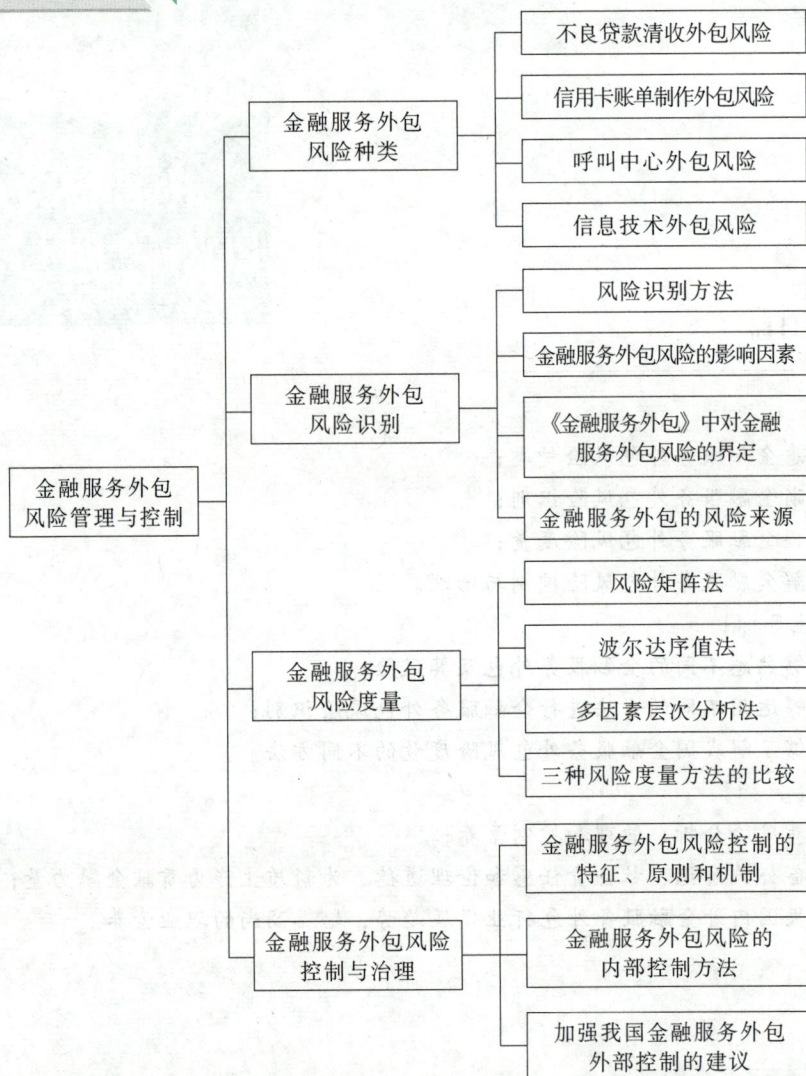

金融服务外包风险管理与控制

- 金融服务外包风险种类
  - 不良贷款清收外包风险
  - 信用卡账单制作外包风险
  - 呼叫中心外包风险
  - 信息技术外包风险
- 金融服务外包风险识别
  - 风险识别方法
  - 金融服务外包风险的影响因素
  - 《金融服务外包》中对金融服务外包风险的界定
  - 金融服务外包的风险来源
- 金融服务外包风险度量
  - 风险矩阵法
  - 波尔达序值法
  - 多因素层次分析法
  - 三种风险度量方法的比较
- 金融服务外包风险控制与治理
  - 金融服务外包风险控制的特征、原则和机制
  - 金融服务外包风险的内部控制方法
  - 加强我国金融服务外包外部控制的建议

案例导入

外包服务商发生多起安全风险事件，国家金融监管总局要求银行保险机构排查整改

国家金融监督管理总局办公厅近日向各银保监局、银行保险机构等下发《关于加强第三方合作中网络和数据安全管理的通知》（以下简称《通知》），要求各银行保险机构对照通报问题，深入排查供应链风险隐患，切实加强整改。各级派出机构要督促辖内银行保险机构严格落实《通知》要求，严肃处置因管理不当引发的重大风险事件。《通知》称，近期部分银行保险机构的外包服务商发生多起安全风险事件，对银行保险机构的网络和数据安全、业务连续性造成一定影响，暴露出银行保险机构在外包服务管理上存在突出风险问题。《通知》主要通报了企业微信服务风险情况和科技外包风险情况。

一、摸清数字生态场景合作网络和数据安全风险底数

在企业微信服务风险方面,《通知》通报称,某微信代理商为多家银行提供企业微信相关服务,将银行客户经理和客户的聊天会话存档在该服务商租用的公有云服务器上,会话存档数据包括部分客户姓名、身份证号、手机号、银行账号等敏感个人信息。

未经银行同意,该服务商私自使用数家银行600余万条会话存档数据用于该公司模型训练,并提供给关联公司。银行因未尽到对客户敏感数据保护责任,引发消费者维权投诉。《通知》指出,上述事件存在的主要风险和问题包括:一是银行保险机构对数字生态场景合作情况底数不清,缺乏统筹管理;二是银行保险机构对合作中数据安全风险和责任识别划分不清。国家金融监督管理总局要求:一是要开展风险自查;二是加强科技风险统筹管理;三是加强非驻场外包风险监测和监管报告。"针对上述问题,银行保险机构要开展一次自查,摸清数字生态场景合作中的网络和数据安全风险底数,开展摸排整改。在合同协议中强化数据安全要求,对于存在违规行为或违反合同约定的,要追究有关外包合作单位的责任,在问题整改完成前,不能扩大合作范围内容。"《通知》如此要求。根据《通知》,银行保险机构应按照监管隶属关系,于7月10日前,将风险自查和整改情况、企业微信合作情况表向国家金融监督管理总局或银保监局(分局)报告。银保监局汇总后,于7月20日前报送国家金融监督管理总局。

二、强化"服务外包、责任不外包"的主体意识

在科技外包风险方面,《通知》主要通报了5个事件,具体包括:

1.2022年8月,4家省联社托管在某服务商的网银系统因存在越权访问漏洞,被不法分子攻破,大量客户信息和账户信息被窃取。

2.某软件开发公司负责程序投产包发布的员工,因私自使用国外邮件代理工具而被黑客盗取工作邮箱密码。2022年5月,黑客登录邮箱并下载了部分邮件内容,在向公司勒索未果后,7月将数据在海外网站售卖,涉及34家银行业金融机构2个信息系统的部分程序源代码、设计文档和数据库配置文件等技术敏感信息。

3.某数据中心托管服务商的客户服务系统存在SQL注入和文件上传漏洞。2021年9月黑客入侵该系统并窃取数据库中信息,2023年1月在海外网站售卖,其中包括70余家银行保险机构的数百条员工个人信息。

4.某寿险公司采购部署的第三方软件产品"保融第三方签约平台",在网络攻防演习时被发现其前端管理页面的JS文件中明文写有管理员账号及密码,攻击者可利用该账号绕过前端验证直接登录系统,并查询包含个人敏感信息在内的所有数据,存在敏感数据泄露风险。

5.2023年2月,某互联网域名代理商因私自变更失误,导致某银行互联网域名解析失败,在业务高峰期影响金融交易达68分钟。

《通知》指出,上述事件主要存在的风险和问题包括:一是银行保险机构在供应链安全管理上履职不到位;二是银行保险机构对外包服务的应急管理机制不健全;三是外包服务商的安全管理和技术防护能力严重不足。国家金融监督管理总局要求,银行保险机构应强化"服务外包、责任不外包"的主体意识,切实承担数据安全主体责

任，统筹管理科技风险，压实外包服务商安全责任，提升整体防控水平。具体而言，一是切实履行网络和数据安全保护义务；二是采取针对性安全保护措施；三是建立健全应急处置机制。《通知》强调，涉及通报安全事件的有关银行保险机构，要制订风险整改方案和计划，并按照监管隶属关系向总局或派出机构报告，各级派出机构要加强评估，严格督促，确保落实，不留问题死角。对整改不力的机构，要及时采取监管措施。

　　资料来源：胡志挺. 外包服务商发生多起安全风险事件，监管要求银行保险机构排查隐患、切实整改［EB/OL］.［2023-06-27］. https://www.thepaper.cn/newsDetail_forward_23635926.

　　思考与讨论：
　　本案例中，金融服务外包企业有哪些安全风险事件？

任务一　金融服务外包风险种类

　　我国银行开展的外包业务量很少，主要集中在电子银行的信用卡发行、管理和后勤事务外包等传统领域。近年来，随着全球金融竞争的日益激烈，服务外包更是以其降低经营成本、提升组织效率和强化核心竞争力的优势而深受各国银行机构的青睐，发展势头十分迅猛。然而，服务外包是一把"双刃剑"，它在成为银行竞争利器的同时，也给银行带来了潜在风险。因此，各国监管机构都十分关注银行服务外包的风险监管问题。在我国，金融服务外包风险可分为：

一、不良贷款清收外包风险

　　对于金融机构产生的不良个人消费贷款，传统的清收方法耗时长、成本高。部分金融机构将不良消费贷款外包给专门的清收机构，外包清收的品种主要包括住房按揭贷款、汽车消费贷款、助学贷款、装修贷款、工程机械贷款等。外包清收的范围主要是可疑类和损失类的贷款。这类外包业务存在的风险主要有：一是外包清收资金控制存在风险漏洞。在执行过程中，外包服务商没有在金融机构存放保证金或只存放少量保证金，这与清收大量资金的工作职责不匹配。金融机构单方面依据外包服务商反馈的数据进行账务核对，没有与客户进行对账，有可能造成清收资金流失。二是客户资料存在安全问题。外包服务商在工作过程中掌握大量的客户信息，如果外包合同中没有关于客户资料保密的详细规定，则存在法律风险。

二、信用卡账单制作外包风险

　　据不完全统计，我国至少有一半的银行将信用卡账单制作业务外包给第三方的专业机构，外包服务商承担了信用卡账单信函的打印、封装和投递业务。这类外包业务存在的风险主要有：一是数据外泄的风险。银行将客户账单数据拷贝到存储介质上交给外包服务商，客户账单数据可能会在第三方的系统中驻留，且往往不会被加密存储。同时，外包服务商配置的打印封装系统往往为分体式，操作人员有机会接触到客户信息。二是存在持卡人信息泄露的风险。比如，外包服务商有可能将持卡人的个人信息泄露给广告公司。

三、呼叫中心外包风险

金融机构将呼叫中心外包给专门服务机构，虽可降低经营成本，但可能导致客户的数据和隐私外泄，或者导致客户资料外泄给广告公司。如果外包服务商有意或无意地透露了客户向呼叫中心咨询、求助、订购产品或服务过程中的信息或密码等，则可能导致个人经济损失或影响金融机构的声誉。

四、信息技术外包风险

金融机构信息技术外包风险集中表现为外包过程中信息系统失控，这种系统失控主要表现为对外包的内容控制有限；过度依赖外包服务商；对服务资源失去控制，失去信息技术应用方面的能力；活性降低、信息的安全性受到破坏或威胁等。这类外包业务存在的风险主要有：一是能否选择到合适的外包服务商。金融机构一旦选择了不合适的外包服务商，外包质量和服务响应时间将难以保证，外包业务可能严重失控。二是过分依赖外包服务商。随着外包服务范围的日益扩大，金融机构对外包服务商的依赖性逐渐增强，从而降低了服务的灵活性，最终丧失了竞争力。三是外包服务商若不能准确理解金融机构的业务需求，则会影响服务质量，无法保证服务水平。

视频9

金融服务外包中风险控制特点和机制

任务二　金融服务外包风险识别

拓展阅读9-1

金融监管总局曝光"科技外包"数据风险！银行保险自查进行时！

近年来，随着"数字中国"战略的深入实施，银保、保险机构大力推行数字化转型。然而，在行业主体加大科技、数字化投入的同时，部分机构对信息科技外包服务商、第三方生态合作者的依赖度不断加大，并因风险管控不严，导致网络、数据等信息安全风险事件频繁上演。

日前，国家金融监督管理总局最新发布的《关于加强第三方合作中网络和数据安全管理的通知》（以下简称《通知》）就深入揭露了这一问题。从『A智慧保』获取的《通知》内容来看，近期部分银行保险机构的外包服务商发生了多起安全风险事件，对银行保险机构的网络和数据安全、业务连续性造成了一定的影响，暴露出行业机构在外包管理服务上存在突出风险问题。

从风险类型来看，《通知》重点提及了企业微信服务风险和科技外包风险的相关情况及重点问题，并给出了具体细化的监管要求。与此同时，《通知》强调银行保险机构应针对这些问题，深入排查风险隐患，切实加强整改。特别是涉及通报安全事件的有关机构，要制订相应的整改方案与计划，对于整改不力者，将采取监管措施。

随着《通知》的下发，银行保险机构将按照监管指示，在科技外包服务、技术合作等方面展开一轮详细的风险自查，而存在明显问题的机构更是要进行不留死角的整改。那么，此次《通知》究竟涉及了哪些风险事件与问题，银行保险机构在数字化转型过程中又该如何强化风控、压实责任？

《通知》重点提及的企业微信服务风险情况包括：

某微信代理商为多家银行提供了企业微信方面的相关服务，将银行客户经理与客户的聊天会话存档在该服务商租用的公有云服务器上，会话存档数据包括部分客户姓名、手机号、身份证号、银行账号等敏感个人信息。在未经银行同意的情况下，该服务商私自使用了数家银行600余万条会话存档数据，用于该公司模型训练，并将其提供给关联公司。据了解，在这一事件中，由于银行未尽到对客户敏感数据保护的责任，引发了消费者的维权投诉。

类似的案例，或许在银行日常的数字化客户服务中并不鲜见，但潜在的风险隐患不容忽视。由此，针对这一典型事件，监管重点揭示了两个方面的风险问题。

一是银行保险机构对数字生态场景的合作情况底数不清，缺乏统筹管理。在开展数字生态合作时，银行保险机构外包风险主管部门、数据和科技管理部门未参与其中，且缺乏数据安全风险评估、监控管理等机制，存在突出风险隐患。

二是银行保险机构对合作中的数据安全风险和责任识别划分不清。数字化转型合作业务场景连接，技术渠道相互嵌入，数据交互、存储情况较为复杂，银行保险机构对技术、业务数据等方面的风险识别不清晰，责任划分不明确，存在数据收集使用不合规、数据保护存在盲区、安全责任交叉等问题。

可见，对于银行保险机构的数字生态合作业务，相关技术主管部门普遍存在监督缺失等问题，而对于第三方合作中存在的数据安全风险，银行保险机构也不够重视。

面对企业微信服务、科技外包业务等方面暴露出的风险事件与风控问题，此次《通知》也给出了监管要求，对于行业主体，特别是涉事机构，将面临一次不小的整改与规范。

在企业微信服务风险方面，《通知》明确提出，针对上述问题，银行保险机构要全面开展一次自查，摸清数字生态场景合作中的网络与数据安全风险底数，开展排查整改；在合同协议中强化对数据安全的要求，对于存在违规行为或违反合同约定的，要追究有关外包合作单位的责任，在问题整改完成前，不得扩大合作范围内容。

除自查整改外，银行保险机构还需加强科技风险统筹管理。比如，要将数字生态合作纳入外包风险管理范围，科技和数据管理部门应加强外包合作的网络与数据安全管理，加强风险评估与事件处置。此外，还要加强非驻场外包风险监测和监管报告。对于集中处理客户个人敏感信息和重要数据的非驻场外包，以及涉敏感级及以上数据的委托处理的外包合作，应重点关注、加强风险监测等。

值得一提的是，《通知》特别给出了自查、整改"时间表"，银行保险机构应按监管隶属关系，于7月10日前将风险自查和整改情况、企业微信合作情况表向国家金融监督管理总局或银保监局（分局）报告。银保监局汇总后，于7月20日前报送国家金融监管总局。

另外，针对科技外包服务暴露出的风险问题，《通知》则给出三点具体要求，分别是切实履行网络和数据安全保护义务、采取针对性安全保护措施和建立健全应急处理机制。《通知》还强调，银行保险机构应强化"服务外包、责任不外包"的主体意识，切实承担数据安全的主体责任，统筹管理科技风险，压实外包服务商的安全责任，提升整体防控水平。

需要注意的是，《通知》提及的一系列监管要求，对于银行保险机构而言不可轻视，否则将面临较为严格的监管措施。例如，《通知》明确，各银行保险机构应对照上述问题深入排查供应链风险隐患，并要求各级派出机构督促辖内银行保险机构严格落实，严肃处置因管理不当引发的重大风险事件。

此外，涉及本《通知》通报安全事件的有关银行保险机构，要制订风险整改方案和计划，并按照监管隶属关系向国家金融监督管理总局或派出机构报告，各级派出机构也要加强评估，不留问题死角。对整改不力的机构，要及时采取监管措施。

由此可见，监管机构正着力引导银行保险机构加强第三方合作中涉及的网络与数据安全风险防范工作，强化供应链安全管理，以保障在银行业、保险业数字化转型过程中，实现安全稳健运行。

资料来源：佚名．金融监管总局曝光"科技外包"数据风险！银行保险自查进行时！[EB / OL]．[2023-07-06]．https：//www.sohu.com/a/695020285_823771.经过删减。

风险规避与监管的前提是对风险进行识别。风险识别是风险管理的重要步骤，风险识别指的是风险管理人员在收集资料和调查研究的基础上，运用各种方法对潜在风险以及客观存在的各种风险进行系统归类并查找出来。简单地说，风险识别就是先找出引起风险的主要因素，再对风险的后果作出定性和定量的估计。

一、风险识别方法

风险识别是指通过感性认识和经验，或对各种客观资料和风险事故的分析、归纳和整理，或通过专家访问等方式，找出各种明显或潜在的风险。风险识别是一项持续性和系统性的工作，要求风险管理者密切注意原有风险的变化，并随时发现新的风险。以下是常见的风险识别方法：

（一）头脑风暴法

头脑风暴法是通过专家之间的相互交流，产生创造性思考，使专家的论点不断集中和精化，从而找出解决某一特定问题的方案。

（二）德尔菲法

德尔菲法是美国兰德公司在20世纪50年代发明的一种专家意见收集法。该方法是在互相独立的基础上，以匿名的方式通过几轮信函征求专家的意见，然后对每一轮意见进行汇总整理，作为参考资料再发给各位专家，供他们分析判断，提出新的论证。如此多次反复，专家的意见趋于一致，使最终结论的可靠性越来越大。

（三）面谈（访谈）

与具有丰富专业经验的人员进行面谈，是风险识别的重要工具。面谈是以面对面或电话讨论的方式收集信息、寻求事实的一种方法，面谈的对象可以是一起有过合作经历的特定人员。当再次合作时，特定人员会对所涉及的可能风险提出自己的见解。

（四）核对表

把人们经历过的风险事件及其来源罗列出来，制成一张核对表，供风险识别人员检查核对，以判别外包项目是否存在表中所列的风险。核对表中所列的内容都是类似的、发生过的风险，也都是项目风险管理的结果。在实际工作中，我们还需要不断收集并分析常见的实施改进点、应用操作错误和解决办法清单，对照检查潜在的风险。

（五）流程图

流程图是一种风险识别的常用工具，借助于流程图可以帮助风险识别人员分析和了解项目所处的具体环节、各环节之间存在的风险以及风险的起因和影响。

金融服务外包风险识别的内容包括确定风险的影响因素和来源，描述风险的表现形式，确定哪些风险会影响外包项目。并非所有的风险都会对金融服务外包产生高风险，但有时几个小风险也会对金融服务外包产生影响。因此，我们需要对一些风险进行跟踪。风险识别不是一次就可以完成的，应当在项目的自始至终不断进行。

✅ 做中学 9-1

如何运用头脑风暴法在金融服务外包中识别风险？

二、金融服务外包风险的影响因素

并不是所有的风险因素都可以导致金融服务外包风险的。因此，准确地判断哪些风险因素是需要控制的、哪些风险因素是可以规避的，就成为了风险识别的重要内容。

在金融服务外包中，金融机构作为委托方实施金融服务外包战略，将金融服务外包给外包服务商，其战略目标的实现依赖于双方的共同愿景。资源和竞争力是实现战略目标的支持要素，资源和竞争力之间是相互作用的，二者除了直接对战略目标产生影响外，还可以通过对彼此的改变而间接影响战略目标；环境的变化会对战略目标产生影响，并导致资源和竞争力的变化；战略目标本身也暗藏着风险因素，委托方和外包服务商的战略目标之间有很大的相关性。不论是各风险因素之间的关系，还是双方之间的潜在风险，任何一个因素的变化都可能打破平衡，导致风险的出现。因此，外包风险管理的目标就是保持环境、资源、能力、战略之间的动态平衡。

外包风险因素包括资源因素、能力因素、环境因素和战略因素。其中，资源因素包括信息资源、人力资源、资产资源、制度资源、市场资源、管理资源、技术资源等；能力因素包括组织竞争能力、管理控制能力、沟通协调能力、技术创新能力、市场控制能力等；环境因素包括经济环境（如宏观经济周期、经济政策的调整、行业相关经济政策的变化等）、市场环境（如市场竞争结构、竞争激烈程度等）、社会环境（如社会诚信、道德约束等）、政治环境、文化环境等；战略因素包括战略的制定、实施、修改、控制等，如外包的目的、范围和深度，外包服务商的评价和选择，外包合同的制定和延续，外包绩效的评价等。

三、《金融服务外包》中对金融服务外包风险的界定

巴塞尔联合论坛在《金融服务外包》中指出了10种主要风险：①战略风险，是指外包服务商依照自己的利益自行处理业务而不符合发包方的总体战略和利益，发包方未对外包服务商实施有效监督，发包方没有足够的技术能力对外包服务商进行监督。②声誉风险，是指外包服务商服务质量低劣，对客户不能提供达到发包方要求标准的服务，或外包服务商的操作方式不符合发包方的规定做法。③法律风险，是指外

包服务商不遵守有关隐私的法律，或未能充分遵守保护客户资料以及审慎监管的相关法律，或没有充分遵从监管和制度。④操作风险，是指出现技术故障，或外包服务商没有充足的财力来完成承包的业务并无力采取补救措施；欺骗或过失，或发包方难以对外包项目进行检查或检查成本过高。⑤退出风险，是指发包方过度依赖某一外包服务商，或自身缺乏对有关制度的熟悉而没有能力在必要时收回外包业务，或快速终止外包合同和更换外包服务商的成本过高。⑥信用风险，是指保险或信用评估不当，应收账款质量下降。⑦国家风险，包括政治、社会和法律环境造成的风险，或商业可持续性规划更加复杂。⑧履约风险，是指外包服务商不能履约完成合同规定任务的风险。⑨沟通风险，是指外包业务阻碍了发包方及时向监管机构提供数据和其他信息，监管机构理解外包服务商业务活动有额外的困难。⑩集中和系统风险，是指外包服务商给行业整体带来的风险较大，包括个别企业对外包服务商缺乏控制，以及行业整体面临系统性风险。

根据巴塞尔联合论坛在《金融服务外包》中对金融服务外包风险的归类，本书将金融服务外包全过程的风险分为内部风险和外部风险。其中，内部风险是指金融机构本身存在的风险；外部风险是指来自外包服务商的风险和来自交易过程的风险。因此，金融服务外包风险的形成受内、外部环境影响，是一种项目风险。

四、金融服务外包的风险来源

想要有效地规避金融服务外包风险，仅仅识别其影响因素是不够的，我们必须追根溯源，才能从根本上解决问题。金融服务外包风险的来源有：

（一）金融机构本身的风险

源自金融机构本身的风险一般是金融机构由于接触不到较为前沿的技术而缺乏创新，或者金融机构与所外包的服务脱节而不能使其他相关业务与之相衔接，或者由于金融机构临时性的需求变动使得外包服务商无法很好地随之更新。在金融服务外包中，由金融机构自身所引发的风险包括没有新的金融方面的专业知识，缺乏创新能力；所外包的业务资源与核心业务紧密相关，并且金融机构与外包服务商之间缺乏交流。所以，企业应在服务外包合同中规定外包服务商在提供服务的过程中积极地与金融机构保持沟通状态，并在达不到相应的服务质量时外包服务商应承担赔偿责任。

另外，在金融服务外包中，由于商业上的不确定性，金融机构可能在签完外包合同之后改变需求，这就需要外包服务商在迅速变化的商业环境中具备一定的适应能力。当然，这样从外包服务商的角度来看，同样可以以合同形式对可能发生的类似情况予以规定，以期能够在将来提供服务的过程中有缓冲机会。与此同时，为了取得规模经济、提高经营效率或者适应外包服务商不同的经营方式，金融机构需要作出改变，这些改变会产生操作上的风险。

学习机会和核心能力培养机会的丧失也可能带来相应的风险。整合资源管理（integrated resource management）强调企业资源的不可分割性，设计和生产是一对密切相关的技能。从根本上来讲，金融机构的核心竞争力是金融机构独特的知识和技能的集合，它对金融机构的作用是运用动态整合资源的能力来提供与环境变化相适应的应变能力。金融机构有可能保住当前产品的竞争优势，但也有可能会破坏作为整体的设计与生产活动的互动关系，损坏自身的核心竞争力。此外，金融服务外包可能使金融机构获得了短期的竞争优势，也可能使金融机构丧失了研制新一代产品的能力以及获得关键技能和提升未来核心竞争力的机会。

在外包过渡阶段，内部人员可能需要在外包服务商的系统内接受培训。人员规模调整和雇员转移到外包服务商可能会产生道德风险和复杂的劳动法律问题。若问题处理得不完善，则会引起技术高度熟练的人员和熟悉机构实践及要求的人员的流失。

（二）外包服务商的风险

源自外包服务商的风险包括：因外包服务商的服务质量不能使金融机构满意而对其造成的损失；因外包服务商疏于掌握新的技术而引起的服务质量及竞争力问题；因外包服务商将客户资料外泄而造成的法律问题等。针对以上情况，外包服务商可以为金融机构建立知识管理体系和合同管理团队。在金融服务外包合同中，金融机构可以将外包服务商可能违反的条例进行量化，并给予相应的惩罚和监管。同时，外包服务商也可以通过合同条款，对客户满意度进行明确的规定和量化，使得双方的沟通以及相处关系更加有利于双方的利益。

在外包过程中，金融机构将自己的部分或全部信息提供给外包服务商开发、运行和管理，这期间外包服务商及其员工有了接触金融机构商业机密的机会，这样金融机构的商业机密及其相关信息就有可能被泄露给竞争对手，金融机构将面临知识产权纠纷的风险。此外，在开发核心项目的过程中，外包服务商比金融机构更具有知识产权意识，可能将共同的开发项目抢先占为己有，由此而发生知识产权纠纷，甚至是信誉风险和法律风险，使金融机构蒙受巨大损失。

金融服务外包在一定程度上使得金融机构对外包服务商形成了依赖性，这在某种程度上具有一定的潜在风险。例如，金融机构要求外包服务商改变传统服务，外包服务商是否有能力按照要求完成任务？合同签订后，金融机构发现外包服务商不能满足其要求时，重新寻找外包服务商可能会产生沉没成本。另外，金融机构对外包服务商的依赖性越强，越会降低金融机构的组织学习能力。

（三）交易过程的风险

在交易过程中所产生的风险主要包括金融机构和外包服务商之间的利益分配不均衡；双方因商业上的不确定性而产生的纠纷和冲突；由于双方缺乏沟通而引发的矛盾。具体而言，这些风险可分述为以下三点：

第一，外包合同履行的风险。外包协议是外包企业与另一个法人实体、没有附属关系的第三方之间的一种合同关系。在合同履行期间，商务需求和环境可能会发生变化，并与外包合同履行的不确定性连接起来，最终导致法律风险。也就是说，外包合同履行的风险可以概括为：文化与目标差异导致的合同条款不相容性、合同缺乏弹性、外包服务商的机会主义行为、外包服务商忽视外包关系管理或指派不合适的人员管理外包合同。

第二，外包收益分配的不确定性风险。由于资产的专用性，对已签订外包合同的双方而言，必定会存在一定程度的双边垄断。双边垄断的程度与外包服务商所在的行业竞争程度呈负相关。任何的外包合同都是不完全合同，因为签订外包合同的双方不可能预测到在执行合同的过程中所出现的各种情况及其相应的解决办法，更不可能完全没有争议地将其写进合同中。即使可以写进合同中，也不能确保所有条款都具有可证实性。合同的不完全性与双边垄断的结合将产生一定的准租金，由于机会主义的存在，对于准租金的分配会有很大的不确定性，也提高了外包收益的不确定性，使金融机构承担了很大的盈利风险。

第三，交易环境风险。它包括市场机制和市场环境的完备程度；市场评价机制的健全程度；商业持续性计划的复杂性；外包市场环境不成熟；外汇汇率波动较大；政治法律环境差异较大；不适当的信用评级；行业舆论导向；不同政治周期的政策转向等。

任务三　金融服务外包风险度量

金融外包风险度量较为普遍使用的方法有风险矩阵法、波尔达序值法和多因素层次分析法。

一、风险矩阵法

风险矩阵法是在外包项目服务过程中度量风险（风险集）重要性的一种结构性方法，也是对外包项目风险潜在影响进行评估的一套方法论。外包项目风险是指某些不利事件对项目目标产生负面影响的可能性及其可能遭受的损失。在风险矩阵法中，风险是指采用的技术和方法不能满足项目需要的概率。风险矩阵法先要考察外包项目的需求与技术方面，在此基础上分析辨识外包项目是否存在风险，一旦识别出项目风险，就要评估风险对项目的潜在影响，并计算风险发生的概率，再根据预定标准评定风险等级，实施计划管理或降低风险。

二、波尔达序值法

通过风险矩阵法，将外包项目的风险划分为五个等级（低、较低、中、较高、高），风险等级所显示的风险集（处于同一等级具有基本相同的属性，且可以继续细分的风险模块）范围比较大。金融外包风险度量的目的是得到哪些风险更为关键，因此在复杂的系统风险评估中，我们应从对项目失败影响不大的风险区域中分离出最关键的风险因素。金融服务外包中存在决策风险、管理风险、财务风险、人力风险、产品风险、技术风险和对手风险等，以上的各种风险又可分出更多的关键风险事件。例如，决策风险可由合同的修订、变更、终止等和外包服务商退出外包两个关键事件引起。

三、多因素层次分析法

波尔达序值法对金融服务外包的各个风险事件按照其重要程度进行排序，为金融机构的资源分配管理和控制风险提供了依据。在金融服务外包的过程中，金融机构希望获得外包服务的整体风险状态，由于波尔达序值法没有对各个风险事件赋予适当的权重，这使得它不能度量外包服务的整体风险状态。多因素层次分析法则可以解决这个问题。多因素层次分析法的基本理论是，在波尔达序值法的基础上对各个风险事件进行细分，对细分出来的所有风险事件都采用一套指标体系进行表示，并将指标划分为模糊指标和精确指标两种类型，通过专家评估等方法对模糊指标和精确指标赋予适当的权数，再根据不同的方法进行加权计算，这样就可以度量出金服务外包的总体风险值。

四、三种风险度量方法的比较

在适用范围上，风险矩阵法的适用范围最为广泛，其次是波尔达序值法，最后是多因素层次分析法。在度量金融服务外包风险时，风险矩阵法的操作过程最简单，其结果也最直接，但不够精确；波尔达序值法的操作过程较复杂，但比多因素层次分析法简单；多因素层次分析法的结果最为精确，甚至可以给出具体的数值，但其操作过程最为复杂，涉及诸多变量，且需要专家多次进行打分。尽管多因素层次分析法比风险矩阵法和波尔达序值法的度量结果更为精确，但在金融服务外包风险评估中较少采用此方法。

总体而言，风险矩阵法最为简单明了，适合度量小型外包项目的风险状况；波尔达序值法的分析最具有实用性与针对性；多因素层次分析法的度量最为复杂，适合度量比较大的外包项目的整体风险状况。

任务四　金融服务外包风险控制与治理

拓展阅读 9-2

金融机构如何应对外包风险监管升级 防范供应链安全风险

近年来，随着金融行业不断深化改革、开拓创新，我国金融服务水平和资产规模大幅度提升，总体实力不断增强。不少金融机构将部分信息科技建设工作及业务运营委托给专业服务提供商，并成为金融机构各项业务运营的重要组成部分。因此，一旦出现外包服务异常，将会对企业及客户的利益产生严重的影响。为规范银行业的外包管理，《银行保险机构信息科技外包风险监管办法》首次将适用范围扩大到保险及资管公司，要求金融机构提升信息科技外包风险管控能力。同时，随着《中华人民共和国网络安全法》《中华人民共和国数据安全法》《中华人民共和国个人信息保护法》的实施，中央网信办、公安部、工信部等国家网络安全监管部门加强了对我国公民数据安全和个人信息保护的执法力度。国家金融监督管理总局针对银行业金融机构的重要外包服务也开展了多次联合检查，并连续发布了多个信息科技外包风险提示函。近期，国家金融监督管理总局办公厅下发《关于加强第三方合作中网络和数据安全管理的通知》（以下简称《通知》），对外包服务管理上存在的突出风险问题进行警示，并提出风险排查、加强防控的要求。对金融机构来说，建立信息科技外包管理及其风险管理体系既是监管合规的必然要求，又是保障金融机构正常运营的重要工作。

1.系统运行与网络安全风险

《通知》通报了5个系统运行和网络安全事件，均因信息科技外包管理不当引发。例如，托管系统的越权访问、系统漏洞；外包人员违规使用邮件代理工具；未严格规范第三方软件开发的安全操作要求等。金融机构对信息科技外包的生产运行、人员安全管理等方面缺少相关的监控和考核，以及"重交付，轻安全"的外包服务商，都会给金融机构的安全运行带来严重隐患。

2.供应链安全风险

随着业务需求与应用场景的复杂化，金融机构自有人员的研发能力不足，金融机构采购第三方信息化产品和服务的需求愈加迫切，软件供应链规模不断扩大，面临的供应链安全风险更加复杂多样。在软件开发过程中，开发人员随意使用开源组件，致使开源组件之间的依赖关系错综复杂，攻击者可以通过篡改或伪造组件绕过安全监测，进而实现非授权访问等其他威胁系统安全运行的攻击活动。同时，软件供应商经常使用第三方公司的产品和服务，随着供应链层级的增长，软件供应商疏于第三方数据安全管理，导致金融机构的数据资产面临篡改或丢失的风险。

3.识别重要外包，开展尽职调查和风险评估

基于盘点结果，结合监管要求，开展重要外包识别工作。常见的重要外包有信息系统建设与托管运维、生产中心与灾备中心机房租赁、银行卡制卡、电话催收等。对于重要外包，金融机构需要认真开展尽职调查及风险评估工作，并按监管要求及时上报；对于非驻场重要外包，金融机构则需要进行实地检查，每三年覆盖所有重要的非驻场外包。特别是针对合作过程中第三方被委托处理金融机构敏感信息的数据生态合作方，金融机构应重点对服务提供商的网络和数据安全保障能力、业务连续性保障能力展开调查和评估，积极防范服务中断风险，确保数据安全。

4.排查数据安全风险，加强敏感信息管控

结合监管要求重点排查数据安全风险。对于驻场外包，金融机构应全面梳理数据泄漏风险，排查互联网邮箱和即时通信工具的使用和监控情况，特别关注能够接触到金融机构重要数据和客户个人敏感信息的外包人员，加强数据管控手段，重点关注入场安全、访问安全、网络安全、终端安全、操作安全、物理安全、离场安全。

资料来源：佚名.金融机构如何应对外包风险监管升级 防范供应链安全风险［EB/OL］.［2023-09-15］. https://business.sohu.com/a/720690013_676545.经过删减。

金融服务外包风险管理的目标在于以最小的经济成本获得最大的安全保障效益。这一基本的风险管理目标可细分为：第一，损失发生之前的风险管理目标，即避免或减少风险事故发生的机会；第二，损失发生中的风险管理目标，即控制风险事故的扩大和蔓延，尽可能减少损失；第三，损失发生后的风险管理目标，即努力使损失的标的恢复到损失前的状态。这些风险管理目标的实现都依赖于有效的金融服务外包风险控制。金融服务外包风险控制是针对风险评价的结果，给出的有的放矢的风险控制方法。风险控制的目的在于帮助企业规避风险和减少损失，当损失无法避免时，则应尽量降低风险对金融机构的不良影响。该环节是整个风险管理的核心，也是金融服务外包风险管理的核心所在。对于风险控制的方法，并没有固定的模式，通常是根据具体

环境采取相应的控制措施。

一、金融服务外包风险控制的特征、原则和机制

金融服务外包风险控制相对于其他服务外包风险控制有其自身的特点和坚持的原则。在金融服务外包过程中，风险控制策略要适应风险控制的特征和原则。

1.金融服务外包风险控制的特征

（1）动态控制。随着企业的发展和环境的变化，金融服务外包的要求及风险因素也随之变化。因此，金融服务外包风险控制要适应这种变化。

（2）软性控制。金融服务外包是一个长期的委托行为，在订立金融服务外包合同时，有些权利和责任无法界定清晰，外包服务商的服务是软性的，可发挥的空间较大，在金融服务外包风险控制中无法给出更具体的指标。

（3）风险控制。金融机构所接受的服务是外包服务商依托信息技术系统提供的服务，在一定意义上是金融机构所购买的产品（有形）和服务（无形）。风险控制不但要着眼于服务，还要重视来自服务所依托的信息技术系统。

（4）服务过程控制。在金融服务外包的过程中，风险因素越多，作用机理越复杂，金融机构就越应与外包服务商进行信息交互。这不同于其他服务外包，更类似于服务黑箱，金融机构不必过多地参与服务过程。因此，金融服务外包风险控制要体现在接受服务的过程中。

由此可见，金融服务外包风险控制的措施应作用于潜在风险行为的产生上，即在选择外包服务商阶段就要采取风险控制措施。在接受金融外包服务的过程中，合理选择风险控制措施尤为重要。金融机构应根据实际情况和对相关风险因素的分析，进行量化求解。

2.金融服务外包风险控制的原则

金融服务外包风险控制的原则有：

（1）全面性原则。同一类风险控制措施对不同的风险因素的控制效果具有选择性，作为备选方案的风险控制措施应涵盖所有风险，才能使金融机构在决策时有充足的可选方案。金融服务外包风险的多样性和复杂性，使金融机构必须采取不同的风险控制措施。

（2）可行性原则。金融机构应根据自身的实力，确定风险控制措施所需的成本，从而确保控制成本的可行性和风险控制目标的可实现性。

（3）成本收益原则。随着风险控制成本的增加，金融服务外包风险会不断降低。风险控制的目标是以最少的经济投入获得最大的风险控制收益。因此，金融机构应以合理的风险控制成本匹配风险控制目标。

（4）多样性原则。金融服务外包风险的种类是多样的，金融机构对各指标的要求也是不同的。为了满足金融机构的不同需求，风险控制措施的最优方案应具有基于指标的多样性。

3.金融服务外包风险控制的机制

金融服务外包风险控制的机制可分为事前机制和事后机制。其中，事前机制是通过契约设计在事前减少风险发生的可能性；事后机制是通过激励协调机制和风险监督

评估机制降低机会主义风险，进行事后控制可以减少风险的损失。

（1）契约机制。契约管理，又称契约治理，是指发包商与外包服务商之间通过一系列规范，以管理合作伙伴之间的行为保证关系契约的履行。良好的契约设计能够促进双方的合作，进而维护双方交易的和谐。关系契约，又称非正式契约，对研究合作绩效（特别是持续合作）尤为重要，因为关系契约广泛存在于组织中和各组织之间，可以影响个人或组织行为的非正式和不成文的行为模式。

（2）激励机制。在信息不完全的情况下，为了保证供应商按时按质完成承包业务，在合同中设计激励机制可以促使外包服务商履行合同；在出现赊销的情况下，外包合同中的激励机制可以保证合同的顺利实现。因此，激励机制不仅可以够保证合约的实现，还可以有效实现对外包风险的控制。

（3）评价监督机制。随着外包项目的逐步进行，需要对各个环节和阶段实施监控和评价，因此需要通过有效的监督评价机制来控制和减少风险的发生。监督评价的主要目的是，针对外包过程中的工作进度检查项目是否符合预定目标，通过对预期目标达成效果的评价，识别风险发生的概率，并采取措施进行改进，以减少风险损失，实现风险控制的最佳目的。

金融服务外包风险控制要针对风险来源，采取措施规避风险，而金融服务外包风险控制的基本措施有风险规避、风险接受和风险减轻三种。其中，风险规避是指根除某一具体的威胁或风险，通常采用根除其原因的方法；风险接受是指风险发生后，接受其带来的后果；风险减轻则是通过减少风险事件发生的概率，来降低风险事件带来的影响。

二、金融服务外包风险的内部控制方法

对金融服务外包的风险控制主要是指可控性较强的非系统性风险，包括外部风险中的技术风险、外包服务商风险；内部风险中的战略风险、决策风险、声誉风险、财务风险、合规风险、操作风险、信用风险、履约风险、合同风险、人力风险等。不同的金融机构所面临的风险也不相同，金融机构必须根据风险的重要性来分配管理资源。战略风险、决策风险、声誉风险体现的是业务外包整体的风险管理，业务外包实际上是将金融机构的内部风险管理外部化，因此金融机构应通过董事会和高级管理人员的内部管理机制对外包业务的风险管理作出适当的安排，尤其是在确定战略方针和目标方面应设定必要的批准程序。操作风险、信用风险体现的是外包过程的风险管理，金融机构应在管理过程中为业务外包设计合理的控制机制。合规风险、履约风险、合同风险体现的是组织的风险管理，金融机构应善于选择合适的外包机构，设定合理的评价标准，科学地评价外包服务商的履职情况，并周期性地审查外包合同，根据环境和业务发展的需求及时修改合同，重新设定服务标准。人力风险体现的是人员的风险管理，金融机构应维持外包业务管理人员的稳定，并充分发挥这些管理人员的积极作用，对外包服务商的服务进行有效监管。

（一）外包过程管理

对外包过程的风险控制是整个外包工作的重中之重，直接关系到整个外包工作的成败。对外包过程的控制可分为以下阶段：

1.外包前的风险准备

在进入业务外包前，金融机构应制定一个对业务外包及其方式的恰当性进行评估的总体性的外包策略，董事会或同等权力部门对外包策略所开展的业务外包全权负责。

2.前期调查分析阶段

（1）分析竞争力和外包标准。在业务外包前，金融机构应了解外包市场的环境及其变化趋势、外包市场的竞争结构等。金融机构不仅应制定外包的具体标准，还应全面考虑业务外包的风险。

（2）确定适合外包的金融服务。在进行业务外包时，不仅是对业务的转移，还是对管理控制权的部分转移，此时金融机构会面临很高的操作风险。因此，在进行业务外包前，金融机构一定要明确选定的业务是否适合外包、在多大程度上可以外包，从而将风险控制在可承受的范围内。确定自身业务经营的核心产品和核心市场，是实现业务外包的前提和基础。金融机构的管理层应有正确的自我认识，在外包决策过程中应认真分析自身的竞争力，找出其核心业务和核心市场，确定哪些服务可以实施外包。在此基础上制订一个全面的计划，并结合管理方面的优势和劣势，以及未来发展目标，对业务外包的成本/收益进行分析和评价。

3.评估确立方案阶段

金融机构的决策层应听取各领域专家的意见；借鉴其他金融机构的外包经验，结合自身的特征，确定外包服务的等级、规模、原则、规范等。金融机构还应重视对外包成本，尤其是隐性成本的控制。一般情况下，大型软件外包项目的隐性成本约占项目总成本的15%。

4.选择外包服务商阶段

外包服务商的选择是关系到外包服务能否顺利完成的关键。因此，金融机构应经过内部的授权程序，严格审查外包服务商的相关业务经验、履行外包合同的能力、信用记录、经营管理水平等。

外包服务商的业务水平直接关系到外包活动的成败。在作出外包决策前，金融机构应注意外包服务商是否真正理解项目的要求，同时考虑外包服务商的财务状况、信誉等。在作出外包决策时，金融机构的管理层应听取来自各领域专家的意见，并按照自身的需求选择最适合的外包服务商。

（二）外包人员管理

1.对于文化冲突的管理

由于业务外包涉及双方之间的资源整合，这种经由外包所形成的竞争关系会不可避免地产生因企业文化差异而造成的冲突与摩擦，因此发包商与外包服务商之间应增强协同管理意识，加强协同管理。双方可以通过价值观培训、会议、联谊互动等形式，促进文化交流和理解，可以通过建构明确的、连续的企业文化，树立共同的经营观，增强员工对异域文化的认同，还可以通过营造相互信任与合作的文化氛围，增进相互间的理解与支持，达到相互间的有效协作，实现内外部资源的整合。另外，双方还应充分利用各种信息沟通工具，尽量消除沟通障碍。

2.对于外包人员的管理

对于外包人员的管理，双方应建立考核与激励机制和外包风险责任制。金融机构要想控制好业务外包风险，就必须达到战略上的融合（高层管理人员之间的连续沟通）、战术上的融合（中层管理人员与专业技术人员在外包项目上的良好合作）、运营上的融合（基层人员之间的互相交流）和文化上的融合。

（三）建立完善的监督机制

在服务外包的过程中，金融机构和外包服务商的关系实质上是委托人和代理人的关系，二者效用最大化的目标是不一致的。因此，金融机构必须建立完善的监督机制。金融机构对外包服务商的有力监督可以降低业务外包风险。金融机构应成立由IT专家、财务专家、战略专家等组成的监管组，或聘请第三方监理机构对外包服务商进行监督，及时发现问题、采取措施，以降低金融服务外包风险。

（1）服务质量监督。服务外包项目的实施可分为多个阶段，在完成每个阶段的任务后，外包服务商应向金融机构递交项目进展报告。只有项目进展报告通过审核，外包服务商才能开始下一阶段的工作。若某一阶段的工作出现问题，外包服务商应当立即予以解决。

（2）项目进度监督。在保证质量的前提下，按时完成服务外包项目是对外包服务商的一项基本要求。发包商应对外包项目的进度进行严格的监控，做到对每个阶段、每个细节的进度都了如指掌。如果外包服务商的某一工期超出了预期时间，发包商则应尽快提醒承包商采取有效措施，尽快完成任务。

（3）项目成本监督。在项目执行前，发包商应将每一阶段的费用按照比例进行划分，外包服务商应严格按照规定执行。另外，发包商还要随时对预算费用和实际费用进行比较，一旦出现成本超支的问题，就要及时地与外包服务商进行沟通，询问费用超支的原因和具体情况，并尽快找出合理有效的措施来控制成本。

（4）对客户信息和商业机密的保护规定。首先，金融机构和外包服务商应严格遵守有关国家机密、商业机密和个人数据保护的法律法规等；其次，金融机构应采取适当的措施，不得故意或无意地对未授权人士透漏客户信息和商业机密；最后，金融机构与外包服务商应通过保密协议来确保客户信息和商业机密的安全。

做中学 9-2

建立完善的监督机制主要包括（   ）。

A.服务质量监督

B.项目进度监督

C.项目成本监督

D.对客户信息和商业机密的保护规定

三、加强我国金融服务外包外部控制的建议

1.设定金融服务外包范围

监管机构必须确定金融服务外包的范围。外包范围的划分也是监管制度关注的焦点和难点。很多国家和地区的金融机构都规定不能将组织内部的核心业务（如内部审

计、财务会计、预备年度账等）外包给外部集团，并对不能外包的业务作出规定。例如，瑞士和荷兰规定银行的终端管理、核心管理、风险管理、战略控制等不能外包。为了保护金融业的发展，很多国家和地区对金融服务外包的基本原则是，核心业务不允许外包，严格审批非核心业务中未列入禁止名单的项目。

2.加强持续监管和系统性风险监管

监管机构作为管理部门，必须监督好整个金融服务外包过程。为了实现持续监管，监管机构可以借鉴国际监管组织制定的监管原则，要求金融机构在外包合同中制定相关条款，确保监管机构随时可以获得监管资料。此外，当多家金融机构同时将业务外包给一家外包服务商时，可能会形成系统性风险。对于这种情况，监管机构除了加强监管外，还可以对其进行必要的限制。监管机构的管理原则就是避免因为外包服务商某个环节的缺失而导致整个外包过程的失败。

监管机构应将业务外包纳入总体风险评估中。监管机构可以要求外包服务商将业务外包的账册和记录的原件或复印件保存或寄送至监管机构所在地。监管机构还可以要求金融机构在外包合同中制定相关条款，确保金融机构和监管机构可以随时检查和获得相关资料。为了防止金融机构和外包服务商联合起来欺骗监管机构，监管机构应在整个监管过程中进行定期检查和不定期抽查。同时，监管机构可以转变角色，以服务为主，为金融机构提供必要的信息来源，促进本国（地区）金融服务外包的发展。

3.保护金融机构和外包服务商的商业机密

在保护金融机构和外包服务商的商业机密时，应注意以下方面：

第一，在金融服务外包过程中，金融机构和外包服务商应严格遵守有关国家机密、商业机密和个人数据保护的法律法规等。

第二，金融机构应采取适当措施，严格保密客户信息和商业机密，不得故意或无意地向未经授权的机构泄密。

对于保密措施，监管机构必须从法律角度给予支持。金融服务外包必须随着金融机构所独有的非公开的客户或业务信息转移。

4.规范金融机构与外包服务商的关系

在国际金融服务外包业务中，金融机构是特许行业，非金融机构不得以金融机构名义从事业务活动，因此必须确定外包服务商为非金融机构。不允许受委托的外包服务商以金融机构名义从事业务活动，必须向客户表明其是受金融机构委托处理特定事务的独立受托机构。金融机构应确保外包管理既不能影响其对客户及监管者履行的责任，也不能阻碍监管者的监管效能。委托外包服务商处理金融服务，监管机构应加强控制监管并定期检查，从而确保受委托机构不以金融机构名义执行业务；如有违反，则应对金融机构及受托机构一并给予处罚。由于金融机构受到监管机构的监管比较严厉，因此在利益的驱动下，金融机构管理人员容易投机取巧，将原本不允许的高风险业务以外包的形式隐蔽操作。对监管机构来说，除监管金融机构本身之外，还要将金融机构和外包服务商的关系限制明确，防止意外的发生。

5.健全我国金融服务外包监管制度

第一，监管机构应充分认识到金融服务外包活动的潜在风险，立足于我国金融服务外包的实践，借鉴国外金融服务外包监管的经验，尽快推出金融业务外包监管指引文件。

第二，合理构建金融服务外包的监管程序、内容与权限。从安全和效率并举的角度来看，对于列举出来的具体外包服务项目，经过备案程序即可。对于不在列举范围之内的外包服务项目，则应经过监管机构的审查与批准程序。监管机构还应对后者的审查要求与具体批准程序作出明确规范。监管机构对金融服务外包的监督检查，主要反映在对外包服务办理的具体记录，尤其是外包合同，以及金融服务外包的安全与风险控制机制的保障上。监管机构应对违规者给予适当的制裁。

第三，注重对金融服务外包的内控机制。监管机构应要求从事业务外包的金融机构建立全面的外包风险管理程序，以指导外包活动及其与外包服务商的关系。监管机构应明确金融机构针对金融服务外包的内部控制机制。

第四，健全和完善金融机构外包业务的风险防范机制。除依靠微观层面的努力之外，还需要监管机构在宏观层面予以充分的规划和指引。对监管机构来说，除了拟定金融机构发展业务外包的指导性意见，明确我国金融机构外包的重点、范围、相关技术和业务规范外，还要以适当的方法确保任何外包协议不得削弱外包服务商满足监管要求的能力，同时应注意对多家金融机构的外包活动集中于少数几家外包服务商时产生的潜在风险进行系统监管。

项目训练

一、单项选择题

1.部分金融机构将不良消费贷款外包给专门的清收机构，外包清收的品种主要包括个人住房按揭贷款、（　　　）、助学贷款、装修贷款、工程机械贷款等，清收的范围主要是可疑类和损失类贷款。

A.保证贷款　　　　B.委托贷款　　　　C.汽车消费贷款　　　D.质押贷款

2.（　　　）是美国兰德公司在20世纪50年代发明的一种专家意见收集法。该方法是在互相独立的基础上，以匿名的方式通过几轮信函征求各位专家的意见，然后对每一轮意见进行汇总整理，作为参考资料再发给各位专家，供他们分析判断，提出新的论证。

A.德尔菲法　　　　B.头脑风暴法　　　　C.分组讨论法　　　D.面谈（访谈）

3.（　　　）是指确定风险控制措施的目的是进行风险控制，金融机构应根据自身的实力，确定风险控制措施所需的成本，从而确保控制成本的可行性。

A.全面性原则　　　B.成本收益原则　　　C.可行性原则　　　D.多样性原则

4.监管机构应要求金融机构和外包服务商在外包过程中严格遵守有关国家秘密、商业机密和（　　　）保护的法律法规等。

A.商业伦理　　　　B.企业数据　　　　C.经济数据　　　　D.个人数据

5.（　　　）是指在金融服务外包的过程中，风险因素越多，作用机理越复杂，金融机构就越应与外包服务商进行信息交互。

A.软性控制　　　　　　　　　　B.服务过程控制

C.有形产品风险　　　　　　　　D.动态性控制

二、判断题

1.据不完全统计，我国至少有一半的银行将信用卡账单制作业务外包给第三方的专业机构，外包服务商承担了信用卡账单信函的打印、封装和投递业务。（　　）

2.风险规避与监管的前提是对风险进行识别。（　　）

3.流程图是一种风险识别的常用工具，借助于流程图可以帮助风险识别人员分析和了解项目所处的具体环节、项目各环节之间存在的风险以及风险的起因和影响。

（　　）

4.风险矩阵法是在外包项目服务过程中度量风险（风险集）重要性的一种结构性方法，也是对外包项目风险潜在影响进行评估的一套方法论。（　　）

5.契约管理，又称契约治理，是指发包商与外包服务商之间通过一系列规范以管理合作伙伴之间的行为，进而保证关系契约的履行。（　　）

三、简答题

1.外包风险管理的目标有哪些？

2.波尔达序值法的主要内容是什么？

3.金融服务外包风险控制的原则有哪些？

4.金融服务外包风险控制的机制有哪些？

5.对于外包人员如何进行管理？

四、案例分析题

某银行信用卡运营业务外包案例

一、项目背景

因为信用卡业务量剧增，对G银行信用卡运营业务产生了以下挑战：

（1）业务量剧增意味着扫描录入、信审、制卡等运营工作量加倍。G银行需要以增加人员或增加工作时间的方式来应对。G银行的管理模式属于传统的国有企业管理模式，增加人员需要层层上报审批，导致其无法与高速增长的业务量相适应。

（2）信用卡发卡业务具有周期性特点。G银行开始考虑是否有更好的方式应对业务量剧增的难题。与此同时，市场上出现了一些专门为金融机构提供外包服务的企业。G银行认为这些外包服务企业可以协助银行解决问题。

二、外包服务商的选择

在外包需求确定后，G银行开始选择外包服务商：

（1）针对具体外包业务制订外包方案。具体、清晰的外包方案是外包项目实现的基础。G银行在制订外包方案时，以项目组方式实施，由多个业务部门（如合规部门、系统部门、运作部门、风险部门和信控部门等）共同参与，保证了外包方案的全面性和可行性。G银行还设定了外包服务商的准入条件和要求。

（2）调查外包服务商。G银行对外包市场进行了初步调研，了解外包服务商的市场定位和特性，如扫描与录入业务的外包服务商之间具有相同特性，而制卡业务的外包服务商之间则有差异化。

根据外包方案、外包服务商选择标准和市场调研情况，G银行与初步符合要求的外包服务商进行沟通。在文件审核环节，G银行对有意向的外包服务商进行资质核定；在现场审核环节，G银行对外包服务商的合约执行能力、财务状况、业务运营能力等方面进行现场评审。通过以上审核环节，G银行可以有效评估外包服务商的整体运营服务能力。

（3）财务分析。在完成对外包服务商的调查后，G银行向符合准入条件的外包服务商询价，并根据市场情况作出相应调整，以此价格进行财务分析，为外包项目的成功实施提供保障。

（4）招标程序。G银行采用招标的方式选择外包服务商：

① 公开招标可以保证公平、公正。在招标流程方面，G银行采用评委库的方式，以避免银行内部腐败的发生。

② 公开招标的方式有利于G银行获得外包服务商较低的服务价格，即外包项目成本低于同业的平均成本。

三、外包成效

从整体外包项目的实施结果来看，双方产生的成本效益有：

（1）业务流程优化。外包服务商在流程实施上比G银行专业，存在比较优势。例如，在录入效率上，外包服务商的人均日产能为120，优于G银行的人均日产能50。

（2）产生规模经济效应。外包服务商的业务量来自多个银行，甚至金融机构的其他业务，使其产生规模效益。例如，外包服务商除了承接G银行的信用卡申请资料录入业务外，还承接保险公司的申请单据录入业务。

（3）精减组织和人员，提高市场反应能力和决策能力。G银行实施业务外包后，扫描、录入、制卡、信审和账户管理等多个部门均得到了精减，从而提高了市场反应能力和决策能力。

（4）集中内部资源，投入在核心竞争力的业务之中。运营成本下降后，G银行将资源投入在风险管理系统和市场营销系统上，集中精力提升在风险控制和市场营销上的优势，使不良率下降了10%，发卡量较预期增加了20%，从而提升了银行的效益。

随着我国经济迈向高质量发展阶段，金融服务外包的发展需要适应经济转型升级的要求，金融服务外包作为服务外包产业的重要垂直领域，需要向高技术含量、高附加值、高品质、高效益方向转型升级。

阅读材料，思考并回答：

结合案例，金融企业外包风险管理与控制需要考虑哪些因素？

项目十

金融服务外包领域人工智能的应用

学习目标

【知识目标】

1.掌握智能客服系统的基本原理与实现方式；

2.理解业务流程自动化在金融服务外包中的应用场景；

3.学习风险管理与安全防控中的人工智能技术；

4.通过案例学习，了解国内外金融服务外包领域人工智能应用的成功案例，分析其实现路径、效果评估及潜在挑战。

【技能目标】

1.能够设计并实施基于人工智能的智能客服系统；

2.运用自动化技术优化金融服务外包的业务流程；

3.利用人工智能技术进行风险评估与防控策略制定。

【素养目标】

1.具备良好的职业道德，确保技术应用合法合规；

2.具备创新思维，不断探索人工智能在金融服务外包中的新应用；

3.强调数据安全意识，保护用户隐私与数据安全。

项目思维导图

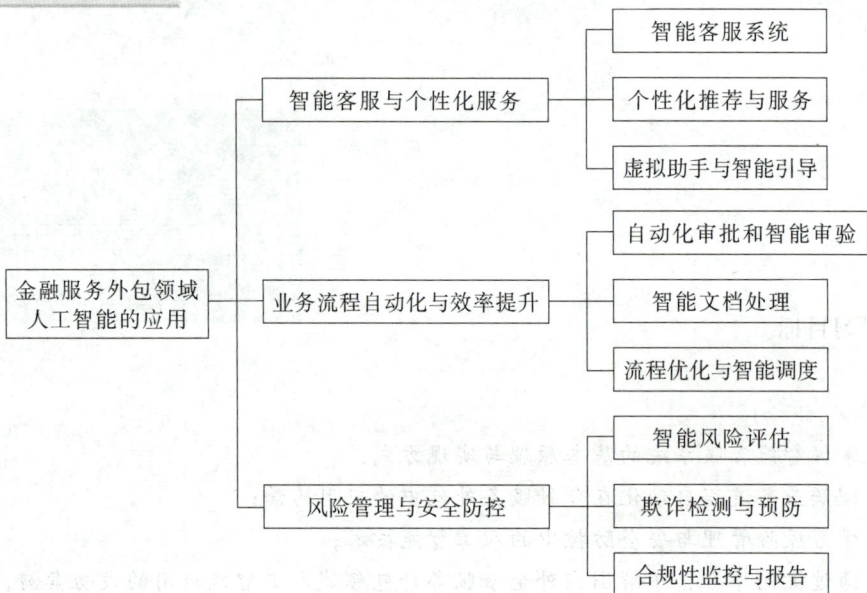

```
                                          ┌──────────────────────────┐
                                     ┌────│      智能客服系统         │
                                     │    └──────────────────────────┘
                    ┌──────────────────┐  ┌──────────────────────────┐
              ┌─────│ 智能客服与个性化服务 │──│     个性化推荐与服务       │
              │     └──────────────────┘  └──────────────────────────┘
              │                      │    ┌──────────────────────────┐
              │                      └────│    虚拟助手与智能引导       │
              │                           └──────────────────────────┘
              │                           ┌──────────────────────────┐
              │                      ┌────│   自动化审批和智能审验     │
              │                      │    └──────────────────────────┘
┌──────────────┐  ┌──────────────────┐  ┌──────────────────────────┐
│金融服务外包领域│──│业务流程自动化与效率提升│──│      智能文档处理          │
│人工智能的应用 │  └──────────────────┘  └──────────────────────────┘
└──────────────┘                     │    ┌──────────────────────────┐
              │                      └────│    流程优化与智能调度       │
              │                           └──────────────────────────┘
              │                           ┌──────────────────────────┐
              │                      ┌────│      智能风险评估          │
              │     ┌──────────────────┐  └──────────────────────────┘
              └─────│  风险管理与安全防控 │──│     欺诈检测与预防         │
                    └──────────────────┘  └──────────────────────────┘
                                     │    ┌──────────────────────────┐
                                     └────│    合规性监控与报告         │
                                          └──────────────────────────┘
```

案例导入

人工智能在金融领域应用的方向

随着人工智能与金融的持续深入融合，人工智能在金融领域得到了广泛的应用，金融与信息科学的学者对相关主题进行了系统化的研究。这类研究聚焦于对海量数据信息的处理，以及从海量数据信息中挖掘出与金融相关的内容进行分析和运用。从相关研究的方向来看，人工智能在金融领域的应用具有系统化结构，根据应用方向的技术特征与应用场景不同，可分为基础应用、通用应用和个性化应用三类。

一、人工智能在金融领域的基础应用

基础应用旨在研究人工智能在金融领域进行有效运行的底层逻辑问题，通过将信息科学领域的算法与模型融入金融业务中，为金融行业的高效稳定运行提供算法和模型支持。这一方向的研究内容主要涉及算法与模型在数据处理中的有效性分析。人工智能在金融领域的基础应用为金融智能化发展提供底层技术支持。

二、人工智能在金融领域的通用应用

通用应用旨在研究人工智能在金融领域应用的一般性场景问题，将基础化应用中的技术和算法具体应用到金融交易场景中，具体内容是面向应用对象进行场景式设计研究，具体的应用对象包括商业性金融机构和金融监管部门。

三、人工智能在金融领域的个性化应用

个性化应用是人工智能在金融领域个性化场景中的应用，是将基础应用中的技术和算法应用于用户个性化需求的金融场景。面对用户的个性化需求，人工智能将结合跨领域的知识图谱、因果推理、深度学习等，赋予机器思维逻辑和认识能力，自动适应用户的偏好，提升用户满意度。这一层次的研究内容主要涉及人工智能在用户个性化需求与偏好中的应用。

资料来源：廖高可，李庭辉．人工智能在金融领域的应用研究进展［J］．经济学动态，2023（3）：141-158.

思考与讨论：

1.搜索相关资料，并了解人工智能在金融领域的发展阶段。

2.在金融服务外包领域，人工智能应用的场景有哪些？

任务一 智能客服与个性化服务

一、智能客服系统

(一)智能客服系统概述

金融服务外包智能客服系统是基于人工智能、大数据等先进技术构建的客户服务解决方案，专为金融行业设计，旨在提供高效、便捷、个性化的客户服务体验。该系统通过自动化与智能化的方式，处理用户的咨询、投诉及业务需求，显著提升金融机构的服务质量和效率。

(二)智能客服系统的核心功能

1.智能问答

智能客服系统利用自然语言处理技术，准确理解用户问题，并从知识库中检索答案进行自动回复。对于复杂问题，智能客服系统能够引导用户逐步澄清，或无缝转接至人工客服。

2.个性化服务

智能客服系统根据用户的个人信息和历史行为数据，提供定制化的金融建议和服务推荐，增强用户满意度和忠诚度。

3.多渠道接入

智能客服系统支持电话、在线客服、移动应用、社交媒体等多种沟通渠道，确保用户随时随地都能获得所需的服务。

4.实时监控与数据分析

智能客服系统对客服过程进行实时监控，分析用户行为数据，为金融机构提供决策支持，优化服务流程。

5.风险防控

基于大数据和机器学习技术，智能客服系统对潜在风险进行识别和预警，提高金融机构的风险防控能力。

(三)智能客服系统的应用优势

1.提升服务效率

智能客服系统能够24小时不间断工作，快速响应用户需求，显著缩短服务响应时间。

2.降低运营成本

通过自动化处理和智能化回答，减少人工客服工作量，降低企业的人力成本。

3.增强用户体验

提供个性化、智能化的服务体验，提升用户满意度和忠诚度。

4.提升竞争力

在金融行业竞争日益激烈的背景下，智能客服系统成为金融机构提升服务质量和效率、增强竞争力的重要手段。

金融服务外包领域的智能客服系统是金融行业数字化转型的重要工具，通过智能化、自动化的方式提升服务质量和效率，为金融机构和用户带来双赢的局面。

二、个性化推荐与服务

金融服务外包人工智能个性化推荐与服务是当前金融行业的一个重要趋势，它结合了金融服务的专业性与人工智能技术的智能性，为用户提供更加精准、个性化的金融产品和服务。

（一）个性化推荐

数据分析与建模：人工智能通过对客户的历史数据（如消费记录、账户余额、信用记录等）进行深度分析，构建个性化模型，以便更准确地了解客户的金融需求和偏好。

产品与服务推荐：基于数据分析结果，人工智能能够为客户提供个性化的金融产品和服务推荐，如贷款产品、理财产品、保险产品等，从而满足客户的多样化需求。

（二）智能客服与咨询服务

自然语言处理：人工智能通过自然语言处理技术，实现与客户的智能对话，解决客户的疑问和需求。智能客服系统能够理解客户的语言和意图，并据此提供即时的、个性化的金融服务。

智能问答与引导：对于复杂问题，智能客服系统能够引导客户逐步澄清，或无缝转接至人工客服，确保客户问题得到妥善解决。

（三）个性化推荐与服务的优势

1.提升客户满意度

个性化推荐与服务能够更好地满足客户的个性化需求，提升客户的满意度和忠诚度。

2.提高服务效率

人工智能的自动化处理功能可以显著降低人工客服的工作量，提高服务效率。

3.降低运营成本

通过金融服务外包和人工智能技术的应用，金融机构能够降低运营成本，提升盈利能力。

4.增强竞争力

在竞争激烈的金融市场中，个性化推荐与服务成为金融机构提升竞争力的重要手段之一。

金融服务外包领域的个性化推荐与服务是金融行业发展的重要趋势之一。随着技术的不断进步和应用场景的不断拓展，个性化推荐与服务将展现出更加广阔的发展前景。

三、虚拟助手与智能引导

（一）虚拟助手在金融服务外包中的应用

1.日常金融管理

在金融服务外包领域，虚拟助手正逐渐成为提升服务质量和客户体验的关键工具。虚拟助手可以帮助用户进行日常的金融管理任务，如查看账户余额、支付账单、跟踪支出等。这些功能使得用户能够更加方便地管理自己的财务状况，减少人工操作的烦琐。

2.个性化产品与服务推荐

虚拟助手通过分析用户的金融行为数据、交易记录、偏好等信息，能够为用户提供个性化的金融产品和服务推荐。这种推荐不仅基于用户的需求，还结合了市场趋势和风险评估，确保推荐的准确性和实用性。

3.智能投资与理财建议

在智能投资和理财方面，虚拟助手能够根据用户的风险承受能力、投资目标和市场情况，为用户提供定制化的投资建议和策略。虚拟助手还能够实时监控市场动态，分析投资产品的表现，并为用户提供及时的投资建议和风险提示。

4.信用评估与风险管理

虚拟助手可以根据用户的金融行为数据，进行信用评估和风险管理。虚拟助手还能够生成个人信用评分和报告，帮助用户了解自己的信用状况，并为用户提供相应的风险管理建议。

（二）智能引导在金融服务外包中的作用

1.简化操作流程

智能引导通过提供直观、易懂的引导界面和流程，帮助用户快速完成复杂的金融操作。无论是申请贷款、购买理财产品，还是进行其他金融服务，智能引导都能让用户轻松上手，减少操作难度和错误率。

2.提升用户体验

智能引导注重用户体验的提升，通过个性化的界面设计、友好的交互方式以及实时的帮助和支持，让用户享受更加贴心和便捷的服务。这种体验不仅提升了用户的满意度，还增强了用户对金融机构的信任和忠诚度。

3.优化服务流程

智能引导能够自动识别和分析用户的需求和问题，并根据这些信息优化服务流程。例如，对于常见的咨询和投诉问题，智能引导可以提供快速响应和解决方案；对于复杂的业务需求，智能引导可以引导用户逐步完成操作或转接至人工客服进行处理。

（三）虚拟助手与智能引导的结合优势

1.提高服务效率

虚拟助手与智能引导的结合能够显著提高金融服务的效率。虚拟助手能够处理大量的日常任务和咨询问题，而智能引导则能够引导用户快速完成复杂的操作和业务办理。这种分工合作的方式使得金融机构能够更快地响应用户需求，提供更加高效的服务。

2.增强个性化服务

通过结合虚拟助手和智能引导的技术优势，金融机构能够为用户提供更加个性化的服务。虚拟助手能够深入了解用户的需求和偏好，而智能引导则能够根据这些信息为用户提供定制化的操作界面和流程。这种个性化的服务方式能够提升用户的满意度和忠诚度。

3.降低运营成本

虚拟助手和智能引导的应用还能够降低金融机构的运营成本。通过自动化处理和智能化引导，金融机构能够减少人工客服的工作量和人力成本；通过优化服务流程和提升服务效率，金融机构还能够降低其他运营成本，提升盈利能力。

综上所述，虚拟助手和智能引导在金融服务外包领域具有广泛的应用前景和重要价值。随着技术的不断进步和应用场景的不断拓展，虚拟助手和智能引导将为金融机构提供更加高效、便捷、个性化的服务体验，并推动金融行业的持续发展和创新。

拓展阅读 10-1

某金融服务外包公司智能语音机器人产品介绍

某公司智能语音外呼机器人应用语音识别、语音合成、语义理解等人工智能核心技术，实现由机器基于话术库对指定客群自动发起批量外呼的平台系统，有效地提升客户体验，助力企业降低成本、提高作业效率。应用案例数据如图10-1所示，2022年全年智能语音机器人共累计处理完成2.6亿户案件量，平均回收率为66.19%，较人工平均回收率约71%相差不到5个点，可节省电话坐席人力至少800人。

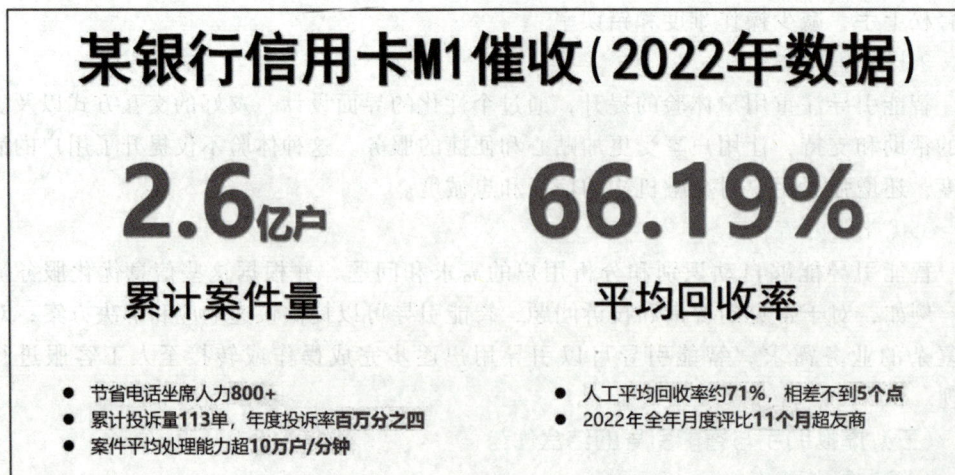

某银行信用卡M1催收（2022年数据）

2.6亿户
累计案件量

66.19%
平均回收率

- 节省电话坐席人力800+
- 累计投诉量113单，年度投诉率百万分之四
- 案件平均处理能力超10万户/分钟

- 人工平均回收率约71%，相差不到5个点
- 2022年全年月度评比11个月超友商

图10-1 应用案例数据

资料来源：根据企业内部资料编写。

任务二　业务流程自动化与效率提升

一、自动化审批和智能审验

（一）自动化审批和智能审验概述

自动化审批是通过引入先进的金融科技和人工智能技术，实现业务流程的自动化审批，包括贷款申请、保险理赔、基金交易等多种业务场景。自动化审批能够快速处理大量数据，进行风险评估和合规检查，并基于预设的规则和算法作出审批决策，既提高了审批效率，减少了人工干预，又降低了操作风险。

智能审验用于对各类金融交易和业务操作的实时监控和审核。智能审验能够识别异常交易、欺诈行为等风险事件，并及时发出预警。智能审验不仅提高了审验的准确性和及时性，还有助于金融机构及时发现、应对潜在的风险问题。

自动化审批和智能审验在金融服务外包领域的应用，显著提升了金融服务的效率和质量，降低了运营成本，增强了金融机构的风险管理能力。同时，这也对金融机构的技术实力和数据处理能力提出了更高的要求。

（二）自动化审批和智能审验的优势

1.提高审批效率

自动化审批系统能够迅速处理大量贷款申请，缩短审批周期。相较于传统的人工审批方式，自动化审批能够大幅缩短审批时间，使借款人更快地获得贷款审批结果。这不仅提高了金融机构的工作效率，还提升了客户的满意度。

2.降低运营成本

自动化审批减少了对人工的依赖，降低了人力成本。同时，由于系统能够自动完成数据录入、分析和决策等任务，也减少了因人为错误而导致的额外成本和风险。

3.增强审批准确性

通过大数据分析和机器学习等先进技术，自动化审批系统能够更全面地评估借款人的信用状况和还款能力，降低审批过程中的主观性和错误率。这有助于金融机构更准确地识别优质客户，降低不良贷款率。

4.提升客户体验

自动化审批系统能够提供更加便捷、快速的贷款申请体验。客户可以通过在线平台提交贷款申请，并实时查询审批进度和结果。这种便捷性提升了客户的满意度和忠诚度。

5.促进业务创新

自动化审批系统的应用为金融机构提供了更多的业务创新机会。通过不断优化算法和模型，金融机构可以开发出更加符合市场需求和客户需求的贷款产品，提高市场竞争力。

6.强化风险管理能力

自动化审批系统能够实时监控贷款审批过程中的风险点，及时发现并应对潜在的风险问题。这有助于金融机构加强风险管理，降低不良贷款率和信用风险。

（三）如何实现自动化审批

实现金融服务外包的自动化审批，可以通过以下步骤进行：

1.需要分析

明确自动化审批的需求和目标，包括审批的业务类型、流程、规则等。

2.技术选择

选择合适的自动化审批技术和工具，如人工智能、机器学习、大数据分析等，并考虑与现有系统的兼容性。

3.系统设计与开发

设计自动化审批系统的架构和流程，包括数据输入、处理、决策和反馈等环节。开发系统前端界面，方便用户提交申请和查询进度；开发后端逻辑，实现数据的自动处理和审批决策。

4.数据整合与处理

整合来自不同渠道的数据，如客户资料、信用记录、交易记录等，并进行清洗、转换和存储，以供系统分析和使用。

5.规则制定与算法优化

根据业务需求制定审批规则，并利用机器学习算法对模型进行训练和优化，提高审批的准确性和效率。

6.测试与验证

对自动化审批系统进行全面测试，包括单元测试、集成测试和用户验收测试等，确保系统稳定、可靠并满足业务需求。

7.部署与上线

将自动化审批系统部署到生产环境中，并进行监控和维护，确保系统正常运行并持续优化。

8.培训与支持

对金融机构的员工进行系统使用培训，并提供技术支持和维护服务，确保系统能够顺利运行并得到充分利用。

通过以上步骤，可以实现金融服务外包的自动化审批，提高审批效率，降低运营成本，增强风险管理能力。同时，随着技术的不断发展和应用场景的不断拓展，自动化审批系统还可以根据实际需求进行持续优化和升级。

（四）自动化审批系统的效果评估

1.评估方法

自动化审批系统效果评估方法，见表10-1。

定性分析主要依赖于非数值化信息来评估系统的效果，定量分析则侧重于通过数值化指标来评估系统的效果。为了更全面地评估自动化审批系统的效果，可以将定性分析和定量分析相结合，从多个角度、多个层面来评估系统的效果，确保评估结果的全面性和准确性。

表10-1   自动化审批系统效果评估方法

评估方法	维度	具体内容
定量分析	审批效率提升	通过对比系统部署前后的审批时间、审批环节数量等具体数据，评估系统审批效率的提升程度
	成本节约	通过对比自动化处理而减少的人力成本、时间成本等，评估系统的经济效益
	数据处理能力	评估系统处理文档、提取关键信息、自动审核等方面的速度和准确性，确保系统能够满足业务需求
定性分析	用户体验	通过问卷调查、访谈等方式收集用户反馈，了解员工对自动化审批系统的满意度、易用性等方面的评价
	信息交流优化	评估系统是否提供了即时的信息交流平台，以及信息交流的准确性和及时性是否得到提高
	安全性与合规性	评估系统是否采取了有效的权限控制和数据加密策略，确保企业数据的安全性和合规性

2.评估关注点

（1）系统性能特点。

评估关注的系统性能特点包括稳定性、响应速度和兼容性，如图10-2所示。

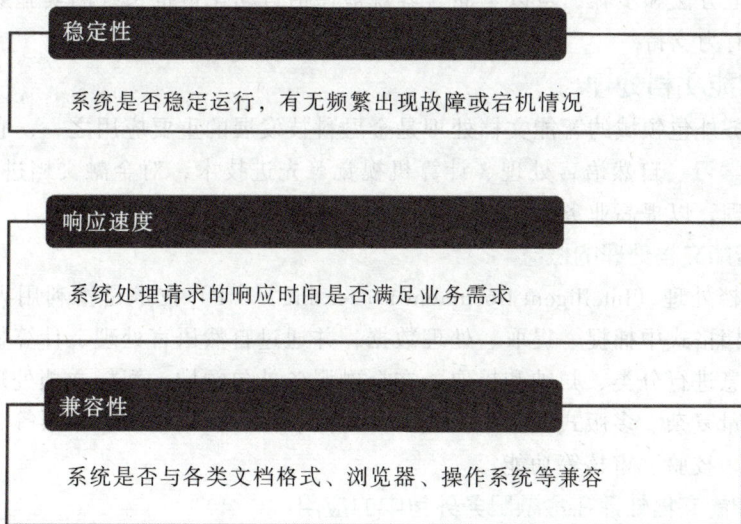

稳定性

系统是否稳定运行，有无频繁出现故障或宕机情况

响应速度

系统处理请求的响应时间是否满足业务需求

兼容性

系统是否与各类文档格式、浏览器、操作系统等兼容

图10-2   评估关注的系统性能特点

（2）业务流程改进。

流程优化：系统是否简化了审批流程、减少了不必要的环节。

自动化程度：系统自动化处理的比例和效果，以及是否有进一步提升的空间。

（3）数据管理与分析。

数据质量：系统处理后的数据是否准确、完整、可靠。

数据分析能力：系统是否提供了数据分析和统计功能，帮助金融机构进行流程监控和改进。

（4）用户培训与支持。

用户培训：系统是否对员工进行了充分的培训，确保其能够熟练使用系统。

技术支持：系统是否为金融机构提供了及时、有效的技术支持和服务。

3.评估步骤

评估步骤包括制订评估计划、收集数据、分析数据、撰写评估报告、反馈与改进，具体内容如图10-3所示。

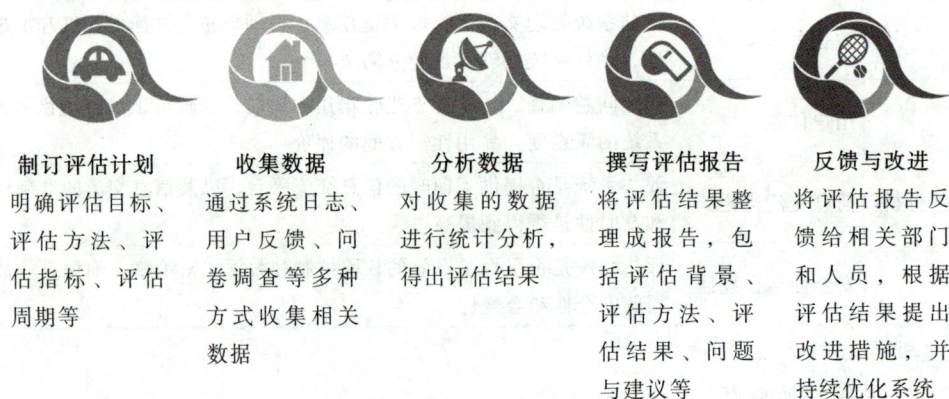

制订评估计划	收集数据	分析数据	撰写评估报告	反馈与改进
明确评估目标、评估方法、评估指标、评估周期等	通过系统日志、用户反馈、问卷调查等多种方式收集相关数据	对收集的数据进行统计分析，得出评估结果	将评估结果整理成报告，包括评估背景、评估方法、评估结果、问题与建议等	将评估报告反馈给相关部门和人员，根据评估结果提出改进措施，并持续优化系统

图10-3 评估步骤

通过以上方法和步骤，可以全面、客观地评估自动化审批系统的实施效果，为企业决策提供有力支持。

二、智能文档处理

金融服务外包领域的智能文档处理是金融科技发展的重要应用之一，它利用人工智能、机器学习、自然语言处理、计算机视觉等先进技术，对金融文档进行自动化、智能化的处理，以提高业务效率、降低运营成本和增强风险管理能力。

（一）智能文档处理的概念

智能文档处理（Intelligent Document Processing，IDP）技术是指利用人工智能技术从各种文档格式中捕捉、提取、处理数据，并通过自然语言处理、计算机视觉等技术对相关信息进行分类、归纳和提取。在金融服务外包领域，智能文档处理技术能够自动处理大量复杂、多版式的金融文档，如合同、报告、申请表、发票等，实现数据的快速录入、校验、审核等功能。

（二）智能文档处理在金融服务外包中的应用

1.自动化录入与校验

智能文档处理技术能够自动识别并提取文档中的关键信息，如客户姓名、身份证号码、账号、金额等，通过自动录入，减少人工录入的错误。智能文档处理技术还具备自动校验功能，能够对录入的信息进行逻辑性和合规性检查，确保数据的准确性和合规性。

2.智能分类与归档

通过对文档内容的深度分析，智能文档处理技术能够将文档自动分类到相应的业务类别或目录下，便于后续查找和管理。

3.风险识别与预警

智能文档处理技术能够利用机器学习算法对文档中的风险信息进行识别，如异常交易、欺诈行为等，并及时发出预警，帮助金融机构及时应对潜在风险。

4.流程优化与效率提升

通过优化流程设计，智能文档处理技术可以实现业务流程的自动化和智能化，进一步提升整体运营效率。

（三）智能文档处理技术的优势

1.提高准确性

智能文档处理技术的自动化提取和校验功能能够减少人工录入的错误，提高数据的准确性。

2.提升效率

智能文档处理技术可以自动化处理大量文档，减少人工干预，提高业务处理效率。

3.降低成本

智能文档处理技术可以减少人力成本和时间成本，降低整体运营成本。

4.增强风险管理能力

智能文档处理技术可以通过风险识别和预警功能，帮助金融机构及时发现潜在风险并采取应对措施。

（四）实际案例

以合合信息发布的智能文档抽取技术产品为例，该产品通过人工智能技术解决了多种类、复杂版面票证的自动识别、信息抽取难题，以数字化手段提升银行国际结算业务审核处理效率。在国际结算业务中，银行需要将相关纸质单据输入或上传电子平台进行处理，传统的手工录入方式效率低、风险高。而合合信息的智能文档抽取技术具备极强的泛化性，能够自动提取多种业务单据中的重要字段，包括信用证、交易合同、进出口报关单等，辅助银行在国际结算场景下进行智能审核，极大地提升了审核效率，降低了运营风险。

综上所述，金融服务外包领域的智能文档处理是金融科技发展的重要方向之一，它通过自动化、智能化的方式处理金融文档，提高业务效率、降低运营成本并增强风险管理能力，为金融机构的数字化转型提供有力支持。

三、流程优化与智能调度

在金融服务外包领域，流程优化与智能调度是两个相辅相成的关键方面，它们共同推动着金融服务效率与质量的提升。

（一）金融服务外包领域的流程优化

流程优化在金融服务外包中起着至关重要的作用，它涉及对现有业务流程的识别与分析、设计与改进、实施与监控和效果评估与反馈等步骤。

1.流程识别与分析

对金融服务外包的流程进行全面识别，明确每个环节的目标、输入、输出及其相互关系。分析现有流程中存在的问题，识别导致效率低下、成本高昂或客户满意度低下的具体原因。

2.流程设计与改进

根据分析结果，对流程进行重新设计，简化冗余步骤，整合资源，优化决策流程。引入先进的技术手段，如大数据、人工智能、云计算等，以提高流程的自动化和智能化水平。

3.实施与监控

制订详细的实施计划，确保新的流程设计能够顺利落地。对新流程进行持续监控和评估，及时发现并解决潜在问题，确保流程优化的持续有效。

4.效果评估与反馈

通过定量分析（如处理时间、成本节约等）和定性分析（如用户满意度、流程透明度等）来评估流程优化的效果。收集用户反馈的信息，了解新流程在实际应用中的表现，为后续的持续优化提供依据。

（二）智能调度在金融服务外包中的应用

智能调度是指利用人工智能、大数据等先进技术，对金融服务外包中的资源、任务等进行智能化分配和调度，以实现资源的最优配置和效率的最大化。具体而言，智能调度包括：

1.资源智能分配

根据任务的需求、紧急程度、复杂度等因素，智能地分配人力、物力等资源。通过对历史数据的分析和预测，提前规划资源需求，避免资源短缺或浪费。

2.任务智能调度

利用算法对任务进行优先级排序，确保关键任务能够得到优先处理。实时监控任务执行情况，自动调整策略，以应对突发情况或资源变动。

3.协同工作优化

通过智能调度系统，促进不同部门、不同团队之间的协同工作，提高信息共享的实时性和准确性，减少沟通成本和时间延误。

4.用户体验提升

智能调度系统可以优化客户服务的流程，提高响应速度和问题解决效率。通过数据分析和预测，提前识别客户需求，提供更加个性化的服务体验。

在金融服务外包领域，流程优化与智能调度是提升服务质量和效率的重要手段。通过深入剖析现有流程、引入先进技术、实现资源的智能化分配和调度，可以显著降低运营成本、提高客户满意度和忠诚度，从而为企业赢得更大的竞争优势。未来，随着技术的不断进步和应用场景的不断拓展，金融服务外包领域的流程优化与智能调度将会呈现更加广阔的发展前景。

（三）有效实施智能调度的具体策略

1.构建智能调度平台

技术选型：选择成熟且适合金融服务外包场景的智能调度技术，如人工智能、大数据、云计算等。这些技术能够支持复杂的调度算法、实时的数据处理和高效的资源分配。

平台建设：基于选定的技术，构建智能调度平台。该平台应具备任务管理、资源分配、实时监控、数据分析等功能，以支持外包服务的全流程调度。

2.优化资源配置

资源池化：将外包服务商的人力资源、技术资源等纳入统一的资源池，实现资源的集中管理和灵活调配。

智能匹配：利用智能调度算法，根据任务的需求、紧急程度、复杂度等因素，自动匹配最合适的资源，以确保任务得到及时、有效的处理，同时避免资源的浪费。

3.提升协同效率

信息共享：建立高效的信息共享机制，确保外包服务商之间、外包服务商与客户之间能够实时、准确地传递信息。这有助于降低沟通成本和避免时间延误，提高协同效率。

流程标准化：对外包服务流程进行标准化设计，明确各个环节的职责、标准和时限。这有助于降低操作风险，提高服务质量和效率。

4.确保用户体验

需求预测：通过数据分析和预测技术，提前识别客户需求的变化趋势。这有助于外包服务商提前做好准备，确保在客户需求高峰时能够提供充足的服务资源。

个性化服务：根据客户的个性化需求，提供定制化的服务方案。这有助于提升客户满意度和忠诚度，增强外包服务商的竞争力。

5.持续监控与优化

实时监控：对智能调度平台的运行情况进行实时监控，及时发现并解决潜在问题。这有助于确保平台的稳定性和可靠性，保障外包服务的顺利进行。

数据分析：定期对智能调度平台的数据进行分析，评估调度效果和服务质量。根据分析结果，对调度策略和资源配置进行优化调整，以持续提升服务效率和质量。

6.合规与风险管理

合规性审查：确保智能调度平台的构建和运营符合相关法律法规的要求，避免合规风险。

风险管理：建立风险预警和应对机制，对可能出现的风险进行提前识别和防范。同时，制订应急预案，以应对突发事件对智能调度平台的影响。

拓展阅读 10-2

深入推进金融服务流程优化创新

金融科技改变着银行业生态，无论是县域还是城市，无论是线上还是线下，市场竞争压力无处不在，深入推进金融服务流程优化和创新，对接客户的数字化需求，已经迫在眉睫。农行内蒙古分行新一届党委立足特色，发挥优势，以时不我待的速度开启流程优化创新。通过设立专门机构、下放审批权限、快捷立项审批流程、提供线上产品服务和延伸金融服务触点，缩短对接客户需求的时间，使出浑身解数把金融服务嵌入客户日常生产生活中，让服务无处不在。

组织设立专门机构。为提高全行流程创新的综合能力，农行内蒙古分行扎实推进机构改革，成立了数字化转型办公室，推动全行数字化转型重点工作落地实施，组织开展敏捷、快捷、数字化业务端到端的数字化流程再造。同时，推进普惠金融事业部改革，该行成立了14个普惠金融服务中心、27个专营机构，配齐配强工作人员，推动业务流程创新，提高普惠金融服务能力。

优化整合业务流程。优化信贷流程，实行差异化信贷授权政策，适当提高二级分行、经营银行信贷业务转授权额度，进一步简化业务流程，缩短审批链条，提高服务效率。对单户额度30万元以下的贷款，原则上按照"惠农e贷"线上自动审批模式办理，采取集中作业模式，集中人力、物力，实现整乡、整村推进，一次调查，批量导入白名单，分批次发放贷款。对额度30万元以上的新型经营主体贷款，原则上采取"惠农e贷"人工审批方式办理，批量导入白名单，按照权限审批。对产业龙头企业，采取信贷前后台部门平行作业模式，实现无缝对接。对民营企业开启绿色通道，实现快速融资支持。仅用5个工作日，就完成了对蒙草公司的3亿元授信审批，2天内发放了首笔1.8亿元信用贷款。绿色通道的开辟，降低了民企纾困的准入门槛，提高了流程创新水平，解决了民企融不上资和不能及时融资的问题。完善运营业务流程优化升级，对核心业务系统功能、超级柜台功能等进行优化升级，加快运用大数据、人工智能技术，提供多元定制服务，切实提升客户体验。

积极探索开发符合民营企业经营特征、生产周期和产业特点的金融产品和服务，利用大数据实现民企，特别是小微企业的线上融资。通过互联网金融、大数据等技术支持，基于蒙牛集团ERP数据系统，研发上线的"乳e贷"已经全面铺开，产品覆盖26个地区的330个客户。同时，基于客户生产经营信用数据，上线了"网捷贷""惠农e贷""微捷贷"等线上融资产品，支持民营小微企业、个体工商户、新型农牧业经营主体的发展。截至2019年4月末，全行"网捷贷"余额41.25亿元，增量8.4亿元，占全国农行系统增量的8.35%，同业排名第一，系统排名第二。"惠农e贷"余额67.12亿元，较年初增加36.04亿元，系统排名第四。"微捷贷"余额0.85亿元，累计放贷1.99亿元。作为全国首批试点分行，"纳税e贷"顺利投产上线。深化银税互动，办理了内蒙古首笔税银通业务。基于自治区医保局医保结算数据，自主创新推出"普惠医捷贷"，为自治区范围内的各家药店提供全线上、纯信用融资服务，是同业第一款专项针对医疗行业客户群体设计的线上融资产品，也是全国农行系统第一个微捷贷特色模型产品。

延伸金融服务触点。创新实施"千乡千队、万村百亿"金融支持脱贫攻坚和乡村振兴专项行动，向全区87个旗县近千个乡镇派驻上千支"农行支持脱贫攻坚和乡村振兴流动服务党员先锋队"，将农业银行金融服务延伸到全区所有乡镇。全区87家县域支行以最优惠的利率，围绕农村牧区建档立卡贫困户、一般农牧户、种养大户、专业合作社、农牧业产业化和扶贫龙头企业五大主体，2019—2020年每年新增投放涉农贷款100亿元以上。其中，每个乡镇（苏木）至少新增贷款1 000万元。同时，积极探索与派驻地基层党组织的党建共建工作，依托各级党组织强大的组织保障能力，充分发挥银政双方基层党组织战斗堡垒和党员干部先锋模范作用，确保服务优化创新到位，取得实效。通过创造性地改变金融服务方式，搭建了匹配金融服务与客户需求之间的最短流程路线，以"惠农 e 贷"等金融科技产品为抓手，着力解决农村牧区特别是贫困地区融资难、融资贵、农牧民"跑远路"和贷款期限不匹配、金融服务辐射不到位的问题，全面打通农村牧区金融服务的"最后一公里"。

资料来源：佚名．深入推进金融服务流程优化创新［EB/OL］．［2019-08-07］．https://www.sohu.com/a/332123602_100253942.

做中学 10-1

金融服务外包降低企业经营成本主要体现在哪些方面？

任务三　风险管理与安全防控

一、智能风险评估

在智能风险评估中，人工智能（AI）技术正发挥着越来越重要的作用。在金融外包服务领域，智能风险评估主要关注外包服务商的可靠性、数据安全性、服务质量和潜在风险等方面。

（一）智能风险评估的重要性

随着金融行业的数字化转型加速，金融服务外包成为了普遍现象。然而，外包服务也带来了诸多风险，如数据安全风险、业务连续性风险、合规性风险等。因此，金融服务外包领域的智能风险评估，对保障金融机构的稳健运营和客户的资金安全具有重要意义。

（二）智能风险评估的应用

1. 数据安全性评估

利用人工智能技术，对外包服务商的数据存储、传输、处理等环节进行全方位的评估。通过人工智能技术，分析外包服务商的数据流、加密技术、访问控制等要素，评估数据泄露、篡改等风险。结合大数据分析和机器学习算法，识别异常数据访问行为，及时发现并预警潜在的安全威胁。

2. 外包服务商信用评估

通过人工智能技术，构建外包服务商信用评估模型，综合考虑外包服务商的历史业绩、客户评价、行业地位等信息。利用自然语言处理技术，对外包服务商的公开信息、社交媒体评论等进行情感分析，评估其市场声誉和品牌形象。

3. 服务质量评估

基于人工智能技术的自动化测试工具，对外包服务商的交付质量进行持续监控和评估。通过模拟真实场景下的服务请求，检验外包服务商的响应速度、处理能力和服务质量。利用机器学习算法分析服务过程中的关键指标（如错误率、响应时间等），对外包服务商的服务质量进行量化评分和排名。

4. 金融风险评估

在信贷、保险等金融服务外包领域，人工智能技术可以通过分析借款人的个人信息、信用记录、交易行为等数据，构建更加精准的风险评估模型。该模型可以自动学习和适应新的数据变化，提高风险评估的精准度和效率。同时，该模型可以对风险进行动态监测和预警，及时发现潜在风险并采取相应的措施。

（三）智能风险评估的挑战与展望

尽管人工智能技术在金融服务外包风险评估中发挥了重要作用，但仍面临着一些挑战：

1.数据质量和数量

数据是人工智能技术的核心驱动力。然而，在实际应用中，数据质量和数量往往成为人工智能技术的制约因素。因此，我们需要加强对数据的采集、清洗和整合工作，以提高数据的准确性和完整性。

2.技术可解释性和可信度

人工智能的决策过程和结果往往难以被人们完全理解，这可能导致监管机构和客户等对人工智能技术的信任度降低。因此，我们需要加强对人工智能技术的解释性研究，以提高其可解释性和可信度。

3.监管合规性

随着金融科技的快速发展，监管政策也在不断更新和完善。金融机构需要密切关注监管动态，以确保智能风险评估系统的合规性。

随着技术的不断进步和应用场景的不断拓展，人工智能技术在金融服务外包风险评估中发挥着重要作用。我们期待精准、高效、智能的风险评估系统为金融机构提供更加安全、可靠、高效的保障。同时，我们需要不断克服技术挑战，推动人工智能技术在金融服务外包领域的广泛应用和发展。

（四）智能风险评估的应用场景

1.外包服务商信用评估

利用人工智能技术，构建外包服务商信用评估模型，综合考虑外包服务商的历史业绩、客户评价、行业地位等信息，对外包服务商的信用状况进行精准评估。

2.数据安全性评估

通过人工智能技术，对外包服务商的数据存储、传输、处理等环节进行安全评估，识别潜在的数据泄露、篡改等风险，确保数据的安全性。

3.服务质量监控

基于人工智能技术的自动化测试工具，对外包服务商的交付质量进行持续监控，检验其响应速度、处理能力和服务质量，确保服务达到预定标准。

4.欺诈行为检测

利用大数据分析和机器学习算法，对外包服务商的交易数据、行为模式等进行实时监测和分析，识别出异常交易和欺诈行为，保护金融机构和客户的资金安全。

5.风险评估与预警

通过人工智能技术整合多维度数据，来构建风险评估模型，对潜在风险进行预测和预警，帮助金融机构及时采取措施应对风险。

6.合规性检查

通过人工智能技术，自动化检查外包服务商的合规性，确保外包服务商遵守相关法律法规和监管要求，降低合规风险。

这些应用场景展示了人工智能技术在金融服务外包风险评估中的广泛应用和重要作用，有助于提升金融机构的风险管理水平和业务运营效率。

二、欺诈检测与预防

（一）欺诈检测与预防的主要措施

金融服务外包领域的欺诈检测与预防是确保金融服务质量和安全性的重要环节。欺诈检测与预防的主要措施有：

1.建立完善的风险评估体系

对外包服务商进行全面、系统的风险评估，包括外包服务商的信誉、财务状况、技术实力、合规性等方面，以识别潜在的欺诈风险。

2.采用先进技术手段

利用大数据、人工智能、机器学习等技术手段，对外包服务过程中的交易数据、行为模式等进行实时监测和分析，及时发现异常交易和欺诈行为。

3.加强合同管理和法律约束

在合同中明确欺诈行为的定义、责任追究和赔偿机制，通过法律手段对欺诈行为进行打击和震慑。

4.提升员工反欺诈意识

通过培训和教育，提高员工对欺诈行为的识别能力和防范意识，确保员工在提供服务的过程中能够严格遵守相关规定和流程。

5.建立快速响应机制

一旦发现欺诈行为，立即启动应急预案，迅速采取措施控制风险扩散，并及时向相关机构报告，协助调查。

通过以上措施，可以有效提升金融服务外包领域的欺诈检测与预防能力，保障金融机构和客户的合法权益。

（二）利用大数据进行欺诈检测

利用大数据进行欺诈检测的步骤：

1.数据收集与整合

从多个渠道收集数据，如交易记录、客户信息、网络行为日志等，确保数据的全面性和准确性，并进行数据整合。

2.数据预处理

对收集的数据进行清洗、去重、格式化等预处理，以提高数据质量和后续分析的效率。

3.特征提取与构建

从预处理的数据中提取与欺诈检测相关的特征，如交易金额、交易时间、交易地点、交易频率、用户行为模式等，并构建特征向量。

4.模型构建与训练

利用机器学习、深度学习算法，基于历史欺诈案例和正常交易数据构建欺诈检测模型。通过训练模型，使其能够自动识别和区分欺诈交易和正常交易。

5.实时监控与预警

将构建好的欺诈检测模型部署在实际应用场景中，对交易进行实时监控。一旦识别出异常交易或潜在的欺诈行为，立即触发预警机制，通知相关人员进行调查和处理。

6.模型优化与迭代

根据实际应用效果的反馈，不断调整和优化欺诈检测模型。通过引入新数据、调整模型参数、改进算法等方式，提高模型的准确性和稳定性。

大数据技术在欺诈检测中的应用，能够实现对海量数据的快速分析和处理，提高欺诈检测的效率和准确性。同时，通过实时监控和预警机制，能够及时发现并阻止欺诈行为的发生，保护金融机构和客户的利益。

三、合规性监控与报告

在金融服务外包领域，合规性监控与报告是确保外包活动符合法律法规、监管要求和内部政策的重要环节。

（一）合规性监控

1.风险识别与评估

建立全面的风险评估体系：金融机构应对外包服务商的合规性进行定期和不定期的评估。例如，对外包服务商的资质、业务范围、历史记录、监管合规情况等进行审查。

敏感数据保护：金融机构应特别关注外包服务商对敏感数据的处理和保护能力，确保数据在传输、存储和处理过程中不被泄露或滥用。

2.合同与协议管理

明确合规条款：在外包合同中明确规定外包服务商的合规义务，包括遵守的法律法规、监管要求和内部政策等。

持续监督：通过合同条款来确保金融机构有权对外包服务商的合规情况进行持续监督，并有权在发现违规行为时采取相应措施。

3.技术监控手段

利用大数据与人工智能：采用大数据分析和人工智能技术，对外包服务商的交易数据、行为模式等进行实时监控，以识别潜在的合规风险。

自动化监控工具：部署自动化监控工具，对外包服务过程中的关键环节进行自动化监控和预警。

4.定期审计与检查

内部审计：金融机构应定期对外包服务商进行内部审计，评估其合规性情况。

外部审计：必要时，可聘请第三方机构进行外部审计，以获取客观、全面的评估结果。

（二）报告与反馈

1.定期报告

合规性报告：外包服务商应定期向金融机构提交合规性报告，详细说明其在外包服务过程中的合规性情况。

风险评估报告：金融机构应基于风险评估结果，定期编制风险评估报告，向管理层和监管机构报告外包服务的合规性状况。

2.异常报告与应急响应

异常报告机制：建立异常报告机制，确保在发现潜在合规风险或违规行为时，能够迅速向管理层和监管机构报告。

应急响应计划：制订应急响应计划，明确在发生合规风险或违规行为时的应对措施和流程。

3.沟通与反馈

建立沟通机制：金融机构与外包服务商之间应建立有效的沟通机制，定期就合规性情况进行沟通和反馈。

持续改进：基于沟通和反馈的结果，不断改进外包服务的合规性管理流程和措施。

（三）合规性文化建设

1.加强培训与教育

对金融机构的内部员工和外包服务商的员工进行合规性培训和教育，提高其对合规性的认识和遵守合规要求的自觉性。

2.建立合规性文化

在金融机构和外包服务商内部建立合规性文化，将合规性要求融入日常工作中，形成全员参与、共同维护的合规氛围。

综上所述，金融服务外包领域的合规性监控与报告是一个复杂而重要的工作。金融机构需要建立全面的风险评估体系、加强合同与协议管理、利用技术监控手段、定期审计与检查，以及建立有效的报告与反馈机制来确保外包服务的合规性，还需要加强合规性文化建设，提高全员合规意识。

拓展阅读 10-3

某金融服务外包公司智能质检系统介绍

某金融服务外包公司承接某银行信用卡的账单客服和分期业务，为了合规作业，需要配置质检专员，主要负责抽听录音、找差错和处理投诉等工作。每30位客服专员需要配置1位质检专员，每位客服专员的每日电话由质检专员抽听10通电话，识别客服专员在通话中是否存在合规类和话术操作类差错，然后按照差错等级扣罚绩效，人均抽检量占比低于5%。为了解决抽检量低、人工成本高等问题，该公司自主研发了"智能质检"产品，依托大数据、人工智能和语音识别技术，质检工作由智能技术辅助人工质检，精准锁定问题语音，大幅度提升了质检效率，确保了质检结果的准确度，有效提高了客户服务水平质量。

1.智能质检工作流程

智能质检工作流程如图10-4所示。智能质检系统会先从客服中心收集客户与客服专员的通话录音，以及相关的通话数据（如通话时长、客户身份信息、客服专员标识等）；再对收集到的录音进行格式转换、降噪等处理，以确保数据质量；最后将语音数据通过自动语音识别（ASR）技术转换为文本数据，为后续分析提供基础。

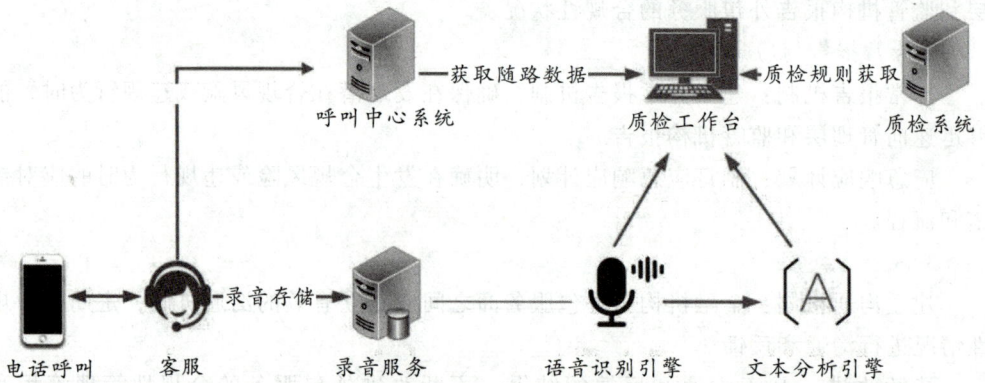

图10-4 智能质检工作流程

根据金融行业的特性和业务需求，配置质检规则。这些规则可能包括关键词检测、情绪分析、合规性检查等。利用机器学习或深度学习算法，对预处理后的文本数据进行训练，构建质检模型。该模型能够自动识别并评估通话中的质量问题，如客服专员的服务态度、问题解决能力等。智能质检系统对转换后的文本数据进行深入分析，识别关键词汇、情感倾向、语调等。

通过自然语言处理技术，判断客服专员是否使用了正确的客户服务脚本，以及客户是否表达了不满或投诉等。根据预设的评分标准和关键绩效指标（KPI），智能质检系统自动对通话进行评分，生成质检报告，提供关于客服专员的表现、通话质量以及客户满意度的深入见解。该机构对质检报告进行深入分析，可识别出客服专员在工作中的优点和不足。通过数据分析，该机构可以发现潜在的业务机会、服务风险与舆情问题。

2.应用数据对比展示

智能质检应用案例如图10-5所示。在应用智能质检系统之前，质检专员的抽检覆盖率仅为1.6%，调听量为130通/天，且根据相关规则随机抽取。在应用智能质检系统后，可实现抽检覆盖率为100%，调听量为80通/小时，且可根据违规关键词有针对性地听取和识别，问题检出率提升了30倍。

线上与部署·前后业务对比

(实测数据)

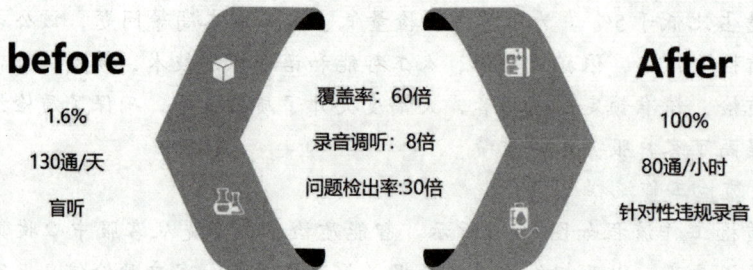

before		After
1.6%	覆盖率：60倍	100%
130通/天	录音调听：8倍	80通/小时
盲听	问题检出率:30倍	针对性违规录音

图10-5 智能质检应用案例

资料来源：根据企业内部资料编写。

项目训练

一、单项选择题

1.（　　）不是智能客服系统的核心功能。

A.智能问答　　　　　　　　　　B.个性化服务

C.多渠道接入　　　　　　　　　D.风险防控

2.在个性化推荐与服务中，基于（　　）进行个性化推荐。

A.客户的个人信息　　　　　　　B.客户的历史行为数据

C.市场趋势　　　　　　　　　　D.上述所有

3.（　　）不是虚拟助手在金融服务外包中的应用。

A.日常金融管理　　　　　　　　B.个性化推荐与服务

C.智能投资与理财建议　　　　　D.信用评估与风险管理

4.自动化审批和审验的优势不包括（　　）。

A.提高审批效率　　　　　　　　B.降低运营成本

C.增强审批准确性　　　　　　　D.提升客户满意度

5.智能文档处理的优势不包括（　　）。

A.提高准确性　　　　　　　　　B.提升效率

C.降低成本　　　　　　　　　　D.提升客户满意度

二、判断题

1.智能审验系统能够实时监控和审核各类金融交易和业务操作，以识别异常交易和欺诈行为。（　　）

2.自动化审批系统可以大幅度减少审批时间，使借款人更快地获得贷款审批结果，从而提高金融机构的工作效率。（　　）

3.智能文档处理技术可以自动处理大量复杂、多版式的金融文档，实现数据的快速录入、校验、审核等功能。（　　）

4.通过智能调度系统，可以促进不同部门、不同团队之间的协同工作，提高信息共享的实时性和准确性，减少沟通成本和时间延误。（　　）

5.智能风险评估系统可以利用大数据和机器学习算法，分析借款人的个人信息、信用记录、交易行为等多维度数据，构建精准的风险评估模型。（　　）

三、简答题

1.简述智能客服系统的核心功能及其带来的应用优势。

2.简述自动化审批和审验的主要优势。

3.实现自动化审批需要哪些步骤？

4.简述智能风险评估的重要性及其主要应用。

5.列举欺诈检测与预防的主要措施。

四、案例分析题

背景资料：

某大型金融机构为了提升客户服务质量和效率，决定引入金融服务外包智能客服系统和虚拟助手。该机构希望通过这两个系统，实现客户服务的自动化、智能化和个性化，从而降低成本、提高客户满意度和增强市场竞争力。

阅读材料，思考并回答：

1.请描述该机构是如何利用智能客服系统的核心功能来提升客户服务质量和效率的，并分析智能客服系统对运营成本、客户满意度和竞争力产生的具体影响。

2.请阐述虚拟助手在该机构中的具体应用场景，并分析虚拟助手是如何简化操作流程、提升用户体验和增强用户管理能力的。

3.结合智能客服系统和虚拟助手的应用，评估这两个系统是如何协同工作以提升服务质量和效率的，以及在客户满意度、运营成本、风险管理等方面的改进和成效。

［1］余万林，蔡雯霞．金融服务外包理论与实务［M］．北京：清华大学出版社，2018．

［2］聂峰，卢泽回，廖唐勇．金融服务外包［M］．广州：华南理工大学出版社，2017．

［3］宫冠英．金融业务流程外包基础教程［M］．北京：清华大学出版社，2012．

［4］王胜丹．B公司的服务外包业务管理改进研究［D］．大连：大连理工大学，2021．

［5］王哲云．金融服务外包企业业务发展战略研究——以A公司为例［D］．深圳：深圳大学，2020．

［6］殷慧欣．数字经济背景下我国服务外包产业发展问题研究［D］．哈尔滨：黑龙江大学，2021．

［7］宋世凯．A银行信息科技外包风险识别及对策研究［D］．北京：北京化工大学，2024．

［8］涂舒．中国服务外包示范城市的高标准建设：历程、内涵和对策［J］．南宁师范大学学报（哲学社会科学版），2024，45（2）：124-139．

［9］陈卿，范培华．承接金融服务外包对中国就业的影响［J］．上海管理科学，2021，43（1）：35-39．

［10］吴勇，徐梦瑶，冯耕中．考虑成本信息不对称的信息安全外包契约设计［J］．管理工程学报，2024，38（4）：196-208．

［11］王鸿发，周芷梅．银行客户服务理念与方法［M］．3版．北京：经济管理出版社，2012．

［12］赵溪．呼叫中心运营与管理［M］．北京：清华大学出版社，2019．

［13］清水均．客户服务培训法［M］．王荣，译．北京：电子工业出版社，2016．

［14］魏中龙．客户服务技巧［M］．北京：中国经济出版社，2013．

［15］陈静俊，楼晓东．客户服务与管理［M］．北京：中国人民大学出版社，2016．

［16］加拉格尔．客户服务救生包：如何解决客户服务中的棘手状况，圆满化解不愉快的客户消费体验［M］．夏金彪，树军，译．北京：企业管理出版社，2014．

［17］李洁，张战杰．呼叫中心客户服务与管理（中级技能）［M］．北京：机械工业出版社，2021．

［18］刘文刚．客户呼叫中心实务［M］．北京：中国经济出版社，2012．

［19］谷来丰，赵国玉，邓伦胜．智能金融：人工智能在金融科技领域的13大应用场景［M］．北京：电子工业出版社，2019．

［20］陈晓华，李宝民，吕艳．金融科技之智能客服［M］．北京：北京邮电大学出版社，2020.

［21］勒施．监管科技：重塑金融安全［M］．林华，等译．北京：中信出版社，2019.